Le
CODE de la
KABBALE

Le CODE de la KABBALE

Une aventure véridique

JAMES TWYMAN

Traduit de l'anglais par
Joanna Gruda

ADA
éditions

Éditeur : François Doucet
Traduction : Joanna Gruda
Révision linguistique : L. Lespinay
Correction d'épreuves : Carine Paradis, Marie-Yann Trahan
Montage de la couverture : Tho Quan
Photo de la couverture : © iStockphoto
Mise en pages : Sébastien Michaud
ISBN 978-2-89667-115-1
Première impression : 2010
Dépôt légal : 2010
Bibliothèque et Archives nationales du Québec
Bibliothèque Nationale du Canada

Éditions AdA Inc.
1385, boul. Lionel-Boulet
Varennes, Québec, Canada, J3X 1P7
Téléphone : 450-929-0296
Télécopieur : 450-929-0220
www.ada-inc.com
info@ada-inc.com

Diffusion
Canada : Éditions AdA Inc.
France : D.G. Diffusion
Z.I. des Bogues
31750 Escalquens — France
Téléphone : 05.61.00.09.99
Suisse : Transat — 23.42.77.40
Belgique : D.G. Diffusion — 05.61.00.09.99

Imprimé au Canada

Participation de la SODEC. SODEC
Nous reconnaissons l'aide financière du gouvernement du Canada par l'entremise du Programme d'aide au développement de l'industrie de l'édition (PADIÉ) pour nos activités d'édition.
Gouvernement du Québec — Programme de crédit d'impôt pour l'édition de livres — Gestion SODEC.

Catalogage avant publication de Bibliothèque et Archives nationales du Québec et Bibliothèque et Archives Canada

Twyman, James F.

  Le code de la Kabbale
  Traduction de : The Kabbalah code.
  ISBN 978-2-89667-115-1
  1. Kabbale - Miscellanées. I. Titre.

BF1623.C2T8914 2010   135'.47   C2010-940783-0

À *Debbie Ford* et *Andrew Harvey.*
Votre amour et votre soutien m'ont appris
beaucoup plus que ce que les mots peuvent exprimer.
Vous m'avez également poussé dans des voies où
j'ai pu évoluer. Je vous serai éternellement reconnais-
sant pour chaque étape du voyage que nous
avons fait ensemble.

Table des matières

Introduction

L es plus grandes leçons nous viennent des aventures qui forment et changent notre vie. L'aventure que je décris dans ce livre a été pour moi une véritable surprise. Je n'ai planifié aucune des choses dont je vais vous parler ici, et je ne m'attendais pas non plus à ce qu'il en résulte un livre que d'autres gens pourraient considérer comme important. Mais plus j'y repensais et plus je réfléchissais aux détails de ces deux incroyables journées d'avril 2008, plus il m'apparaissait que cette aventure ne pouvait être destinée qu'à Phil et moi. Cela a été agréable d'avoir un partenaire pour vivre cette aventure — quelqu'un avec qui j'ai pu non seulement parler de ce qui se passait, mais aussi, auprès de qui j'ai pu vérifier plus tard certains détails. Il est bon d'avoir un témoin quand on veut relater quelque chose d'aussi extraordinaire.

Comme il est indiqué sur la page couverture, il s'agit d'une histoire vraie, mais certains pourraient avoir de la difficulté à le croire. J'ai la chance d'avoir pu parcourir le monde en tant que troubadour de la paix et d'avoir vécu de nombreuses aventures de ce genre, mais certaines personnes pourraient, en lisant ces lignes, se dire *Allez, est-ce que c'est <u>vraiment</u> arrivé*? La réponse est «oui», mais même si j'aimerais beaucoup que ce soit simple, ce ne l'est pas. Plusieurs des événements que je décris ici sont subjectifs en soi, ce qui signifie qu'il s'agit d'une expérience personnelle. Si vous vous étiez retrouvés avec nous, vous auriez peut-être vécu une expérience différente, mais c'est ainsi que les choses se présentent en général.

Plusieurs d'entre nous ont déjà entendu cet exemple célèbre : cinq personnes sont témoins d'un accident de voiture, mais chacune en raconte une version complètement différente. C'est la nature humaine. Il existe toutefois une vérité plus profonde, et c'est ce que je veux rendre dans ce livre. Certaines des expériences dont je parle ici peuvent paraître étonnantes et peut-être même invraisemblables, mais derrière chacune d'elles, se trouve une seule et même vérité : nous avons actuellement la possibilité d'utiliser cette sagesse universelle pour changer le monde et faire naître une paix qui soit durable. La seule question qui reste c'est *Accepterons-nous ce défi?*

J'ai rencontré Phil Gruber il y a 12 ans de cela et j'ai souvent sollicité son aide et eu recours à sa sagesse. Depuis ce temps, il a conquis tout un public formé de gens qui, comme moi, ont compris l'étendue et l'importance de ses connaissances et la profondeur de son esprit. Il est difficile de dire quel est réellement son champ d'intérêt, puisqu'il semble en connaître beaucoup sur à peu près tous les sujets liés à la spiritualité. Si on lui demandait, par exemple, de faire une dissertation sur l'importance historique des Chevaliers du Temple, il pourrait discourir pendant des jours. Et ce serait pareil si on lui posait des questions sur les diverses incarnations de la divinité féminine au cours des 300 dernières années. Qualifier Phil Gruber de personnage intéressant, c'est bien peu dire. Il possède un sens de l'humour contagieux et une compréhension profonde du domaine de la spiritualité, mais c'est son amitié qui a le plus d'importance à mes yeux.

Quand j'ai su qu'il vivait de nouveau une crise de dépression, cela m'a inquiété et j'ai hésité à l'appeler pour avoir son opinion sur certaines questions difficiles auxquelles je devais faire face (je les décris dans le premier chapitre). Et pourtant, quand je lui ai présenté mon dilemme, il s'est tout de suite mis à l'œuvre, et vous allez bientôt lire les résultats de son travail. À partir du moment où il est arrivé à Genève, jusqu'à la conclusion de cette histoire à Paris, Phil a joué un rôle primordial dans l'orchestration d'une des expériences les plus fantastiques de ma vie. J'espère que vous aurez autant de plaisir à apprendre à le connaître dans ces pages que moi j'en ai eu à le côtoyer. Sans Phil, rien de tout ceci n'aurait été possible.

La Kabbale est la tradition mystique du judaïsme qui est devenue populaire depuis peu grâce à ses partisans les plus populaires, comme Madonna et d'autres célébrités. Je connais la Kabbale depuis longtemps, mais pour être honnête, je dois dire que je n'ai jamais senti le désir de l'explorer par moi-même, car je trouvais que cette tradition était trop basée sur l'intellect et d'autres constructions de l'esprit. J'étais très loin de la vérité. Même si une étude exhaustive de la Kabbale pourrait faire surchauffer n'importe quel cerveau, celle-ci possède une profondeur concrète à laquelle je ne m'attendais pas.

Dans mon dernier livre, *Le Code de Moïse*, je parle du premier nom de Dieu qui a été révélé à Moïse près du buisson ardent il y a 3500 années : «Ehyeh Asher Ehyeh». À l'époque, je ne savais pas que j'étais en train de marcher sur les plates-bandes de la Kabbale, et ce, pas toujours de façon délicate. Ce n'est que lorsqu'on a publiquement souligné mon ignorance que j'ai commencé une nouvelle exploration, qui m'a mené à l'écriture de ce livre. Je suis peut-être encore un novice dans le domaine, mais je crois que je suis un peu plus avisé et beaucoup plus expérimenté.

Alors, détendez-vous, et préparez-vous à lire une histoire qui pourrait transformer votre vie. Tout au moins, votre lecture déverrouillera des portes et vous révélera des trésors cachés que vous ne saviez même pas posséder. Je sais que les anciens préceptes de la Kabbale sont aussi importants aujourd'hui qu'ils l'ont toujours été, et cette histoire pourrait représenter la première étape d'une démarche visant à en comprendre les vastes implications. Je ne prétends pas faire figure d'autorité dans cette science qui est d'une grande richesse, comme vous le découvrirez bientôt, mais j'ai eu du moins la chance de jeter un coup d'œil à l'intérieur du temple. C'est tout ce qu'il m'a fallu pour que je devienne accroché pour le reste de ma vie.

— James F. Twyman

✧✧✧✧✧

CHAPITRE 1

Le Code de Moïse

La première mondiale du film *Le Code de Moïse*, basé sur mon livre du même titre, devait être un grand moment. Liz Dawn, une des propriétaires des productions Mishka, trouvait que je ne lui avais pas laissé suffisamment de temps pour réunir un public suffisamment nombreux. Je l'avais appelée deux semaines et demie plus tôt pour lui suggérer de lancer le documentaire à Scottsdale, en Arizona, quelques semaines avant qu'il arrive dans les cinémas du monde entier. Selon elle, le temps qu'il restait était nettement insuffisant pour organiser quelque chose qui ressemble un tant soit peu à ce que je voulais, mais moi, j'avais confiance et je savais que ce serait un triomphe. Cela faisait plus d'un an que je préparais le film et j'avais très hâte d'en voir la version définitive projetée devant un vrai public. J'ai assuré à Liz que si elle faisait la promotion de l'événement, les gens allaient s'y présenter, et j'avais raison. Plus de 600 personnes se sont entassées dans la salle de conférence ce soir-là, et je pouvais sentir l'excitation qui régnait pendant que je traversais la foule, quelques instants avant que les lumières baissent et que le film commence.

— James, puis-je vous parler?

Je reconnaissais le visage de l'homme qui m'interpellait, mais je n'arrivais pas à me rappeler son nom. Après douze ans à faire le tour du monde pour la promotion de livres et de films et à donner des spectacles pour la paix dans des pays dévastés par la guerre, il m'est très difficile de me souvenir du nom des gens. Pour les visages, c'est différent, et je savais que si je pouvais le faire parler un peu, son nom allait vite me revenir.

— Bonjour, ai-je dit en lui tendant la main. Comment allez-vous?

— Super! Ça m'a vraiment emballé quand j'ai su que la première du film allait avoir lieu ici.

Il était jeune, il avait peut-être 30 ans, et j'étais certain que nous nous étions déjà rencontrés, peut-être même plusieurs fois. Plus j'essayais de trouver qui c'était, plus son souvenir s'estompait. Mon regard a sans doute trahi la confusion que je ressentais.

— Mike, a-t-il dit, sans paraître surpris. Mike Larson. J'ai participé à un atelier que vous avez dirigé dans le cadre de l'événement *Celebrate Your Life**, il y a environ deux ans. Nous avons discuté ensemble après… je ne me souviens plus de quoi.

---

* N.d.T. : Rencontres où sont offerts des ateliers de spiritualité, de croissance personnelle, de santé holistique, etc.

— Moi non plus, ai-je répondu en tentant de reprendre la situation en mains et tout en essayant de me rendre à l'avant de la salle afin que la projection puisse commencer. Je me souviens toutefois de votre visage, même après deux ans. Ce n'est pas si mal.

— Pas mal du tout, a-t-il dit sans lâcher ma main. J'ai très hâte de voir le film. J'ai vu la bande-annonce sur Internet, ç'a l'air fantastique... c'est exactement ce dont le monde a besoin.

— Ce dont le monde a besoin ?

— Vous savez, après *Le Secret* et tout ça. Je crois que ce film va représenter l'étape suivante. Je vous en reparle après l'avoir vu.

Avec ma main gauche, j'ai réussi à déprendre, sans qu'il s'en rende compte, la main qu'il retenait. C'était une habileté que j'avais acquise au fil des ans : comment mettre fin poliment à une conversation sans que l'autre personne ne remarque mon jeu. C'était très pratique dans des situations comme celle-ci.

— J'espère vous voir après le film, lui ai-je dit en m'éloignant. J'aimerais beaucoup savoir ce que vous en avez pensé.

— Je vais vous dire la vérité, ça, c'est certain, a-t-il répondu par-dessus l'épaule d'une femme aux cheveux foncés qui venait de se glisser entre nous. Je suis sûr que quelqu'un comme vous a besoin d'entendre la vérité.

Cette phrase m'a troublé, et je me suis arrêté.

— Je ne suis pas sûr de comprendre ce que vous voulez dire, ai-je fait, en revenant vers lui.

— Vous savez... habituellement, les gens disent ce qu'ils pensent que vous voulez entendre. Je ne parle pas seulement pour vous, mais ça ne me surprendrait pas que ce soit le cas. Vous êtes le genre de personne que les gens veulent impressionner, et ça peut être difficile s'ils vous disent qu'ils n'ont pas aimé un film, un livre ou autre chose.

Je pouvais voir qu'il était de plus en plus mal à l'aise, comme s'il n'arrivait pas à arrêter de parler, même s'il sentait qu'il n'arrivait pas à exprimer sa pensée.

— Je comprends ce que vous voulez dire, ai-je répondu pour dissiper le malaise. J'ai la chance d'avoir dans mon entourage beaucoup de gens qui acceptent d'être d'une honnêteté brutale avec moi. En fait, nous ne serions probablement pas ici ce soir si ce n'était pas le cas.

— Vraiment ?

— J'ai travaillé pendant un an sur ce film, et quand il m'a paru achevé, je l'ai montré à quelques amis. Ils m'ont donné l'heure juste, même si ce n'était pas facile à entendre. Ils m'ont dit que c'était *pas mal*, mais pas excellent. C'était clair que je n'avais pas pris une année de ma vie pour faire un film moyen, alors nous nous sommes remis au travail, même si nous avions déjà dépassé notre échéance. Nous avons passé deux semaines à le démonter, à le remonter, et nous avons tourné de nouveau environ 75 % des images.

— Vous avez fait tout ça en deux semaines ? a-t-il demandé, stupéfait.

— Vous savez, ai-je répliqué en me dirigeant de nouveau vers la scène, je crois que si nous avions su, au moment de recommencer à tourner, combien de travail ça allait représenter, nous ne l'aurions pas fait. Parfois, il vaut mieux ne pas savoir dans quoi on s'embarque. C'est arrivé, tout simplement. Tout ce que je peux dire, c'est que ç'a commencé avec quelques amis qui m'ont dit la vérité et que, par chance, j'ai écoutés.

Liz avait monté les marches menant à l'estrade et se préparait à donner le coup d'envoi à la soirée. Je me suis faufilé jusqu'à l'avant, je me suis assis et j'ai attendu que le micro s'allume et que les gens prennent place. Le temps était venu de voir si tout ce travail avait produit un film qui allait non seulement recevoir un accueil chaleureux, mais aussi inspirer les gens à vouloir changer le monde.

✧✧✧

J'ai eu l'idée d'écrire le livre *Le Code de Moïse* bien avant que je pense à en faire un film. Je suis tombé par hasard sur cette idée en travaillant sur un autre livre trois ans plus tôt — un livre que je considère comme ma plus grande réalisation : *The Art of Spiritual Peacemaking**. Pendant que j'écrivais, une histoire que j'avais d'abord entendue dans mon enfance me

---

* N.d.T. : L'art spirituel de faire la paix.

revenait sans cesse à l'esprit. C'était l'histoire de Moïse et de la façon dont il avait obtenu la libération des esclaves israélites il y a de cela 3500 ans.

Dieu est apparu à Moïse sous la forme d'un buisson ardent et lui a demandé de faire l'impossible : aller rencontrer le pharaon, Ramsès le Grand, et lui demander de libérer les Israélites afin qu'ils puissent trouver la Terre Promise. Moïse, sachant que ses chances de succès étaient incroyablement minces, a posé à Dieu une question qu'aucun Israélite n'avait posée auparavant. Il voulait connaître le nom de Dieu. Jusqu'à ce moment de l'histoire religieuse, les Israélites n'avaient pas de nom pour Dieu. On l'appelait simplement « le Dieu d'Abraham » ou « le Dieu de nos ancêtres ». Moïse savait que s'il lui fallait accomplir cette tâche, il lui fallait davantage d'information, quelque chose qui pourrait servir de source d'inspiration pour son peuple. Le nom de Dieu pouvait tenir ce rôle, et Dieu le lui a donné.

Le premier nom qu'on associe avec cette conversation est *Ehyeh Asher Ehyeh*, qu'on traduit généralement par JE SUIS CE QUE JE SUIS. Quand j'étais petit, et même une fois adulte, j'ai entendu cette phrase, mais je n'en saisissais pas la signification. Et comme je ne la comprenais pas, je ne considérais pas qu'elle puisse avoir une quelconque importance. Selon l'histoire, il est clair toutefois que le nom avait une signification très importante. Les miracles accomplis par Moïse, qui ont au bout du compte mené à la libération des Israélites, se sont produits parce que Moïse a su utiliser et diriger efficacement le pouvoir contenu dans le nom de Dieu. Je me disais qu'il me manquait quelque chose : l'information qui me permettrait enfin de comprendre un des plus grands mystères de l'histoire du monde. Mais quelle était-elle ?

J'étais en Israël quand les pièces du puzzle se sont mises en place. Pendant une excursion à la Mer Morte, j'ai vécu une expérience qui m'a poussé à écrire *The Art of Spiritual Peacemaking,* dont une bonne partie traite de la conversation de Moïse avec Dieu près du buisson ardent. Je pensais au nom JE SUIS CE QUE JE SUIS quand, tout à coup, il s'est transformé. Il serait plus juste de dire que *moi* j'ai changé, ou que ma perspective s'est transformée. Quelque chose de tout à fait nouveau (ou de très vieux) m'est alors apparu... une virgule.

Pendant que je voyais le nom de Dieu dans mon esprit, j'ai vu une virgule y apparaître telle une comète et atterrir tout de suite après le mot *ceci.* La phrase se présentait maintenant en deux parties : JE SUIS CECI, JE SUIS*. Au même moment, j'ai compris un mystère qui m'avait toujours échappé : la signification du nom. Ce n'était pas, comme je le croyais, une équation indéchiffrable, mais plutôt une lettre d'amour de Dieu à l'humanité dans laquelle se trouvait le secret qui permettait la réalisation de tous nos désirs. Et ce n'était là qu'une première couche. D'autres mystères se cachaient derrière, des enseignements complexes qui, si on arrivait à les comprendre, permettraient à l'être humain

---

* N.d.T. : En français, il y a différentes traductions du nom de Dieu dont *Je suis celui qui est.* La formule anglaise est *I am that I am,* d'où la pertinence de la virgule ici.

de vivre une expérience directe du Divin. Cette simple virgule a permis de décrypter un mystère enfoui dans le plus beau cadeau que Dieu ait jamais offert au monde : la formule qui permet d'accomplir des miracles.

Les mots du *Code de Moïse* sont sortis de moi comme si le livre était déjà écrit. D'une certaine façon, il était difficile de croire que personne n'avait compris cela avant moi. Ça paraissait si simple, et pourtant, chaque fois que je mettais cette formule en pratique, des miracles se produisaient. Le sous-titre que j'avais choisi pour mon livre, «L'outil de la manifestation le plus puissant de l'histoire du monde», était une affirmation très forte, mais plus je travaillais avec le Code, plus cela me paraissait vrai.

On peut trouver la formule «Je suis ceci» dans de nombreuses religions et traditions ésotériques. C'est une affirmation de l'union sacrée, de la faculté de voir l'Unicité dans une chose qui paraît isolée. C'est ce que Dieu a demandé à Moïse quand il lui a dit d'aller voir le Pharaon : «Je suis cette liberté». Et comme nous ne pouvons nous séparer de notre Source divine, *nous* aussi sommes cette liberté. Il ne s'agit pas de quelque chose que nous désirons ou que nous espérons atteindre un jour. Dieu dit : «Vous êtes déjà ceci.»

C'est cette même force que Jésus a su utiliser au cours des trois ans qu'a duré son ministère. Il a dit : «Avant qu'Abraham fût, JE SUIS». Et comme le fait de prononcer le nom de Dieu était considéré comme le plus grand des blasphèmes par l'orthodoxie de l'époque, il est écrit dans l'Évangile que les gens ont alors ramassé des pierres pour les lui jeter, si grande était son offense. Je pouvais sentir le même pouvoir quand je me suis assis pour écrire mon livre, et tout comme pour Moïse et Jésus, des miracles ont alors commencé à se produire dans ma vie.

Ensuite, l'idée du film est née. Le livre était déjà écrit, et les droits avaient été vendus à une maison d'édition. À peu près à la même époque, *Le Secret* est arrivé en librairie et a commencé à prendre son essor un peu partout sur la planète. Des millions de personnes découvraient la Loi de l'Attraction, et l'illusion que cette loi avait été tenue secrète par des forces très puissantes fut créée. Ce n'était peut-être pas vrai, mais cette idée a fait naître une grande dévotion. En très peu de temps, *Le Secret* est devenu le film spirituel qui a fait le plus d'entrées de tous les temps, et il semblait que l'humanité avait enfin appris comment créer un monde nouveau.

Ce n'est pas ce qui est arrivé. Malheureusement, la majeure partie de l'information contenue dans *Le Secret* visait à utiliser des lois spirituelles pour obtenir davantage de choses, comme des autos, des maisons et de l'argent. Très peu d'énergie a été utilisée pour équilibrer ces désirs avec la sagesse de l'âme ; si bien que les gens se sont vite dissociés du message et ont commencé à jeter le bébé avec l'eau du bain. L'objectif du *Code de Moïse* ne visait pas tant le fait de « posséder », mais plutôt celui de tout donner. Il y était question de ce que j'appelle la *manifestation de l'âme*, afin de créer à partir des désirs de l'âme plutôt que des désirs de l'égo. On m'a suggéré de prendre les choses en mains et de produire un film qui reprendrait là où *Le Secret* nous avait laissés. Au printemps 2007, j'ai commencé la production du film *Le Code de Moïse*, et la virgule m'est alors revenue à l'esprit.

Un an plus tard, j'étais à Scottsdale pour la première de la version définitive du film. Des maîtres spirituels parmi les plus célèbres au monde ont accepté de participer au projet, et au moment de notre arrivée en Arizona pour la projection, une grande surexcitation précédait déjà l'événement. Tout le monde, y compris moi-même, attendait de voir si le film allait être à la hauteur des attentes.

C'était la première fois que j'allais voir le film devant un public, entendre des rires et voir toutes les pièces du puzzle se mettre en place... si tout allait bien. Les choses n'auraient pas pu mieux se passer, et quand le générique de la fin a commencé à défiler, toute la foule s'est levée et nous a accueillis avec des applaudissements déchaînés.

Au bout de quelques instants, Liz et ses assistants ont installé des micros et des chaises sur la scène afin que je puisse répondre aux questions et écouter les commentaires des gens. Ce moment fait toujours monter en moi à la fois de l'excitation et de la peur. C'est un véritable cadeau de pouvoir entendre ce que le public a à dire, surtout si le film lui a plu. Mais si ce n'est pas le cas, c'est une tout autre expérience. Dans tout auditoire, il se trouve toujours une personne négative qui veut être entendue, et si cette personne sait comment bien présenter sa vision, et que celle-ci est pertinente, l'opinion de la foule peut basculer en un instant. Je me suis assis sur la chaise et j'ai scruté la salle pour voir si j'y décelais une quelconque menace. La majorité des gens semblaient satisfaits et contents, y compris la jeune femme dans la première rangée qui était déterminée à parler la première. Je l'ai regardée et lui ai demandé si elle avait une question. Ç'a très bien démarré.

— Premièrement, a-t-elle dit tout en se levant de manière à ce que tout le monde puisse la voir, j'aimerais vous féliciter pour ce film qui est très bien réalisé. Je crois vraiment qu'il aura du succès et qu'il touchera des millions de personnes. Mais il y autre chose que j'aimerais souligner.

Elle a fait un geste de la main, et j'ai compris qu'elle s'en allait dans une tout autre direction. Comme elle était la première personne à parler, ce n'était pas bon signe. Elle allait donner le ton de la soirée, et si elle disait quelque chose de négatif, ce serait à moi de renverser la tendance rapidement, sinon... J'ai senti mon estomac se nouer pendant qu'elle continuait.

— Je suis juive et j'étudie la Kabbale, la tradition ésotérique du judaïsme. Je dois avouer que je me suis sentie profondément offensée quand j'ai vu que vous aviez réduit Dieu à une simple virgule. Ça m'a profondément choquée et outragée.

Son énergie me donnait l'impression qu'elle n'allait pas laisser tomber le morceau facilement, et j'ai réalisé qu'il me fallait sauver les meubles le plus vite possible. Si je ne trouvais pas une façon de la satisfaire, la soirée allait être très longue.

— Je tiens à préciser que ce n'était pas notre intention de réduire Dieu à une simple virgule, ai-je dit en l'interrompant. La virgule n'a été qu'un outil qui a permis de décrypter la signification profonde du nom de Dieu. Si cela a été compris autrement, je tiens à préciser que ce n'était pas voulu ainsi.

— Vous n'êtes pas juif, a-t-elle continué sans hésiter, et je ne m'attends donc pas à ce que vous puissiez comprendre ce que je m'apprête à vous expliquer. Les Juifs savent que la virgule ressemble beaucoup au Yod, la plus petite lettre de l'alphabet hébreu, qui est aussi la plus importante. Le Yod est la main de Dieu représentant l'énergie divine qui se répand du Ciel vers la Terre. Je doute que vous en ayez eu connaissance, mais ça ne change rien au fait que vous avez bafoué une des vérités les plus saintes de l'Univers. Ça me fait penser aux paroles de Jésus : « Mon Dieu, pardonnez-leur, car ils ne savent pas ce qu'ils font. »

J'ai essayé de l'interrompre, de dire quelque chose qui pourrait faire tourner le vent de mon côté, mais elle ne m'a pas laissé faire. Et quand des gens du public lui ont demandé d'arrêter, cela n'a fait que mettre de l'huile sur le feu.

— Que me conseillez-vous de faire pour rectifier les choses ? ai-je fini par demander. Je n'arrive toujours pas à voir en quoi cela peut être aussi offensant.

— Je n'ai aucune idée de ce que vous devriez faire, a-t-elle répondu, de plus en plus en colère. Et le fait que vous n'arriviez pas à comprendre ce qu'il y a d'offensant ne fait qu'empirer les choses. Imaginez si je me permettais de piétiner une doctrine chrétienne qui vous est chère. Ç'a gâché tout le film à mes yeux, et c'est vraiment triste, parce que pour le reste, il m'a beaucoup plu. Mais c'est quelque chose que je ne peux pas accepter.

Le public en avait assez, et des gens lui ont demandé de passer le micro à quelqu'un d'autre. Incapable de contenir ses émotions, elle l'a donné à un bénévole qui se trouvait près d'elle et est sortie de la salle en furie. Après avoir inspiré profondément, j'ai cherché dans la salle quelqu'un de souriant à qui donner la parole, mais c'était trop tard. La séance de questions et réponses a duré encore une demi-heure, mais les choses ne se sont jamais replacées.

En sortant de la salle après la discussion, je suis tombé sur Mike Larson.

— Hé ! C'est un beau film, a-t-il dit en souriant. Je le pense vraiment.

— Merci. Je n'ai pas eu le choix ce soir d'entendre ce que les gens pensaient vraiment, même si ça n'a été ni facile ni agréable.

Plusieurs jours plus tard, je ressentais encore un malaise en pensant à cette soirée. D'un côté, je regrettais qu'une soirée, qui autrement aurait été parfaite, se soit retournée contre moi. Mais il y avait autre chose aussi, quelque chose qui tentait de se rendre jusqu'à ma conscience avec une grande persistance. Et si cette femme avait raison? Est-ce que ma révélation concernant la virgule dans le film *Le Code de Moïse* allait offenser le groupe qui m'avait inspiré pour ce projet, tant pour le livre que pour le film? Est-ce que chaque Juif que j'allais rencontrer à partir de maintenant allait avoir la même réaction et m'accuserait d'être d'une grande naïveté? Un nuage sombre semblait planer au-dessus d'un projet dans lequel j'avais mis beaucoup d'amour et d'effort, et je ne savais trop quoi faire maintenant.

Il y avait une autre pensée qui me travaillait, et elle était beaucoup plus pressante que ne l'était ma crainte de l'opinion d'autrui. Je n'avais évidemment jamais entendu parler du Yod avant ce soir-là. Si ce que disait cette femme était vrai, il devait y avoir un lien entre la virgule que j'avais utilisée pour expliquer le Code et la plus petite lettre de l'alphabet hébreu. Elle avait parlé de la « main de Dieu » et avait dit que le Yod représentait la lumière divine qui se dirigeait vers l'humanité, ce qui ressemblait beaucoup au concept que j'avais développé dans le *Code de Moïse*.

Pour arriver à créer ce que l'on désire, il faut établir un lien entre soi et Dieu. *Le Secret* a beau s'être surtout intéressé aux désirs de l'égo — ou l'envie d'obtenir des choses — mais la véritable manifestation vient de l'âme, et l'âme est l'aspect supérieur de notre être. C'est la part en nous qui est totalement alignée avec notre Source, qu'on appelle aussi Dieu. J'ai commencé à me demander si toute cette histoire n'était pas plus qu'une simple coïncidence, et si la femme de Scottsdale n'était pas en fait une messagère.

J'ai décidé de faire une recherche en ligne et de voir ce que je pouvais apprendre au sujet du Yod. Comme l'avait expliqué la dame, c'est la plus petite lettre de l'alphabet hébraïque, et on dit qu'elle représente la vibration originelle de l'Univers. L'analogie avec la main de Dieu vient de la forme du Yod, qui a une extrémité qui se prolonge vers le haut et un appendice qui pend vers le bas comme la virgule traditionnelle. Le Yod est la main qui prend l'énergie du Ciel pour l'ancrer dans la Terre. On dit aussi que toutes les autres lettres de l'alphabet hébraïque proviennent du Yod. En fait, c'est la seule lettre à être souvent placée au-dessus des autres à cause de ses qualités transcendantes. Comme c'est également la plus petite lettre, elle représente aussi le *tout* qui est contenu dans les plus petites choses. Mais j'ai découvert une chose encore plus surprenante.

Le Yod est aussi considéré comme un des aspects du Feu créateur, un feu qui ne peut se consumer. Des images de Moïse au buisson ardent me sont instantanément venues. Serait-il possible que lorsque Dieu est apparu à Moïse et qu'il a révélé pour la première fois son saint Nom, Moïse était en fait en contact avec l'énergie du Yod? Mon idée initiale voulant que le Code de Moïse soit une virgule m'apparaissait de plus en plus juste.

Environ une semaine après avoir fait ces découvertes, je devais donner une conférence dans le cadre de la retraite de yoga de l'Ashram Sivananda, situé sur Paradise Island, aux Bahamas. J'avais visité cet ashram au moins cinq fois au fil du temps et j'avais toujours adoré l'atmosphère qu'on y trouvait, avec les chants sacrés et les prières et, évidemment, la plage. C'était tout à fait ce qu'il me fallait après des mois de travail intensif sur la préparation et le lancement du film.

Le directeur de l'ashram s'appelle Swami Swaroopananda. Cet homme, originaire d'Israël, est un des hommes les plus intelligents qu'il m'ait été donné de rencontrer, plus particulièrement dans le domaine de la spiritualité et des pratiques spirituelles. De plus, il a vécu et travaillé avec Swami Vishnu-devananda, le maître indien qui a fait connaître le yoga Sivananda en Occident. Un des aspects de cette organisation qui m'a toujours impressionné, c'est son dévouement en faveur de la paix, qui lui vient directement de Vishnu-devananda. On le surnommait le yogi volant, car il se rendait souvent avec son avion monomoteur dans des endroits dangereux en vue de promouvoir la paix. Il est même passé au-dessus du mur de Berlin quand la tension était à son paroxysme là-bas, et ce, même si on lui avait dit qu'il risquait de se faire abattre si son avion était détecté. Swami Swaroopananda avait participé à l'organisation de ce vol et m'en avait un jour raconté les détails. James Bond n'aurait pas été mieux préparé pour cette mission et, au bout du compte, cela avait été une réussite. C'est le genre de personne dont je voulais m'inspirer.

J'ai tenté pendant plusieurs jours d'obtenir une rencontre avec Swami Swaroopananda, mais il lui était difficile d'échapper à son horaire chargé. Ce n'est qu'après ma conférence sur le Code de Moïse qu'il a pu me rencontrer.

— Je n'avais jamais entendu parler du Yod avant cette soirée à Scottsdale, lui ai-je dit après lui avoir raconté la première du film, mais depuis ce temps, cette lettre m'obsède. Les liens sont beaucoup trop incroyables pour conclure à une simple coïncidence. J'ai l'impression qu'on m'a guidé jusqu'à un certain point, et que la seule façon pour moi de comprendre le Code de Moïse, c'était d'imaginer une virgule. Je vois maintenant que ça va beaucoup plus loin. Je commence à croire que ce terrier de lapin est beaucoup plus profond que je ne le croyais.

— Aucun doute là-dessus, m'a répondu Swami avec son gros accent israélien.

Nous étions assis sur des chaises en bois tout près de la baie. Il était difficile de bien entendre à cause du bruit des bateaux qui passaient.

— Ce sont des mystères très vastes, et il me semble évident que c'est Dieu qui vous guide, ici.

— C'est pour cette raison que je voulais vous en parler, ai-je continué. Votre connaissance de la

Kabbale pourrait m'être d'une grande utilité. Je veux en apprendre davantage. J'ai l'impression que ça me permettrait de résoudre ce problème et d'arriver à tout comprendre.

— Il n'y a rien à résoudre, et vous ne comprendrez jamais. Vous travaillez trop avec votre esprit, et pourtant, ce n'est pas lui qui vous a guidé jusqu'ici, mais votre âme. Ce sont des révélations qui vous ont permis d'avancer, et c'est la seule façon de comprendre. Je pourrais vous en dire davantage sur le Yod et la Kabbale, mais ça risque de causer plus de mal que de bien.

— Quel mal ça pourrait me causer? Est-ce que ça ne pourrait pas m'aider à faire le tri dans tout ce que j'ai lu jusqu'ici?

— Je crois que ça va seulement vous mêler un peu plus, et je ne voudrais pas que ça arrive, m'a-t-il répondu en s'essuyant le front avec son mouchoir. Il y a toutefois une chose que je pourrais vous apprendre au sujet de la Kabbale, qui vous serait utile.

Je sentais que mes attentes allaient bientôt être comblées. J'ai toujours eu l'impression que Swami se jouait de moi, qu'il me testait pour voir ce qu'il pouvait me dire et jusqu'où il pouvait aller. Ses réponses étaient souvent enveloppées de mystère, et je ne m'attendais pas à ce que ce soit différent cette fois. Mais c'était la première fois que je mettais autant d'espoir dans ce qu'il allait me dire. C'était la seule personne que je connaissais qui avait autant d'expérience et de connaissance, et j'étais déterminé à en apprendre davantage.

— Il y a deux types de Kabbale, m'a-t-il dit, bien adossé sur sa chaise. La première, c'est celle qui est écrite. Ce n'est pas la véritable Kabbale. La seconde est obtenue par l'expérience directe. Et c'est celle qui est authentique. On ne peut considérer comme vrai que ce qui est transmis par la révélation directe. Si vous lisez un livre, ou si je vous fais part de mes connaissances, vous allez connaître l'interprétation que quelqu'un d'autre fait de la révélation qu'il a eue. Ce qui ne pourra satisfaire que votre esprit, qui lui, désire toujours éviter la véritable Kabbale. Il me semble évident que jusqu'ici, vous avez été guidé, et je ne vois pas pourquoi ça ne continuerait pas ainsi. Voilà pourquoi je ne vous en dirai pas plus, car je veux que vous partiez de votre état actuel. Plus vous aurez foi en la façon dont Dieu fait ses révélations, plus vous en aurez. Vous apprendrez ainsi tout ce que vous avez à apprendre, et les réponses que vous cherchez vous seront révélées.

— Je comprends ce que vous dites, Swami, mais il doit bien y avoir quelque chose que vous pouvez me dire, ai-je répliqué insatisfait.

— Je *suis* en train de vous dire quelque chose de très important, m'a-t-il répondu. Si vous comprenez le présent que je vous fais, vous pourrez ensuite évoluer dans ce mystère d'une manière inconcevable et incompréhensible avec des mots. Vous êtes guidé, comme je l'ai dit plus tôt, toutefois les leçons ne se trouvent pas dans votre esprit, mais plutôt dans votre âme. Écoutez votre âme, car elle vous guidera là où il vous faut aller et vers ceux qui vous y accompagneront. C'est le périple qui est important et non la destination. C'est un périple qui vous mènera au tréfonds de votre cœur, Jimmy. Faites-lui confiance et il vous fera confiance. Comprenez-vous ce que j'essaie de vous dire ?

— Je n'en suis pas sûr. Si je lui fais confiance, il me fera confiance ?

— Votre âme attend seulement de vous que vous lui fassiez confiance. Ensuite, elle pourra vous guider d'une manière qui vous paraît impossible en ce moment. Votre âme doit sentir que vous allez l'écouter, et vous, il vous faut croire que ce qu'elle vous dit est la vérité. C'est un moment de grandes découvertes, et plus vous saurez vous abandonner à cette énergie, plus les leçons vous viendront facilement, et plus elles seront profondes.

La rencontre était terminée, et je ne savais trop quoi penser. Je comprenais évidemment ce qu'il avait dit. Si quelqu'un était venu à moi dans une situation semblable, j'aurais sans doute répondu la même chose. On me guidait — c'était évident — mais j'aurais voulu qu'on m'aide à faire le tri parmi tout ce que j'apprenais afin de m'assurer que j'étais sur la bonne voie. Sans Swami, je ne dépendais que de moi-même et je n'étais pas plus près de la vérité qu'avant.

À moins qu'il ait raison, bien sûr. Si c'était le cas, je n'étais vraiment pas seul. S'il ne s'agissait que d'écouter mon âme et d'avoir confiance en la sagesse qui en émanait, alors j'allais dans la bonne direction. Je suis parti des Bahamas à la fois soulagé et angoissé. J'avais entrepris un périple sacré qui devenait de plus en plus étrange. Je ne voulais surtout pas que ça s'arrête... et évidemment, ç'a continué.

CHAPITRE 2

Le génie raté

J'ai décidé d'envoyer un message électronique à mon ami Phil Gruber pour lui demander des conseils et son opinion sur le sujet. Phil a une connaissance encyclopédique des sujets d'ordre métaphysique, et je savais que s'il était prêt à m'aider, il me serait possible de comprendre les aspects qui m'échappaient. Quelques jours plus tard, j'ai reçu une réponse : « Tu veux des explications sur le Yod et savoir le lien qui peut exister avec le Code de Moïse ? Je te rencontre en Suisse et je t'explique tout. Peut-être aurons-nous aussi l'occasion de vivre une ou deux aventures... »

Le fait que Phil se pointe dans ma vie dans des circonstances étranges ou quand je m'y attendais le moins n'était en rien inusité. Que ce soit dans les Highlands en Écosse ou dans un petit village israélien près de la mer de Galilée, il prenait toujours un grand plaisir à me surprendre. Je l'avais vu quelques mois plus tôt quand il était venu à Madison et à Chicago pour assister à des projections publiques d'un premier montage du *Code de Moïse*. Après la séance de Chicago, Phil était parti pour Singapour et il comptait s'arrêter ensuite à Bangkok et continuer jusqu'à Melbourne, en Australie, où il devait rendre visite à sa conjointe. Pendant qu'il se trouvait à Singapour, il avait fait une grave dépression et avait dû rentrer aux États-Unis beaucoup plus vite que prévu. Il se trouvait chez sa sœur à Austin, au Texas, quand il m'a appelé pour me dire ce qui lui arrivait. Il voulait me faire la surprise de se pointer à Genève, mais étant donné sa fragilité émotionnelle, il n'était pas certain d'être en état de le faire. Il avait fait une grave dépression à la suite de l'échec de son premier mariage, et je savais que, depuis que l'on se connaissait, il avait eu quelques épisodes dépressifs. L'expression « on exige beaucoup de ceux qui ont beaucoup reçu » est juste dans le cas de mon ami.

Phil est l'un des individus les plus brillants et les plus intéressants que j'aie jamais rencontrés. Il se dépeint lui-même comme un « génie raté », ce qui m'a toujours paru un peu étrange. Il m'a raconté que la première fois que sa mère avait assisté à une de ses conférences, des années auparavant, elle avait dit : « Je n'ai pas compris un mot de ce que tu as dit, mais tu semblais heureux ». L'étendue de ses connaissances est difficile à concevoir, et quand il aborde des sujets ésotériques, mon esprit est souvent dépassé. Son cerveau, qui tire dans toutes les directions, est si aiguisé et son débit si rapide que je ne digère habituellement qu'environ 30 pour cent de ce qu'il dit. Un jour, à une époque où je faisais le tour de l'Australie, Phil est apparu alors que je ne l'attendais pas (à sa façon habituelle), et je lui ai demandé de parler devant plusieurs groupes dont j'étais responsable. Il a apporté son autoharpe, un instrument qui a un effet apaisant, et j'ai remarqué que lorsqu'il s'assoyait pour en jouer ou s'il en jouait tout en parlant, il devenait beaucoup plus calme. Ses paroles étaient plus mesurées, et il avait une plus grande présence. Depuis ce temps, je suis toujours content quand il apporte son instrument. Quand il est sur sa lancée, il est très impressionnant. Néanmoins, j'aime aussi voir son côté plus calme, plus serein.

Le fait qu'il soit là à m'attendre à la sortie des douanes suisses ne m'a pas particulièrement surpris. Sa décision de tout laisser et de se rendre en Suisse, malgré un bref préavis, m'a donné l'impression que l'information qu'il avait à me transmettre était peut-être plus pressante que je le croyais. Je me suis également demandé s'il avait pris la bonne décision en venant me rejoindre. Étant donné son dernier épisode dépressif, je me suis dit qu'il aurait peut-être mieux fait de rester chez sa sœur à se reposer. D'un autre côté, sa présence ici pouvait aussi être due au fait que c'était mon âme qui le lui avait demandé. Aussi étrange que cela puisse paraître, à ce moment-là, c'est l'explication qui m'a paru la plus plausible. J'ai souri en le voyant et je me suis préparé mentalement pour ce qui s'en venait.

— Jimmy ! Par ici ! a-t-il crié en agitant le bras.

Il portait un béret rouge et un jean surdimensionné. À côté de lui, il y avait ses bagages, qui consistaient en un sac à dos et un sac à bandoulière. Il y avait aussi un autre sac, celui dans lequel il rangeait son autoharpe. J'étais content qu'il l'ait apportée. Je suis allé vers lui et j'ai posé ma guitare pour pouvoir le prendre dans mes bras.

— Je n'en reviens pas que tu sois ici, à l'aéroport. Alors, pas de surprise ni d'apparition soudaine au beau milieu de nulle part ? Je suis presque déçu.

— Ne sois pas déçu. Je sais que ce n'est pas mon genre, mais ça me semblait trop important, et je tenais à venir. Il y a tant de choses que je veux te dire, et je n'aurais pas refusé ton invitation pour tout l'or du monde. Je pense que tu le sais. Tu tiens vraiment quelque chose, et tu sais comment il est difficile pour moi de résister.

Les mots sortaient de sa bouche si vite que j'arrivais à peine à les entendre. Je savais qu'il était excité, et ça, c'était bon signe. D'un autre côté, je ne voulais pas qu'il s'emballe au point qu'il ne puisse plus arriver à se reposer, alors qu'il en avait grand besoin. J'ai regardé ses yeux en quête d'un signe. Il avait le regard clair, ce qui m'a soulagé.

— Monsieur Twyman ? Vous êtes bien James Twyman ?

Je me suis retourné et j'ai vu cinq personnes debout derrière moi. La femme qui avait parlé avait la peau foncée et un regard chaleureux. Ils semblaient tous soulagés et heureux de m'avoir trouvé.

— Oui, c'est bien moi.

— Je m'appelle Christiane, c'est moi qui organise vos conférences en Suisse, m'a-t-elle dit en me tendant la main. Votre vol était en retard... nous commencions à être inquiets.

— Oui, malheureusement, nous avons eu du retard, ai-je répondu. Je lui ai serré la main, puis j'ai salué les autres personnes présentes.

— Ce sont des amis qui voulaient vous escorter avec moi.

— Et je vous présente mon ami Phil Gruber. Je ne me souviens plus si je vous avais averti de sa présence.

— Pas de problème, a dit l'homme qui se trouvait à côté de Christiane. Nous avons trois voitures, il y aura de la place pour tout le monde.

J'ai fait un signe de tête à Phil. Il semblait détendu, mais je sentais qu'il était encore fragile sous son apparente bravoure. Quelques instants plus tard, nous avons entassé nos bagages dans une fourgonnette et avons quitté l'aéroport.

— Il y a tant de choses que je veux te raconter, m'a dit Phil en s'installant sur le siège arrière. Beaucoup plus que tu ne pourrais l'imaginer.

— C'est l'impression que j'ai eue. Tu es plus mystérieux que ce à quoi je m'attendais.

Il est demeuré silencieux quelque temps, comme s'il se demandait ce qu'il pouvait me dire et jusqu'à quel point il pouvait m'en dire.

— Quand je dis « plus que tu ne peux l'imaginer », a-t-il continué, je veux dire par là qu'il y a du boulot qui nous attend. Nous avons une occasion en or, ici. C'est évidemment en lien avec le Yod, mais ce n'est que la partie visible de l'iceberg.

— Là, tu deviens réellement mystérieux.

— Si je te dis tout maintenant, tu pourrais vouloir me renvoyer, a-t-il dit en plaisantant. Il souriait, mais je savais qu'au fond, il était sérieux. Je n'essaie pas de te faire peur, ni rien de ce genre… en fait, peut-être un tout petit peu. Ce sont des questions très sérieuses, et il faut les aborder avec confiance, dévouement, détermination, conscience et conviction.

Je me suis redressé dans mon siège et j'ai sans doute haussé le ton un peu, car nos nouveaux amis qui se trouvaient devant se sont retournés pour voir ce qui se passait. Par chance, leur anglais n'était pas assez bon pour qu'ils puissent nous comprendre.

— De quoi parles-tu ? Je croyais que tu allais m'expliquer pourquoi le Code de Moïse était en fait un Yod. Je pensais que tu me donnerais les éléments qui me manquent.

— Ça dépasse ce que tu appelles le Code de Moïse. Je pense qu'il y a plus dans tout ça que ce que tu es apte à comprendre en ce moment. Tu n'es pas du tout conscient des forces qui sont en jeu ici.

— J'ai pris des notes en lien avec nos conversations téléphoniques et les messages électroniques que tu m'as envoyés, ai-je dit en sortant mon carnet de notes. Tu m'as dit qu'il était question de mystères anciens tellement puissants que certains voulaient les protéger. En fait, tu as écrit que ces soi-disant protecteurs n'étaient pas forcément des gens, mais plutôt quelque chose d'indéfinissable. Tu as aussi parlé d'anges qui protégeaient certains mystères à cause de sceaux secrets ou de pactes conclus avec Dieu, et aussi de démons prisonniers d'habitudes dont ils ne peuvent pas se défaire... ou dont ils ne veulent pas se défaire. C'est bien ça ? Ces êtres sont emprisonnés dans des champs multidimensionnels et, dans certains cas, ils ne savent même pas qu'ils ont été capturés. Est-ce que j'ai bien compris ? Tu as aussi dit qu'il était temps qu'ils soient libérés, qu'il était temps que les pactes conclus entre les anges et Dieu soient accomplis.

— C'est à peu près ça, a répondu Phil, visiblement ravi de voir que j'étais suffisamment sérieux pour prendre des notes.

— Mais Phil, quel lien y a-t-il avec le Yod ? Je ne m'attendais pas du tout à me retrouver dans un roman de Dan Brown.

— Il s'agit de beaucoup plus que d'un roman, a-t-il fait, d'un ton plus sérieux. Je te parle de quelque chose de réel, et d'important. Et je ne pense pas que j'exagère quand je dis que beaucoup de choses en dépendent.

J'ai pris une profonde inspiration et je me suis calé dans mon siège. Les choses venaient de prendre une tournure théâtrale et inattendue.

✧✧✧

La première fois que j'ai rencontré Phil, c'était au Colorado, en 1996, dans le cadre d'une conférence. Je l'ai croisé à la cafétéria le lundi après la conférence et je me souviens avoir aperçu un arc-en-ciel double par la fenêtre. Je me dirigeais vers ma table avec un plateau rempli de nourriture quand, comme sorti de nulle part, Phil est apparu devant moi, m'empêchant de passer. J'ai d'abord été décontenancé, mais quelque chose dans son regard m'a attiré à un niveau très profond. Son regard dansait comme la flamme d'une chandelle et, derrière, on sentait une énergie qui ne pouvait être contenue.

Il s'est instantanément lancé dans une dissertation de cinq minutes sur la signification et les implications métaphysiques de mon nom. Je ne pourrais répéter ce qu'il a dit même si je le voulais. Le lendemain, je me trouvais avec ma fille Angela dans le centre-ville de Boulder. Ma fourgonnette était en panne, et je tuais le temps dans une librairie spécialisée en métaphysique, quand je suis de nouveau tombé sur Phil. On aurait dit que le temps était resté figé, et Phil a repris son discours sur mon nom exactement où il l'avait laissé. Je savais que ce n'était pas ma dernière rencontre avec lui.

— Dis-moi tout ce que tu sais sur le Yod, ai-je demandé à Phil, après que l'on se soit installés dans notre chambre d'hôtel dans le centre-ville de Lausanne. Nous nous sommes assis à une petite table dans le hall et avons tenté de garder une saine distance avec les autres clients de l'hôtel.

— Tu étais présent aux projections-tests du *Code de Moïse* à Madison et à Chicago, et tu m'as dit avoir vu la version définitive à Austin.

— Le Yod et le Code de Moïse ne représentent que le début, m'a répondu Phil. Dès que j'ai vu la virgule apparaître à l'écran, j'ai compris que tu tenais quelque chose. Il s'agit de la partie visible de l'iceberg, comme je te l'ai dit plus tôt. Tu dois savoir, ou du moins soupçonner, qu'il y en a beaucoup plus sous la surface.

— Au départ, je ne le savais pas, ai-je confessé, en buvant une gorgée d'eau. Je croyais sincèrement qu'il s'agissait simplement d'une virgule. Je ne suis pas juif et je n'avais aucune idée de ce qu'est un Yod. Depuis ce jour, toutefois, j'en entends constamment parler.

— Ça ne me surprend pas. Laisse-moi te parler un peu du Yod, et tu verras ensuite à quel point tu t'es approché de la vérité. Le Yod est la dixième et la plus petite lettre de l'alphabet hébraïque. Chaque lettre de cet alphabet spécialisé représente la cristallisation d'un aspect du Monde divin, ou du Nom sacré. Le Yod est l'élément de base qui permet de former toutes les autres lettres. On dit que toutes les autres lettres sont créées par les mouvements du Yod.

Phil a pris un carnet de notes et y a dessiné un Yod. Ça me faisait penser à une flamme, ou à un drapeau se déployant au vent. Ça ressemblait aussi à une virgule.

— Ça commence à devenir intéressant, ai-je dit. Continue.

— Beaucoup de gens considèrent le Yod comme étant l'*être*, l'être dans toute sa pureté, ou le symbole de l'omniprésence de Dieu dans le monde. C'est aussi la plus petite lettre et elle représente la vibration originelle de l'Univers. C'est la seule lettre hébraïque à être littéralement suspendue dans l'espace, comme un pont entre les mondes. Ce qu'il y a de beau, c'est que le Yod contient en lui le potentiel en toutes choses de devenir un être incarné. Ça pourrait très bien représenter le point lumineux dans l'esprit et le cœur de Dieu... un point d'amour et de lumière condensés, ou ce que certains appellent le «point central». Ça nous enseigne que dans les plus petites choses se trouve tout le potentiel de création.

— J'ai aussi entendu dire que le Yod représentait la main de Dieu, ai-je fait. Mais la véritable question, c'est : «Qu'est-ce que ça signifie?» Est-ce que c'est une vraie main, ou une main métaphorique? Ou les deux? Si Dieu avait une main, à quoi ressemblerait-elle? Est-ce qu'elle balaierait le ciel comme dans un cauchemar michelangélesque, ou serait-ce plutôt une douce brise?

— Il n'y a pas de doute que Dieu tend sa main vers nous en ce moment, m'a répondu Phil. Mais il ne le fait peut-être pas avec autant de douceur que nous le voudrions. Ça aurait pu être le cas à une certaine époque, mais plus maintenant. Il n'y a pas de réponse simple, et le temps passe.

— Selon toi, qu'est-ce que ça représente? ai-je demandé, sentant l'urgence qui pointait dans sa voix.

— Je dirais que le Yod est comme une pause qui contient en elles de nombreuses possibilités. L'utilisation de la virgule dans le Code de Moïse était une idée brillante. Cela crée la pause qui permet à l'inspiration divine d'apparaître. Les virgules créent aussi des liens, ce sont des ponts. Mais selon moi, c'est la pause qui est la clé. Connais-tu *L'Évangile essénien de la Paix* et la troisième communion avec l'Ange de l'Air?

— *L'Évangile essénien de la Paix*... oui. C'est bien celui qui a été traduit par Edmond Bordeaux Szekely?

— Szekely avait accès aux voûtes secrètes du Vatican. Dans l'évangile qu'il a trouvé, il est question du «Souffle sacré qui est supérieur à toutes les autres créations». On y dit qu'entre l'inspiration et l'expiration se trouvent tous les mystères du jardin infini. Et la virgule permet cette pause.

— C'est un parallèle intéressant. Y a-t-il autre chose que tu peux me dire au sujet du Yod?

— Comme je te l'ai déjà dit, le Yod est la plus petite lettre de l'alphabet hébraïque, et on considère qu'il représente le doigt de Dieu montrant la voie. Il peut aussi représenter la main, qui est un symbole de la puissance de l'énergie créatrice ou dirigée. Tu vois, la main fermée, ou le poing, représente l'Unité, le

Créateur. La main ouverte est le symbole de l'humain et représente son potentiel inné de retourner à l'Unicité. En fait, en hébreu, «main» se dit *yad*. C'est le point central. Le symbole Yin-Yang est une représentation de deux Yod dans un équilibre dynamique. Le Yod, comme toutes les autres lettres, est une lettre de feu, ou de flamme, ce qui signifie que toutes les lettres de l'alphabet sont l'expression du Feu créateur où toutes choses prennent naissance et où toutes choses retourneront. Cela constitue un lien avec le Grand Feu créateur. Chaque lettre est un aspect différent de cette Force créatrice.

— C'est ce qui explique pourquoi le buisson ardent de Moïse n'a pas été consumé par les flammes, ai-je suggéré. C'est ce que je voulais démontrer dans le *Code de Moïse* : l'information dont Moïse avait besoin était déjà en lui, comme elle est déjà en chacun de nous. Le feu permet à l'énergie de circuler, comme des électrons qui commencent à se consumer et qui dévoilent ainsi leurs qualités cachées. Il faudrait que ça arrive à chacun de nous. Il nous faudrait brûler un peu de l'intérieur.

— Une brûlure divine.

— C'est ça… tout à fait. Nous nous consumons et devenons comme des grains de popcorn qui explosent pour devenir quelque chose d'autre.

— Je ne verrai plus jamais le popcorn du même œil, a dit Phil en riant. Mais sérieusement, le temps, tel que nous le percevons avec notre esprit linéaire, s'accélère. Il n'y a pas un instant à perdre. Quand j'ai vu le film, j'ai su que tu étais prêt.

— Et je suis prêt pour quoi?

— Tu es prêt à faire beaucoup plus que simplement parler du Code de Moïse. Tu es aussi prêt à faire plus qu'écrire sur la façon dont le Nom de Dieu a été révélé à Moïse et sur la manière d'utiliser les secrets qu'il contient. C'était une étape. Je l'admets, cette étape était importante, mais tu es maintenant prêt à faire quelque chose de beaucoup plus grand... et de beaucoup plus dangereux.

— Pourquoi dangereux? Je ne suis pas du style à vouloir éviter le danger, mais je dois savoir s'il s'agit d'un danger réel ou simplement d'une leçon que tu veux me donner. Au téléphone, tu m'as parlé de démons et d'anges qui gardaient d'anciens sceaux ou qui étaient prisonniers d'une sorte de piège complexe. Qu'y a-t-il de vrai dans tout ça?

— Tout ce en quoi tu es prêt à croire est vrai. Qu'en penses-tu?

— Je pense que je dois vraiment arriver à comprendre la signification de la Kabbale avant d'aller plus loin. Tout ce que j'apprends me ramène à la Kabbale, mais comme je n'en connais pas la base, je ne peux voir comment tout cela est relié.

— Bon, alors laisse-moi te faire une brève présentation sur les anciens préceptes mystiques du peuple juif : la Kabbale, ou *Ha-Kabbalah*, qui est une construction exclusivement juive, a dit Phil en se calant dans sa chaise pour souligner son effet théâtral. Les plus vieux textes que les spécialistes y associent datent d'il y a environ 2000 ans. Cependant, la majeure partie des écrits qui ont servi d'inspiration à ce qu'on appelle aujourd'hui la Kabbale proviennent de la haute antiquité. On trouve des textes anciens où il est question de ce qu'on appelait les mystiques de la Merkabah. Le but principal de ces *Mekoubalim*, comme on les appelle, c'était d'entrer dans les sept parvis du Palais de la création dans le but de rejoindre un endroit appelé Merkabah, le char ou trône divin.

— C'est quoi, le char ou trône divin ? ai-je demandé.

— C'est un véhicule qui peut nous conduire aux Royaumes célestes supérieurs — qui peut littéralement nous faire traverser les champs magnétiques qui nous empêchent normalement d'avoir une expérience totale de Dieu. Le *Véhicule de la Merkabah*, le *véhicule de lumière* ou *char céleste*, comme certains l'appellent, peut nous mener jusqu'au trône de Dieu pour que nous nous trouvions devant l'Ancêtre de nos jours, comme le racontent certaines traditions. Le *Sefer Yetsirah*, ou *Livre de la Formation*, est considéré par plusieurs comme étant le premier texte du mysticisme occulte juif. On en attribue la paternité à Abraham. Il y est question, entre autres choses, de la manipulation des lettres sacrées au moment de la construction du monde.

Ce que nous considérons habituellement comme étant la Kabbale, dans son sens moderne, date du XIIe siècle, en Provence, et provient d'un livre intitulé

Sefer HaBahir, le *Livre de la Clarté*. Quelque temps plus tard, le *Sefer Ha Zohar* (le *Livre de la Splendeur*), écrit au XIIIᵉ siècle en Espagne, a été révélé au grand kabbaliste Moïse de León, qui aurait ensuite organisé et assemblé cet immense corpus de connaissances mystiques. De León prétendait que ce livre contenait les écrits mystiques de Siméon Bar Yohaï, un rabbin du IIᵉ siècle. Selon les éléments que l'on possède, tout porte à croire que l'origine des textes assemblés par De León, qui forment ce qu'on appelle aujourd'hui le Zohar, remonte à une époque plus lointaine. Mais il y a des éléments que nous devons considérer avant de commencer notre aventure... avant d'entrer dans la *Chapelle périlleuse*.

— Et c'est pour ça que tu n'arrêtes pas de me dire qu'il s'agit d'une aventure dangereuse, ai-je répliqué me retenant de rire.

— Ambitieuse serait un terme plus juste. Et si nous devons nous embarquer ensemble dans cette histoire, il faudra que tu prennes ça un peu plus au sérieux.

Il paraissait très posé et semblait posséder un sens du devoir que je n'avais jamais remarqué chez lui auparavant.

— Il ne s'agit pas ici d'une quelconque fantaisie nouvel-âge, mais bien d'une véritable aventure mystique qui requiert de la discipline, de la diligence et de la préparation. Et ça, ce n'est qu'un début. Ce que nous allons essayer de faire, selon ce que j'en sais, n'a encore jamais été tenté, du moins pas avec succès. Et si nous réussissons, ça va changer beaucoup de choses dans le monde qui, je l'espère, s'en trouvera mieux. Si nous échouons, nous risquons alors de nous faire écarteler comme les chrétiens dans le Colisée. Et, pour être franc, la planète risque alors de ne pas s'en tirer mieux que nous. J'aurais bien aimé pouvoir dire que je plaisante, mais ce n'est pas le cas.

— Bon, continuons avant que j'aie trop peur. Dis-m'en plus sur la Kabbale.

— D'accord. Le terme *Kabbale* aurait été inventé par un certain Isaac l'Aveugle, qui a vécu aux XIIe et XIIIe siècles. Il signifie « recevoir » ou « accepter » ou encore « ce qui a été transmis », et aussi « tradition ». Il y a aussi des significations plus ésotériques, mais les précédentes sont celles qu'on associe le plus souvent à ce mot. Je vais te donner cependant une petite indication. Toutes les définitions sont liées aux relations qui existent entre les mots KA, BA et LAH. La tradition ésotérique ou mystique juive qu'on appelle la Kabbale est considérée comme étant le plus vieux corpus de connaissances spirituelles. On peut trouver dans les écrits kabbalistiques d'anciens secrets encodés, de très vieilles explications secrètes de la création et de la structure de l'Univers et aussi, comment cette structure se reflète en nous-mêmes. La Kabbale pénètre dans les mystères les plus profonds de l'âme et du cœur humain... que ce soit sur le plan matériel ou immatériel. Elle explore la nature physique et métaphysique de l'humanité, ainsi que notre origine et notre destinée évolutionnaire... bref, tout ce genre de choses.

La véritable origine de la Kabbale est entourée de mystère et de spéculation, et se perd dans la nuit des temps. On dit que lorsque Moïse a reçu la Torah sur le mont Sinaï, il aurait également reçu une tradition orale, qui expliquerait à tous les égards les grands secrets et mystères encodés dans la Torah. Avant Moïse, la transmission directe de la véritable nature de la Loi, telle que léguée par Jéhovah, avait été donnée avec parcimonie à quelques personnes privilégiées, en vue de fournir une carte qui mène à un endroit bien particulier... un Ciel préexistant appelé Plérôme, par certains, et Paradis, par d'autres.

— J'ai parlé à un Swami, aux Bahamas, ai-je dit à Phil. C'est aussi un spécialiste de la Kabbale, et il dit que la véritable Kabbale n'est pas celle que l'on trouve dans les textes, mais plutôt celle que l'on reçoit par des révélations directes.

— C'est vrai. La gnose, ou révélation directe, est à la base de tout, et c'est ce que Moïse a reçu. On dit qu'il a reçu la Loi pendant le jour, et l'explication de la Loi, pendant la nuit. Mais il n'y a pas eu que lui. Selon certains kabbalistes, il y aurait eu cinq transmissions directes des enseignements, et certains croient qu'il devrait y en avoir au moins une autre.

La première aurait été faite à un groupe d'anges déchus. La deuxième, c'est Adam qui l'aurait reçue des mains de l'ange déchu Raziel, le gardien des secrets, sous forme d'une carte montrant la route vers le Paradis, et ce, même si l'ange Uriel et les bons anges de Dieu n'étaient pas d'accord avec cette transmission.

Nous vivions dans l'innocence originelle, avant de tomber dans l'illusion de la séparation, qui nous a permis de comprendre pleinement le secret de la création. C'est à ce point de notre évolution que nous avons reçu la Kabbale. Quand je dis qu'elle a été donnée à Adam, il ne s'agit pas forcément de l'homme de chair et de sang, mais plutôt de la représentation de notre innocence originelle. Quoi qu'il en soit, la troisième transmission a été faite à Abraham, le père des trois grandes religions monothéistes — le judaïsme, le christianisme et l'islam — et ensuite, Abraham l'a passée à ses trois fils. La quatrième a été faite à Noé, qui, avec son zoo flottant, s'est retrouvé sur le mont Ararat, en Turquie. Et la cinquième, à Moïse.

— Penses-tu que c'était la dernière?

— Non, je ne le crois pas, mais n'allons pas trop vite. Ce que j'essaie d'expliquer, c'est que la vraie Torah n'est pas constituée uniquement d'écrits. Il y a une sagesse ésotérique et un mystère éternel encodés dans la loi écrite et qui ne figurent pas dans les Tables du Témoignage de Moïse.

— Est-ce qu'on peut dire que Jésus fait aussi partie de ceux qui ont reçu les enseignements?

— Eh bien, c'est une question délicate, Jimmy. Il est évident que Jésus, qui a beaucoup voyagé, qui a écouté les paroles de nombreux maîtres, qui a été initié par les Esséniens et qui était adepte des sciences secrètes égyptiennes et hébraïques a fort probablement bien connu plusieurs de ces doctrines ésotériques. Je suis sûr qu'il avait une grande connaissance non seulement des secrets de la création et de la recréation, mais aussi de l'origine et de la destinée de toutes les âmes. En d'autres termes, la réponse serait *oui*.

— Est-il possible que Jésus ait mieux compris les enseignements que ses prédécesseurs ?

— Comment savoir ? La plupart des Juifs, évidemment, ne reconnaissent pas la légitimité de Jésus… du moins, pas en tant qu'Élu, ou Messie. On dit qu'il n'a jamais prétendu à ce titre. Quand il a dit : « Je ne suis pas venu pour abroger la Loi, mais pour l'accomplir », ç'a ouvert la porte à de nombreuses interprétations. Quand Jésus était dans le temple, il a dit : « Avant qu'Abraham fût, JE SUIS. »

— Il disait qu'il ne formait qu'un avec Dieu, ai-je remarqué.

— Oui. JE SUIS est la façon dont Dieu s'est présenté. Je crois que Jésus a compris la révélation de Dieu, et ça n'a pas dû plaire à l'élite sacerdotale de l'époque. Parlant d'élite sacerdotale, il y a autre chose que tu dois comprendre. Il y a eu des époques où il existait des lois très strictes pour déterminer qui avait le droit d'étudier la Kabbale. Dans les traditions kabbalistiques les plus anciennes, et c'est encore parfois le cas, la transmission des connaissances se faisait directement du maître, ou de l'enseignant, aux élèves ou disciples choisis. Encore aujourd'hui, dans des cercles plus orthodoxes, les femmes n'ont aucune chance d'accéder aux connaissances, et ce, même s'il existe d'anciens documents qui font état de femmes qui, contrairement à l'opinion populaire, en connaissaient beaucoup sur les plus grands mystères de la conscience. L'une d'entre elles était Noah, une des filles de Zelophehad. Il y a aussi Sarah, Myriam, Esther, Déborah, et plusieurs autres, sans oublier Marie-Madeleine.

Encore aujourd'hui, pour être considéré par certains comme un étudiant sérieux de la Kabbale, il faut être un homme d'au moins quarante ans, marié, père d'au moins trois enfants et, plus important encore, être juif. Tout ça est en train de changer, mais avant le XVIIᵉ siècle, de telles restrictions n'existaient pas. Quand les kabbalistes modernes essaient d'imposer ces règles, ils n'ont pas vraiment de bases historiques sur lesquelles se reposer.

— C'est comme les catholiques qui croient que les prêtres ont toujours dû faire vœu de célibat, ai-je dit. Cette règle n'existe réellement que depuis environ la moitié de la vie de l'Église, ce qui représente environ 1000 ans.

— C'est vrai, mais revenons à notre sujet, que je ne m'y perde pas. On pourrait avoir l'impression que j'ai une quantité infinie d'information à te transmettre, qui peut te paraître pertinente ou pas, mais tout ça est important, comme tu le comprendras toi-même sans aucun doute. La dernière chose dont je veux te parler concernant l'histoire de la transmission de la Kabbale est peut-être la plus cruciale. Ce n'est pas une croyance très répandue au sein des enseignants de la tradition, mais elle a déjà existé, et existe encore, et elle est peut-être plus commune que ce que l'on pourrait croire. Comme je l'ai déjà mentionné, la plupart des gens pensent que Dieu a révélé la véritable Kabbale cinq ou peut-être six fois. Mais selon certaines rumeurs, il reste une dernière transmission qui n'a pas encore eu lieu. Ce sera la révélation la plus importante, celle qui scellera le destin de la planète.

— Sais-tu à qui elle sera faite ?

— Je crois le savoir.

Il y a eu une longue pause. J'ai senti mon corps se couvrir de chair de poule.

— Bon, ai-je fait. Peux-tu me dire de qui il s'agit ?

Encore un long silence. Finalement, Phil m'a regardé.

— C'est toi qui la recevras.

— Moi ? ai-je demandé, avalant avec difficulté. Pourquoi moi ? Qu'est-ce que tu essaies de me dire ?

Il s'est penché vers moi et a dit :

— Je veux que tu me comprennes bien. Je veux dire toi et moi et tout le monde. La dernière transmission s'adresse à tout le monde... à l'humanité dans son ensemble. Le décor est planté pour l'ultime révélation qui transformera toute la planète. Il y aura bientôt un bond dans l'évolution ; en fait, il a déjà commencé à se produire. Mais va-t-il avoir lieu de manière pacifique, avec facilité et grâce, avec la douce brise dont tu parlais plus tôt ? Je n'en suis pas sûr. Tout ce que je sais, c'est qu'il est inévitable. La table est mise et l'invitation est lancée. Ce qui au départ était réservé à quelques privilégiés, comme Moïse et Jésus, est désormais offert à tout le monde. Notre existence sur Terre est en jeu et, comme toujours, Dieu a entendu nos prières.

Phil a fermé les yeux et s'est calé dans sa chaise. Un serveur est arrivé et nous a demandé si nous désirions quelque chose. J'ai pris une profonde inspiration, ravi de l'interruption, et j'ai commandé un cappuccino. Phil ne semblait pas avoir besoin de café.

— Tu sais, Phil, ce que tu racontes ressemble pas mal à ce qu'on dit de la seconde venue du Christ : il ne s'agirait pas de la venue d'une personne, d'un retour physique de Jésus, mais plutôt de sa conscience qui deviendrait accessible à tous, du fait que chacun de nous pourrait recevoir la même énergie et lumière, comme l'a expérimenté Jésus il y a 2000 ans de cela. Penses-tu qu'il y ait un lien avec ce que tu dis ?

— C'est tout à fait la même chose. Il s'agit en fait d'adopter et d'incarner les enseignements qui mènent à la libération et à la vérité, c'est en quelque sorte un ésotérisme intérieur qui s'ajoute à l'ésotérisme extérieur, plus commun. C'est une seconde naissance ; la naissance d'un aspect saint en chacun de nous. Jésus a dit que lorsqu'il s'adressait à d'immenses foules, il devait raconter des histoires, des paraboles au sujet de Dieu. Sinon, les gens ne l'auraient pas compris. Jésus s'est rendu compte que la plupart de ses plus proches disciples n'avaient pas la moindre idée de ce qu'il tentait d'exprimer. On le constate dans les Évangiles. On a l'impression qu'il n'y avait que Marie-Madeleine, et peut-être certains autres, qui comprenaient un tant soit peu quelque chose.

» Le temps est venu où nous avons tous besoin de recevoir en révélation les enseignements secrets des siècles anciens, et crois-moi, c'est plus que jamais nécessaire. Ce qui arrive en ce moment sur la planète est sans précédent, pour autant que je sache. Nous sommes à la veille de détruire tout notre monde ou d'en recréer un nouveau. Tout ce qui a été fait depuis la nuit des temps nous a menés à ce point-ci, et si seulement nous pouvions comprendre certaines vérités et les mettre en pratique au quotidien, nous pourrions retrouver le chemin de la paix. Il est temps pour nous de comprendre enfin la véritable nature de Dieu, notre lien indélébile avec la Source de *Tout ce qui est*, ainsi que le sens et le but réels de notre vie. C'est de ça que traitent la Kabbale et tous les ouvrages d'inspiration divine.

J'ai pris une grande inspiration tout en essayant d'assimiler les paroles de Phil.

— Laisse-moi revenir à la Torah maintenant, a-t-il continué. Il y a la Torah révélée, ou la Loi, qu'on appelle le Pentateuque et qui est constituée des cinq livres de Moïse. Mais il existe aussi une Torah cachée, secrète, qu'on appelle le Sod, et qui décrit la nature de Dieu, les origines et le destin du cosmos ainsi que la nature de l'homme. Tous les Juifs traditionnels croient, du moins on présume qu'ils croient, que la Torah est la parole de Dieu et que l'hébreu est la langue de la création. La Kabbale, quant à elle, est considérée comme étant la compréhension hermétique de la Torah et de tous les pouvoirs divins de la Création.

Quand on travaille avec la Kabbale, on peut littéralement en déverrouiller les secrets et les partager dans la joie infinie qui est notre droit de naissance. La Torah est la maquette ou le plan ayant servi à la création. Elle révèle les Lois de la Création et même le secret de Dieu, sans oublier qu'on y traite de la manière suprême de vivre au quotidien.

Toutefois, il est impossible de lire ce plan sans la compréhension hermétique de la Kabbale. Elle demeure un mystère jusqu'à ce que ses véritables enseignements soient révélés, essayés, qu'ils soient en fait vécus au jour le jour — et c'est l'invitation ou le défi qui nous est lancé maintenant. Il ne faut pas oublier que même la Kabbale possède son côté exotérique et son côté ésotérique.

— Tout ça est très excitant, mais c'est aussi un peu inquiétant. J'ai l'impression que tu me dis que nous devons apprendre tout ça, car sinon...

— C'est bien ce que je dis. La question devient alors «Car sinon quoi?» Que se passera-t-il si nous ne le faisons pas? Tout ce que je sais, c'est que si on n'y arrive pas par la méthode *douce*, il faudra avoir recours à la méthode *forte*. La Terre se renouvelle sans cesse, et si nous n'arrivons pas à apprendre notre leçon, alors c'est nous qu'elle renouvellera, mais pas forcément avec douceur. On le voit déjà tout autour de nous. Les gestes que l'on pose ou que l'on ne pose pas menacent notre survie, et ça, c'est sans parler du fait qu'il y a une réelle possibilité qu'un possédé décide d'appuyer sur un bouton, de façon à causer notre anéantissement. Si nous continuons à dormir et que nous ne commençons pas à vivre selon la Loi du Droit divin, nous nous retrouverons tous à l'eau sans rames, pour ainsi dire.

— Et que pouvons-nous y faire ? ai-je demandé. J'espère que tu ne vas pas seulement me montrer le côté noir de l'affaire sans m'offrir de solution.

— Ne t'en fais pas, je ne suis pas un défaitiste. Écoute, c'est toi qui as trouvé la clé du Code de Moïse, et le temps est maintenant venu de trouver la clé d'un autre code. Tu n'as fait jusqu'ici qu'effleurer la surface. Tout ce que tu as dit et écrit au sujet du nom de Dieu, qui pouvait nous faire découvrir notre unicité et notre capacité à faire des miracles, était vrai. Mais ce n'était qu'un nom. *Ehyeh Asher Ehyeh* est un nom, mais il en existe neuf autres qui montrent tous un aspect différent de Dieu. Tu dois découvrir le secret qui est encodé dans chacun des noms, et quand tu y seras arrivé, d'autres mystères seront révélés, et il y aura davantage d'amour qui traversera et circulera dans ce monde.

— Et ces noms dont tu parles… est-ce qu'ils forment une sorte de code ?

— C'est tout à fait ça. C'est pour ça que le destin nous a permis de nous retrouver. Il existe plusieurs niveaux d'encodage dans tous les ouvrages d'inspiration divine, comme la Kabbale. Et il existe un ensemble de codes qui, selon moi, était destiné à servir dans des endroits bien particuliers.

— Et je suis certain que, d'une certaine façon, tout ça nous ramène aux anges et aux démons. Tout semble pointer dans cette direction.

— Tout ce que je peux te dire maintenant, c'est que là où nous allons, il y a beaucoup d'anges et de démons emprisonnés qui n'arrivent pas à se libérer. Ils ont été faits prisonniers par des forces que nous ne pouvons bien comprendre, mais si nous utilisons le Nom sacré de la bonne façon, nous pourrons participer à leur libération et, par le fait même, nous libérer nous aussi. Quand nous serons libres, des canaux d'énergie bien précis se rouvriront de nouveau. Il y a un endroit sur la planète où cela se produira tout particulièrement, et c'est là que nous allons maintenant.

— Peux-tu me dire où ?

— Bien sûr. Nous allons à Paris.

✡✡✡✡✡

CHAPITRE 3

Un kabbaliste à Paris

Trois jours plus tard, une fois la conférence en Suisse terminée, nous avons pris le TGV, le train rapide pour Paris, et j'avais la sensation familière que ma vie était sur le point de changer. Phil était assis en face de moi et ne semblait pas avoir envie de parler. Ce qui, évidemment, ne faisait qu'augmenter mon envie de parler. Le paysage défilait à une vitesse vertigineuse et, de temps en temps, une ferme en brisait la monotonie, avant de disparaître à son tour en une fraction de seconde. Était-ce un symbole de ma vie, du rythme auquel je vivais et de la vitesse à laquelle un chapitre se terminait pour faire place à un autre ? J'étais heureux que Phil soit à mes côtés pour souligner ce nouveau départ, mais je me demandais, à cause de l'aspect mystérieux de cette aventure, si j'étais prêt à me lancer sur cette voie ancienne et mystique, que je connaissais peu, et peut-être même pas du tout... la voie de la Kabbale. Je n'étais même pas un novice, mais ça ne semblait pas avoir pour effet de me ralentir ou de refroidir mon enthousiasme.

— Je n'arrête pas de penser à tout ce que tu m'as raconté jusqu'ici, ai-je dit à Phil pendant que le contrôleur vérifiait nos billets. J'ai l'impression que je ne fais qu'effleurer la surface, et pourtant, c'est déjà très riche et profond. Ça me donne envie d'en apprendre le plus possible.

— On peut étudier la Kabbale pendant toute une vie... des vies, en fait, et ne faire qu'en effleurer la surface, m'a-t-il répondu en se frottant les yeux comme s'il sortait à peine d'un rêve.

Nous avions tous les deux très peu dormi pendant notre séjour en Suisse. Paris occupait toutes nos pensées et, en même temps, nous avions l'impression que notre aventure n'allait jamais avoir véritablement lieu.

— C'est comme un puits sans fond. On y lance une pierre et on attend d'entendre le bruit de la pierre frappant la surface de l'eau, mais on ne l'entend jamais. C'est parce qu'il est insondable, comme Dieu. Selon la Kabbale traditionnelle, il est impossible de saisir entièrement le caractère infini de Dieu parce que la véritable essence de Dieu est insaisissable et inaccessible. D'un autre côté, on dit que la Kabbale permet de découvrir l'essence de Dieu et qu'on peut trouver dans sa matrice des modèles encodés : des cartes et des clés qui sont essentielles à la compréhension des mystères de la création cosmique. Ton ami Swami t'a dit que la véritable Kabbale ne pouvait être écrite, qu'elle pouvait seulement être vécue. Eh bien, c'est vrai *et* faux. Je suis d'accord avec lui dans la mesure où quand on écrit une information, on en perd une partie parce qu'on essaie de réduire l'infini à quelque chose de fini. Mais si l'on peut rester suffisamment ouvert pour se laisser traverser par ce qu'on lit, on devient alors l'essence de cette chose. Et c'est cela le véritable but à atteindre, non ?

— Il me semble que tu m'as dit que, selon la pensée juive, c'était un blasphème de se considérer comme ne formant qu'un avec Dieu, ou de se voir comme une incarnation de Dieu.

— Tout à fait ! s'est exclamé Phil. Le plus loin qu'un Juif mystique pourrait aller serait de dire qu'il a pu contempler la Majesté divine. Dire « Je suis Dieu » ou « Je forme un avec Dieu » relève du plus grand tabou. Aucune pensée juive non hérétique ne se permettrait même seulement d'évoquer l'idée qu'un être humain puisse devenir divin dans ce monde, car il est impossible de connaître l'unicité avec le Divin sur Terre. Ce serait une hérésie.

— D'accord. C'est ce que pensent les mystiques juifs. Et toi ? Qu'en dis-tu ?

— Que crois-tu que je pense ? m'a-t-il demandé en souriant.

— Je crois que nous pensons la même chose : le but de notre vie est de comprendre que nous ne formons qu'un avec Dieu, purement et simplement. Je crois que le seul objectif de notre âme sur Terre est de se rappeler notre nature divine, ai-je dis en posant le livre que j'étais en train de lire.

— Oui, je suis essentiellement d'accord. Le but est d'accéder à la part d'infini qui est en nous, de réconcilier nos deux natures, d'atteindre l'état appelé *Devekut*, qui représente l'Union spirituelle divine, l'union de l'homme et de son Créateur, et qui donne lieu à une réunification transformatrice avec Dieu.

— Une réunification avec Dieu?

— Oui. Si je disais que tu te re-fusionnes avec Dieu, ce ne serait pas tout à fait juste. Il est impossible de se refusionner avec quelque chose ou quelqu'un dont tu n'as jamais été réellement séparé. Toutefois, il t'est possible d'émerger de ton sommeil, de ta croyance en la séparation, ou illusion de séparation, et de comprendre ce qui a toujours été, c'est-à-dire que tu ne formes qu'un avec Dieu. C'est ça, la force du Code de Moïse : il réveille le souvenir de l'union où tout est une partie de toi et où toi, tu es une partie du tout.

» Le nom que Dieu a donné à Moïse, *Ehyeh Asher Ehyeh*, ou simplement *Ehyeh*, ce qui signifie JE SUIS, devait permettre de décrire la révélation que Dieu a eue de sa propre *qualité d'être*. Son but était de montrer à Moïse, et à nous, que Dieu est partout et dans tout, et que tout existe à l'intérieur d'un champ unifié de conscience «dimensionnalisée». Et quand on chante son Nom, comme tu l'as écrit dans le *Code de Moïse*, on commence à sentir l'unicité qui est en soi parce que, évidemment, on ne forme qu'un avec Dieu et qu'on peut s'identifier à la force de Dieu, comme Moïse l'a fait. Il est impossible de sentir l'unicité universelle de Dieu sans d'abord la reconnaître en soi.

— C'est sur ce point précis que la majorité des religions font fausse route, ai-je ajouté. Si on enseigne aux gens qu'ils ont un lien direct avec Dieu, il devient très difficile ensuite de les maîtriser et de leur faire faire ce qu'on veut.

— Et pourquoi, selon toi, veulent-elles ça ?

— Que les gens suivent les règles ?

— Oui. Pourquoi ?

— Parce que le but de chaque religion, au bout du compte, c'est de survivre et de se développer. Et que la seule façon d'y arriver, c'est d'établir un ensemble de règles et de dogmes que tout le monde doit respecter. Les gens adorent ça. Ils adorent qu'on leur dise quoi faire, quoi croire, parce que de cette façon, la révélation personnelle ne fait plus partie de l'équation.

— Ni la responsabilité personnelle...

— C'est tout à fait ça. Et pourtant, on ne peut jamais vraiment éliminer la révélation personnelle parce que dans chaque tradition spirituelle, il y a des mystiques qui, eux, veulent une seule et unique chose : l'union avec Dieu.

— Alors, est-ce que tu dirais que l'objectif de tous les mystiques est de connaître l'unicité ?

— Je crois bien. Un mystique chrétien cherche l'unicité avec la conscience du Christ, un bouddhiste, avec la nature du Bouddha et un hindou, avec Brahma.

— Est-ce qu'il te paraît que les religions organisées n'encouragent pas cette idée? Penses-tu qu'elles veulent que les gens restent séparés les uns des autres, de Dieu, et qu'ils excluent tous ceux qui ne sont pas d'accord avec leur vision des choses?

— Prenons l'exemple d'un chrétien qui a été baptisé, ai-je dit, me penchant vers lui. Soit nous sommes une part du corps du Christ, soit...

— Soit nous sommes exclus, c'est ça?

— Je ne voudrais pas faire d'affirmation catégorique concernant toutes les religions, ai-je rapidement ajouté, un peu mal à l'aise à cause du manque de nuance de mes paroles. Mais je dirais qu'en général, c'est comme ça.

— Est-ce que ça veut dire que nous devrions éviter les religions et chercher plutôt à vivre nos propres expériences mystiques? m'a demandé Phil, qui avait remarqué mon malaise.

Je sentais qu'il tentait de m'aiguiller dans une direction précise, mais je ne savais pas laquelle c'était. Je tentais de rester prudent dans le but d'éviter un piège, mais j'ai fini par décider de me détendre et de répondre ce qui me venait naturellement.

— Je vais te dire ce que je crois, ai-je fait. La réponse est non. Je ne crois pas que les gens devraient s'empêcher d'embrasser ou de pratiquer une religion en particulier, si c'est ce qui les attire. Les voies spirituelles reconnues, qui sont utilisées depuis des milliers d'années, ont une valeur. Je crois qu'un des plus gros problèmes de plusieurs groupes nouvel-âge, c'est qu'on accepte tout, même si c'est tiré par les cheveux ou vraiment bizarre. Les gens sont prêts à croire à tout de nos jours. Peux-tu imaginer que l'an passé, j'ai participé à une rencontre où une femme prétendait pouvoir faire venir l'esprit de son chat qui était, selon elle, un maître ascensionné ? Et les gens attendaient en file pour entendre ce que le chat avait à dire. Ça me rend fou quand les gens perdent ainsi tout sens commun. Je crois qu'il faut un certain équilibre. Il faut s'informer sur les différentes religions, apprendre d'elles, mais aussi demeurer ouvert à la façon particulière dont l'Esprit se révèle à nous.

— Penses-y un peu, a repris Phil. La Kabbale est une lecture hermétique de la Torah. Tu te souviens que je t'ai dit que, selon les enseignements, la Torah est considérée comme la Parole de Dieu et qu'elle a été formulée avant la création du monde ? Un de mes anciens professeurs disait que la Kabbale ne faisait pas que remuer l'eau en surface, pour ainsi dire, mais qu'elle plongeait loin au cœur des mystères cachés dans chaque phrase de chaque page. C'est de cette manière que la Kabbale aide les gens à trouver leur propre lien avec le Divin, leur permettant d'établir une relation intime avec Dieu. La Torah est littéralement une sorte de plan pour la création, et la Kabbale cherche à en préciser la signification profonde et la structure. Elle représente simplement la révélation faite par Dieu à sa création.

— Dirais-tu que le nom que Dieu a donné à Moïse au buisson ardent est au cœur même de ce qui a donné naissance aux trois religions monothéistes, en commençant, bien sûr, avec Abraham ? ai-je demandé.

— Je me hasarderais à dire que le nom donné à Moïse au buisson ardent... ou, plus précisément, la signification du nom donné à Moïse en ce jour fatidique est ce que l'on trouve au cœur de tous les systèmes de pensée religieuse ou spirituelle. Avant Moïse, et avant même Abraham, le germe de ce qui allait donner naissance à la tradition judéo-chrétienne existait déjà. Mais quand Moïse est monté sur le mont Sinaï, tout a changé, et ce, pas seulement pour les gens de confession hébraïque, mais c'est tout le cours de l'histoire qui a changé.

— Tu es donc d'accord pour dire que le nom possède d'importantes implications dans notre monde moderne ?

— Je suis d'accord, a répondu Phil. Nous avons, aujourd'hui, une façon totalement différente de voir les choses et une tout autre compréhension de l'histoire, et pas seulement des antécédents bibliques. Mais d'un point de vue historique, Moïse a posé à Dieu une des questions les plus importantes de l'histoire : « Quel est ton nom ? » Avant cela, les enfants d'Israël ne s'identifiaient pas au pouvoir du Tout-Puissant et tenaient, d'une certaine façon, le Divin à distance.

D'un seul coup, les gens ont ressenti une certaine intimité avec Dieu, et la révélation de son très Saint Nom sur le mont Sinaï, ce jour-là, résultait d'un désir de créer une alliance avec le peuple élu. Dieu et son peuple élu venaient d'établir un lien d'intimité. Moïse pouvait désormais identifier le pouvoir de Dieu à son propre pouvoir, ce qui est une des leçons les plus importantes du *Code de Moïse*. Il pouvait maintenant comprendre Dieu, du moins en partie. Le pouvoir du nom lui permettait d'accomplir des miracles, tant dans sa vie que dans la vie du peuple qu'il devait mener à la libération.

— Comme avec la peste?

— C'étaient effectivement d'horribles miracles, mais ils ont servi à prouver certaines choses. Ils ont prouvé qu'il y avait un grand pouvoir en étant conscients du lien éternel et intrinsèque avec la source de la Divinité qui est en nous : la présence immanente de Dieu en chacun; la réévaluation du concept du *shiur qoma*, la « mesure de l'humain » en relation avec Dieu — en d'autres termes, comment nous nous montrons à la hauteur.

— Le mot *qoma* ressemble beaucoup à *comma**, ai-je ajouté, comprenant tout à coup le lien entre ses paroles et l'idée que j'avais développée dans le *Code de Moïse*.

— Et ce n'est pas tout. Cela a permis de démontrer que la puissance de Dieu, révélée dans son nom, était présente en eux depuis toujours — c'est ce qui plus tard sera décrit comme le « Royaume des Cieux », une source de pouvoir et de révélation personnelle, ainsi qu'un portail menant à ce qu'on appelle la Voûte des Adeptes, qui est la source de la véritable magie et des miracles.

---

* N.d.T. : Virgule en anglais.

— Tout ça grâce au nom JE SUIS CE QUE JE SUIS.

— Et c'est là que ça commence à être intéressant, a répondu Phil. *Ehyeh Asher Ehyeh* est un nom qui a été donné à Moïse en guise de présentation. Tout de suite après avoir dit *Ehyeh Asher Ehyeh*, ce qui dans les textes massorétiques est traduit par JE SUIS CE QUE JE SUIS, Dieu a dit : «Tu diras aux enfants d'Israël : Celui qui s'appelle JE SUIS m'a envoyé vers vous.» C'est donc là le véritable nom de Dieu, du moins du point de vue de l'Ange du Seigneur, à qui Dieu a demandé de parler en son nom.

— L'Ange du Seigneur?

— Oui, c'est le même ange qui a dit à Jacob que le secret du nom ne serait révélé qu'au moment de la seconde venue, ou du second Adam, selon l'interprétation qu'en a faite Rudolf Steiner, le fondateur de la pédagogie Waldorf. Tu vois, *Ehyeh Asher Ehyeh* peut donner lieu à de nombreuses interprétations. Une de mes préférées est «Je travaille à *devenir* ce que je désire être» ou «Je serai ce que je serai.» Tu vois, Jimmy, tout est une affaire de choix. C'est ça, l'exercice du libre arbitre.

— Est-ce la même chose que de dire Jéhovah? ai-je demandé.

— Ça, c'est une autre paire de manches. Jéhovah est une des manières d'écrire ce qu'on appelle le Tétragramme, qui est le deuxième nom donné à Moïse et qui correspond à JE SUIS. Tétragramme vient du grec : *tetra* qui signifie «quatre» et *gramma* «lettre». Ce sont les quatre lettres qui ont le pouvoir d'exploiter

la plus grande des forces de la création grâce à la prononciation correcte du Nom divin. Ces quatre lettres
sont «Yod Hé Wav Hé», qu'on appelle *Shem HaMeforash*,
c'est-à-dire «le nom de distinction ou par excellence».
Ce nom est la source de tous les Noms sacrés, et on
trouve dans sa structure même le moule de la création. La seule contemplation de ce nom peut libérer
des forces qui dépassent notre entendement, du moins
si on tient compte des limites de l'esprit humain.

» Et, comme tu le sais, il ne faut jamais prononcer ce
nom, ni même l'écrire, car si on écrit le nom de Dieu,
il pourrait être effacé, modifié ou jeté. C'est pourquoi
on a utilisé les mots Adonaï ou Élohim à la place du
Tétragramme, par respect pour le nom ineffable. Il est
interdit de prononcer en vain le nom de Dieu, dit-on
dans le troisième des dix commandements. Il y avait
aussi le risque de se faire traiter de blasphémateur,
même si on croit qu'à l'époque de la Torah et des pro-
phètes, prononcer le nom de Dieu n'était pas interdit.

— Alors, comment cette règle est-elle apparue?

— Écoute, Jimmy, je suis d'accord pour qu'on fasse
preuve de respect envers la force qu'un nom aussi
puissant pourrait libérer, a-t-il déclaré d'un ton
tranchant.

— Oui, mais il peut arriver que le respect nous
fasse rejeter ce qui pourrait mener à la transformation
du monde, ai-je répliqué.

— C'est vrai. C'est comme jeter le bébé avec l'eau
du bain. Il en est question dans l'Ancien Testament,
dans la Genèse, le livre de Joël et dans de nombreux

psaumes où, par exemple, le nom de Jéhovah était célébré et loué. Dans Isaïe, 12:4, il est écrit : «Rendez grâce au Seigneur, proclamez son nom.» Il est également question, dans le Talmud et la Mishna, de l'interdiction de prononcer son nom, même si le sujet donne lieu à des débats passionnés dans les cercles talmudiques. Finalement, si on fait exception de certains états méditatifs ou d'actes de bénédiction, il n'y a que le Grand Prêtre, ou le Kohen Gadol qui, après une série de purifications, pouvait prononcer le nom dix fois, et ce, seulement durant le Yom Kippour.

— Comment un nom peut-il donner autant de pouvoir?

— On croirait entendre Alice. Quand Alice demande à Humpty Dumpty quelle est l'importance d'un nom, il lui répond : «Mon nom à moi indique la forme que j'ai.» Commences-tu à comprendre?

Je voyais apparaître sur le visage de Phil cet air lointain qu'il avait parfois, surtout quand il commençait à agrémenter ses explications de métaphores colorées tirées de livres comme *Alice au pays des merveilles* ou *Le Seigneur des anneaux*. Puis, son regard est redevenu concentré et, par chance, il a repris :

— Dans la Kabbale, il est écrit : «JE SUIS mon Nom», ce qui suggère que la puissance de Dieu est justement dans son nom. Et quand je dis justement, je veux dire que c'est vrai, qu'il s'agit du vrai nom de Dieu : JE SUIS, ou le tétragramme. Dans la philosophie hindoue Advaïta-Védanta, le JE SUIS est consi-

déré comme une abstraction dans l'esprit de l'état sans
état, dans la réalité suprême, absolue.

— Le parabrahman.

— C'est ça... la conscience pure. Dans les
mahavakyas, les quatre vérités de l'Advaïta, le JE SUIS
CECI trouve écho dans le *Tat Tvam Asi* : «Tu es ceci».
C'est une des grandes affirmations de l'hindouisme
védantique, et l'analogie ne s'arrête pas là. Le mot *that**
vient du sanskrit *tat*, qui signifie «sans limites». Nous
sommes sans limites, il n'y a que nos propres croyances
qui peuvent nous limiter.

— Oui, je sais. Et Jésus a dit : «Si vous demandez
quelque chose en mon nom, je le ferai.» Il est même
allé jusqu'à s'identifier au JE SUIS dans l'évangile selon
Jean. Il a compris toute la puissance qu'un nom pouvait contenir et il a su exploiter ce pouvoir pour
accomplir des miracles. Il a failli être lapidé à mort
plusieurs fois parce qu'il avait dit JE SUIS. En prononçant ces mots, Jésus revendiquait la force que possède
le nom de Dieu et déclarait qu'il ne faisait qu'un avec
Dieu, qui est, évidemment, la source de toute connaissance et sagesse, et ce qui donne la capacité de faire
des miracles.

— Et maintenant, je veux que tu observes les
lettres du tétragramme, a repris Phil. En hébreu, les
lettres sont «Yod, Hé, Wav et Hé». Y a-t-il quelque
chose qui te saute aux yeux?

J'ai regardé les lettres, mais je n'ai rien remarqué
de particulier.

---

* N.d.T. : Ceci ou cela en anglais.

— Qu'est-ce qui m'échappe ?

— On dit d'une de ces quatre lettres qu'elle contient tout le potentiel de création, et c'est quelque chose dont nous parlons depuis le tout début.

J'ai regardé encore une fois, et cela m'est clairement apparu.

— Mais bien sûr, c'est un Yod. La première lettre est un Yod, la virgule.

— Oui, ta virgule du Code de Moïse. C'est la première lettre du tétragramme, le nom ineffable de Dieu, considéré par plusieurs comme étant le plus grand nom de Dieu, le seul véritable nom propre selon le grand kabbaliste Moïse Maïmonide. Dans Isaïe 42:8, on peut lire : «Je suis YHWH. Ceci est mon nom»; et dans Exode 6:3, quand Dieu dit qu'il est apparu à Abraham, à Isaac et à Jacob en tant que El Shaddaï, ce qui signifie le Dieu tout-puissant, mais qu'il ne s'est pas fait connaître d'eux sous son nom de Yahvé. C'est peut-être parce que c'est le nom que Dieu a utilisé pour sceller son alliance avec Israël, qui a été faite après l'époque des Patriarches.

» Quoi qu'il en soit, on dit que le tétragramme contient la vibration originelle qui se trouve derrière toute existence incarnée, et le Yod est la vibration primitive de la création. Le Yod représente la porte d'entrée vers le Feu créateur — d'où toute chose est née et où toute chose retournera inévitablement — c'est un passe-partout qui permet de décrypter plusieurs des mystères de la création et peut-être même les secrets de Dieu. Mais il y a d'autres, beaucoup d'autres noms qui possèdent un immense pouvoir et une grande importance, et c'est là que notre périple va maintenant nous mener.

— J'ai toujours pensé que le très Saint Nom de Dieu était, en hébreu, *Ehyeh Asher Ehyeh*, ou simplement *Ehyeh*, le nom que Moïse a reçu au buisson ardent, ai-je dit, un peu troublé.

— C'est bien vrai.

— Mais Dieu a aussi d'autres noms. . . comme le Tétragramme ?

— C'est tout aussi vrai, m'a répondu Phil en souriant, avec l'air de quelqu'un en train d'élucider une grande énigme. Beaucoup d'autres noms. N'oublie pas que la véritable essence de Dieu est transcendante, inconnaissable et indescriptible. Penses-y un peu : tu as toi-même plus d'un nom, ou plus d'une façon de te nommer, en fonction du niveau d'intimité requis ou de ce que tu veux mettre de l'avant. Si, par exemple, je t'appelle Jimmy, ce n'est pas du tout la même énergie que si je t'appelle James. Quand tu fais quelque chose en public, comme signer un livre, tu utilises toujours James, mais la plupart de tes amis t'appellent Jimmy. Peux-tu voir que, selon le nom utilisé, tu agiras ou réagiras différemment et que, par la même occasion, les gens agiront différemment avec toi ?

— Présenté comme ça...

— C'est un des aspects merveilleux du fait que Dieu a plusieurs noms, a-t-il ajouté sans marquer de pause. Chaque nom représente un aspect différent de Dieu et, par le fait même, de chacun de nous. On pourrait dire que chaque nom est un *aspect révélé* de Dieu et que, par ces noms, la connaissance de la présence de Dieu est révélée à travers nous à mesure que nous en savons plus sur Dieu et que nous exprimons Sa présence par l'utilisation de ses noms. Dieu se fait connaître de nous grâce à ces différentes transpositions des émanations divines à travers l'expression *En Sof*, qui signifie «infini».

— Je ne suis pas sûr de te suivre, Phil. Je sais que, dans ce monde, nous aimons forger notre identité en relation aux autres. J'ai toujours pensé que c'était l'égo qui agissait ainsi.

— Vois les choses autrement. Si nous ne formons qu'un avec Dieu ou si nous sommes une personnification de Dieu — ou peu importe la façon d'exprimer cette idée — alors, tout ce que nous pouvons dire au sujet du Divin est aussi vrai de nous. Tous ces différents noms de Dieu nous apprennent qui nous sommes. Ils révèlent des aspects de notre vérité qui avaient été cachés ou travestis par les limites de notre esprit égotique.

— Pourrais-tu préciser ce que tu entends par égo? C'est un mot qui est galvaudé, mais j'ai l'impression qu'il n'y a pas beaucoup de gens qui le comprennent vraiment.

— Selon la Kabbale, l'égo représente le désir d'avoir du plaisir, un plaisir que l'on veut pour soi et non pour le partager. C'est simplement ça. C'est un costume que porte notre âme, un vêtement qui voile ou dissimule notre nature d'inspiration divine. Ces voiles ressemblent à des rideaux qui bloquent la Lumière de Dieu.

— J'ai toujours aimé l'acronyme « Edging God Out* » pour égo. C'est très juste. L'égo, c'est la partie en nous qui désire être seule et séparée du reste, qui croit que ça nous rend plus forts. Évidemment, ce ne peut être vrai, mais l'égo n'a rien à faire de la vérité. Sa logique fonctionne à l'envers. L'égo croit que pour accepter la vérité, il faut faire un sacrifice afin de pouvoir *être* tout. Et pourtant, il n'y a rien qu'il faille laisser tomber pour être tout ; c'est juste une image qu'on a, de tout laisser tomber. Est-ce que c'est clair ?

— Ce l'est.

— Et le premier nom que Dieu a donné à Moïse semble aller dans ce sens, ai-je ajouté. Dieu a dit à Moïse que tout est un, et que nous faisons tous partie de cette unicité. Mais qu'avait-Il besoin des autres noms, alors ?

— Voici un exemple issu du *Zohar kabbalistique* (le *Livre de la Splendeur*). Il s'agit de l'histoire de Rabbi Éléazar, un sage talmudique du IIe siècle. Il vivait avec son père, Rabbi Siméon, un autre rabbin très connu dont je t'ai déjà parlé. Un jour, il a demandé à son père qu'il lui explique les mots *Ehyeh Asher Ehyeh*. Rabbi Siméon a répondu : « Éléazar, mon fils, écoute bien. Tout est uni en une seule chose, et le mystère de cette chose est *Ehyeh Asher Ehyeh*. Ceci inclut tout... la somme de tout, cachée et non révélée. » Tu vois, *Ehyeh*

---

* N.d.T. : Ce qui pourrait se traduire par « Ne pas laisser entrer Dieu ».

est considéré dans la Kabbale comme le plus grand des Noms sacrés de Dieu.

» Ensuite, au XIIe siècle, est arrivé Maïmonide, l'auteur du *Guide des égarés*. Il a parlé de « la parfaite unité de Dieu » et a tenté de concilier les différents Noms divins de l'Ancien Testament avec ce qu'il considérait qu'était cette parfaite unité. Il pensait que YHVH (le tétragramme) était le seul véritable nom propre de Dieu. Il considérait que *Ehyeh Asher Ehyeh*, tout comme *Yah* (un autre Nom divin qui signifie existence éternelle) était l'explication du nom YHVH. Ainsi, même dans le corpus des textes kabbalistiques, il existe différentes interprétations et manières de percevoir les choses, mais au bout du compte, tout cela nous conduit à nous percevoir comme la sainte Étincelle divine à la recherche de l'Union divine, ou *Hieros Gamos*, c'est-à-dire le mariage de notre nature humaine et de notre nature divine... ou la relation parfaite avec Dieu.

— Phil, tu as dit qu'il y avait, d'un point de vue kabbalistique, plusieurs noms de Dieu, mais tu as aussi dit que le tétragramme — le JE SUIS — est supérieur aux autres. Est-ce que tous les autres noms dérivent de celui-ci ?

— S'il peut être vrai que le très saint Nom contient tous les autres noms, il est vrai aussi que certains noms sont des clés qui ouvrent des barrières en nous, permettant ainsi à la grâce sous forme de qualités divines d'entrer en nous et de nous traverser pour joindre le monde des formes. Ce qui est paradoxal, c'est que nous possédons déjà les qualités divines ; elles doivent simplement être ramenées à notre conscience.

— Tu m'as aussi dit que la prochaine étape de notre périple consistait à apprendre à utiliser les différents noms afin d'acquérir du pouvoir.

— Ce n'est pas du tout ce que j'ai dit, a affirmé Phil, changeant brusquement d'humeur. Les noms de Dieu ne sont pas destinés à nous permettre d'acquérir du pouvoir, du moins, pas un pouvoir personnel. Le moins qu'on puisse dire c'est que ce serait en faire un usage incorrect... et même potentiellement dangereux. Il y a eu, à travers les âges, des gens et des groupes malavisés qui s'y sont essayés. L'utilisation du Saint Nom, dans le but d'acquérir un pouvoir personnel plutôt qu'un pouvoir dédié aux autres, ne peut que mener dans la mauvaise direction. C'est la voie de l'égo et non celle de l'âme. Je l'ai déjà dit, la Kabbale voit l'égo comme le désir d'obtenir du plaisir dans un but uniquement personnel. C'est ce qui est responsable, en bonne partie, de la chute originelle. Ce que nous voulons, c'est utiliser les différents noms pour obtenir une grâce qui puisse être bénéfique à tous les êtres vivants. Je t'ai dit que nous avions une mission à accomplir ensemble, mais il n'est pas question ici d'acquérir du pouvoir.

Les mots de Phil étaient sans doute plus virulents qu'il ne l'aurait souhaité. Je ne voulais pas insinuer que nous avions l'intention d'utiliser le pouvoir dont il parlait à notre seule intention. Il a paru s'en rendre compte et il s'est détendu avant d'ajouter :

— Je suis désolé de m'être emporté, a-t-il fait en se détournant de moi. Il s'agit de questions très sérieuses, et si nous devons réussir notre entreprise, je dois d'abord m'assurer de la justesse de ton intention... ou *kavanah*.

— Je ne saurais dire quelle est mon intention, parce que je ne suis pas certain de comprendre tout à fait ce dont nous parlons.

— Tu comprendras bien assez vite. Ce sera beaucoup plus clair d'ici quelques jours.

— Qu'est-ce que tu veux dire?

— Tu ne penses quand même pas que je sois venu jusqu'ici pour te donner un cours intensif sur la Kabbale? a-t-il dit en se retournant vers moi en souriant. Tu sais déjà où nous allons. Nous allons à Paris. C'est là qu'il y a du boulot à accomplir.

— Quel genre de boulot?

— On dit que les Noms divins peuvent mener à la révélation, à la révélation personnelle, car si on les utilise de manière juste, les noms permettent de défaire les verrous qui empêchent Dieu de se manifester en nous. Une fois qu'on maîtrise bien un nom, on maîtrise la force spirituelle qui se manifeste dans ce nom en particulier. Jimmy, tu peux devenir ce que les anciens appelaient un *Baal Shem*, un « maître du Nom », mais tu dois d'abord maîtriser ton nom à toi.

— Que veux-tu dire?

— Tu as, grâce à ton travail avec le Code de Moïse, aidé les gens à s'ouvrir à un nouveau niveau de révélation, et ce, au profit de l'ensemble de l'humanité. Paris est une des villes les plus magiques au monde. Il paraît qu'en ce moment, il existe à Paris des possibilités qui n'existent nulle part ailleurs sur Terre. Je peux te dire que nous serons guidés, pour notre périple, par un groupe de guerriers spirituels.

— Des guerriers spirituels? ai-je lâché d'une voix aiguë. Tu dois m'en dire plus. Ça commence à devenir réellement intéressant.

— Oui, ce l'est. Je parle des chevaliers du Temple. Dans les trésors qu'ils ont trouvés au cours de leurs fouilles sous le mont du Temple, à Jérusalem au XIIᵉ siècle, il y avait des plans architecturaux.

— Des plans architecturaux?

— Des dessins techniques, pour être plus précis, qui servaient aux maçons de l'époque pour bâtir des constructions très élaborées, comme les cathédrales gothiques. Ces temples de la science divine étaient construits de manière à vibrer avec certaines formes de conscience. Une des fonctions de ces structures énergétiques était d'attirer et de retenir certaines formes d'intelligence sensible, qui selon moi, n'étaient pas destinées à circuler librement sur Terre. C'était une entreprise sacrée, je te l'assure. L'intention en était tout à fait honorable, mais il arrive que les plans les mieux conçus tournent parfois... disons qu'il y a eu des conséquences non prévues.

— Les anges et les démons dont tu as parlé?

— Oui, mais ce n'est pas ce que tu imagines. Nous n'allons pas à Paris pour nous battre avec des démons ou danser avec des anges, ni le contraire, du reste.

Nous y allons pour une raison très différente et beaucoup plus importante.

— Et qu'est-ce que c'est? ai-je demandé après une longue pause.

— Ce n'est pas encore décidé. J'attends encore un autre signe. Quand je l'aurai, nous saurons tous les deux.

— Un autre signe?

— Oui, quelque chose qui devrait confirmer ce que seront les prochaines étapes. Je ne suis pas certain de ce que ce sera ni de la façon dont ça va se présenter. Ça pourrait prendre une forme complètement différente de ce que nous pourrions imaginer. Tu penses que nous allons à Paris pour libérer les démons et les anges, mais ce n'est pas du tout ça. En utilisant les Noms sacrés, ce que nous allons faire en réalité, c'est de libérer notre volonté, et c'est nous-mêmes qu'on délivre et non eux. Les Noms sacrés défont des verrous à l'intérieur des gens et permettent à la grâce d'entrer en eux et de les traverser pour se répandre dans le monde, créant ainsi un champ d'amour qui a le potentiel de libérer chaque personne et chaque chose qui entre en contact avec lui. J'ai toujours pensé que lorsqu'on chante les Noms sacrés, on crée littéralement des tunnels — des trous de vers pour ainsi dire — dans la fabrication de l'espace-temps. C'est à travers ces passages que le souffle du Saint-Esprit, qui existe dans le monde de la fantaisie et de l'imagination, peut créer un pont avec ce monde-ci.

— Un pont entre le Ciel et la Terre?

— C'est une façon de le voir. Toutefois, ce serait plus juste de dire entre la Terre et le Ciel. En fait, dans la Kabbale, notre travail et toutes les œuvres d'inspiration divine se rapportent à un seul et même sujet : la construction de ponts. Chaque nom que nous invoquons représente un nouveau barreau de l'échelle... d'un escalier qui mène au Ciel, si tu préfères. Si nous construisons ce pont de la bonne manière et avec suffisamment d'intégrité, une porte s'ouvrira alors entre les dimensions, une porte qui nous permettra à tous de passer dans un nouveau monde, un monde où existent de nouvelles possibilités, où existe un amour sans liens terrestres. Et tout ça commence à Paris, mais nous ignorons où ça nous mènera.

Le train a semblé reprendre de la vitesse, juste au moment où nous commencions à prendre notre élan. Il était impossible d'arrêter ou de renverser ce qui avait été enclenché. Peu importe ce qui nous attendait à Paris, que ce soient des anges, des démons ou encore les deux, nous ne pouvions faire autrement qu'avancer.

ᛝᛝᛝᛝᛝ

CHAPITRE 4

L'autre monde

Les caniveaux étaient remplis d'eaux d'égout et d'odeurs que j'aurais préféré ne jamais plus sentir. De jeunes enfants indiens, qui semblaient âgés de 5 à 10 ans, sont passés près de moi en riant et en donnant des coups de pied dans un ballon sale. Leur joie paraissait étrange dans cet environnement, comme s'il avait été plus approprié qu'ils marchent la tête baissée, honteux de leurs conditions de vie. Une vieille femme qui devait avoir au moins 80 ans est sortie de derrière une porte tout abîmée et a secoué un tapis élimé, faisant voler de la poussière et de la saleté dans toutes les directions. Je me suis couvert le visage pour ne pas inhaler les saletés tout en traversant de l'autre côté de la rue. Je n'avais pas remarqué l'homme entre deux âges qui marchait derrière moi et qui a dû se pousser vers la droite quand je lui ai barré le chemin. Il s'est retourné et a souri comme s'il ne s'était rien passé.

— Désolé, je vous demande pardon, lui ai-je dit.

— *Namaste*, a-t-il répondu, ramenant ses mains en position de prière, avant de continuer à marcher en souriant.

J'ai remarqué un petit temple un peu plus loin et j'ai tout de suite senti que c'était ma destination. C'est à ce moment-là que je me suis rendu compte que j'étais en train de rêver. J'étais en Inde, et ça ne me paraissait pas du tout étrange d'être là. Je me rendais à un rendez-vous, mais avec qui était-ce et dans quel but ? J'avais aussi l'impression que ce n'était pas juste un rêve, qu'il y avait un but ou une raison secrète à ma présence dans cet endroit. J'ai accéléré le pas en approchant du temple. Je sentais que les réponses à toutes mes questions s'y trouvaient.

En approchant de la porte, j'ai vu trois rats passer par un trou dans le mur. J'ai senti un grand frisson me traverser, ce qui m'a rendu encore plus prudent et alerte. La porte était beaucoup plus décorée que ce à quoi je m'attendais, avec des sculptures sur bois de dieux hindous que je ne connaissais pas. Trois de ces figures semblaient entrelacées dans une sorte d'étreinte tantrique ; des singes cachés derrière des piliers et des arbres les observaient. Les autres dieux étaient assis par terre, en position de méditation, semblant ignorer les gestes amoureux de leurs compagnons. J'ai tendu la main pour toucher la porte et sentir le bois rugueux et le bas-relief vieux de plusieurs siècles. Même si je n'avais fait que l'effleurer, la porte a commencé à s'ouvrir doucement comme si ses charnières étaient parfaitement graissées.

Une odeur sucrée d'encens m'a immédiatement enveloppé, m'attirant dans un vestibule sombre. Je sentais comme si mon corps était sous l'emprise d'un aimant qui m'attirait à l'intérieur, et je n'avais d'autre choix que de placer un pied devant l'autre. Après avoir tourné un peu vers la gauche, je me suis rendu compte que je me trouvais dans la pièce principale du temple. J'étais émerveillé par la beauté qui m'entourait. L'autel était recouvert des fleurs les plus colorées que j'avais jamais vues et, le long des murs, il y avait des statues de bronze de toutes les religions. Il semblait y avoir plusieurs autels au lieu d'un seul, un pour chaque statue. Une Sainte Vierge en bronze a attiré mon attention, et j'ai aperçu la frêle silhouette d'une religieuse agenouillée qui priait, la tête si inclinée que je ne pouvais voir son visage. J'ai tenté de marcher le plus discrètement possible, pour ne par la déranger, mais les lattes du plancher m'ont trahi en faisant entendre un craquement qui a résonné dans toute la pièce.

— Je t'attendais.

Je n'en étais pas certain au début, mais la voix semblait venir de la nonne. Elle avait indéniablement un accent, mais elle n'avait pas assez parlé pour que je puisse le reconnaître. Il y avait quelque chose de familier chez elle, comme si cette sainte femme m'était connue, même si je ne voyais pas comment ce pouvait être possible.

— Vous m'attendiez? ai-je demandé à voix basse.

— Bien sûr, sinon, pourquoi serais-je venue ici ? a répondu la religieuse en rassemblant ses forces pour se lever.

C'est à ce moment que son visage m'est apparu, et j'en ai eu le souffle coupé.

— Mère Teresa ? me suis-je exclamé, incrédule. Que faites-vous ici ? Pourquoi m'attendiez-vous ?

Elle a fait trois pas dans ma direction et soudain, comme par miracle, s'est trouvée juste devant moi.

— Nous devons nous parler.

Elle m'a pris la main et m'a conduit vers un coin de la pièce où il y avait un long banc contre le mur. Elle m'a fait signe de m'asseoir à une extrémité et s'est assise à l'autre bout.

— Il te faut certaines informations, et je voulais que ce soit moi qui te les transmette.

— Des informations ? ai-je demandé en essayant de comprendre ce qui se passait.

— Oui... des informations essentielles. Tu vas bientôt entreprendre un périple qui pourrait soit te permettre de définir plus clairement la mission de ton âme, soit te détruire de l'intérieur. Tu as des alliés très puissants, mais aussi des adversaires. Tu dois apprendre à distinguer les uns des autres, afin de savoir qui t'a été envoyé comme guide et qui est là pour t'embrouiller.

— Mère Teresa, je suis heureux de vous voir et ravi que vous vouliez m'aider, mais je ne comprends pas ce que vous dites. Êtes-vous en train de me dire que l'aventure que nous nous apprêtons à vivre, Phil et moi, est dangereuse? Qu'il y a quelqu'un qui veut nous barrer la route?

— Non, pas quelqu'un, a-t-elle répondu d'un ton sérieux. Quelque chose. Vous allez rencontrer des forces que vous n'aviez jamais vues et dont vous n'aviez jamais entendu parler. Ces forces ne vous veulent pas de mal. Elles veulent seulement continuer à protéger ce qu'elles gardent depuis toujours. Tu es celui qui pourrait le leur reprendre, et ces forces le savent. Et moi, je suis ici pour te dire comment tu peux te protéger.

Ses mots m'ont fait très peur, et même si je savais que j'étais en train de rêver, je ressentais que c'était à la fois très vrai, comme si ce qu'elle me disait pouvait me sauver la vie.

— Que sont ces forces? Et qu'entendez-vous par ces forces qui veulent protéger ce qu'elles défendent depuis toujours?

— Il y a des énergies — c'est la meilleure façon selon moi de les décrire — qui ont peur de la lumière parce qu'elles se croient exclues de l'amour éternel. Elles feront tout ce qu'elles peuvent pour continuer à se cacher, car elles sont convaincues qu'elles seront punies si elles sont découvertes. Ce que tu as l'intention de faire va révéler leur cachette, et c'est pourquoi elles pourraient vouloir s'en prendre à toi.

— Je ne sais même pas si je comprends ce dont vous parlez, alors il m'est difficile de savoir quoi faire.

Mère Teresa m'a souri et m'a pris la main.

— Ton amour te servira de bouclier. Ta lumière et ton intention te serviront de guide, et c'est ce que je suis venue te dire. Fais confiance à ta lumière et laisse ton amour guider chacun de tes pas et chacun de tes gestes. Si tu fais cela, tu seras invulnérable. Mais si tu as peur, ta lumière faiblira et tu seras sans défense. Elles pourraient alors t'attaquer, et tu seras perdu.

— Vous parlez de Paris, ai-je répondu, me rappelant soudain où j'allais me retrouver à mon réveil.

— Il s'agit de toi et de la raison de ta présence à Paris, a-t-elle dit en se levant. N'oublie pas ce que je t'ai dit. Quoi qu'il arrive, n'aie pas peur. Laisse l'amour être ton guide, et tout se déroulera comme il se doit.

Elle a commencé à marcher en direction de la statue devant laquelle elle priait à mon arrivée.

— Mère Teresa..., ai-je appelé, mais elle a semblé disparaître derrière une petite porte que je n'avais pas remarquée et qui se trouvait derrière la statue. Je me suis levé et je me suis demandé ce qu'il me fallait faire maintenant.

Je me trouvais encore au même endroit quand un jeune garçon, un des enfants que j'avais vus en train de courir avec un ballon, est apparu dans le temple.

— M'sieur, suivez-moi maintenant. Dépêchez-vous !

Il m'a saisi la main et m'a tiré à l'extérieur du temple, où je me suis retrouvé en plein soleil. Il me tirait si fort que j'avais peine à le suivre. Nous avons quitté la rue et nous nous sommes retrouvés dans une petite allée. D'autres gens passaient en courant, semblant se sauver de ce vers quoi nous nous dirigions. C'était la panique. Je me demandais où nous allions et ce que nous faisions.

— Venez, avant qu'il soit trop tard ! a crié le garçon, comme nous entrions dans un bâtiment et que nous nous lancions dans un escalier qui montait.

Mes sens étaient confrontés à toutes sortes d'odeurs étranges, allant du curry au bois brûlé. Je me suis demandé si la maison était en train de brûler, ce qui expliquerait pourquoi tous les gens semblaient se sauver. Nous sommes finalement arrivés devant une porte que le garçon a poussée. J'ai tout d'abord vu plusieurs femmes qui pleuraient en se berçant. L'une d'entre elles nous a remarqués et s'est retournée. J'ai pu voir alors ce que regardaient toutes ces femmes. Il y avait une femme, qui paraissait dans la mi-vingtaine, couchée sur un petit lit de camp, le visage couvert de sueur. Elle était en train d'accoucher. Il y avait quelque chose qui n'allait pas, ce qui expliquait pourquoi les autres pleuraient. La femme qui nous avait remarqués est venue vers moi et a pris ma main que le garçon tenait.

— Venez... s'il vous plaît, faites quelque chose pour l'aider !

Avant d'avoir le temps de m'en rendre compte, je me suis retrouvé à côté du lit. La femme enceinte m'a lancé un regard désespéré. Elle était nue, et son ventre semblait se soulever et s'abaisser au rythme de sa respiration, ce qui m'a paru terriblement anormal. Les autres continuaient à montrer la femme en me suppliant.

— Mais que dois-je faire? Je ne comprends pas ce qui se passe.

— Aidez-la à mettre son enfant au monde. Vous êtes celui qui nous a été envoyé. Vous devez l'aider à accoucher de son bébé, a demandé le jeune garçon qui s'était joint au groupe.

— Mais pourquoi? Que suis-je censé faire? Je ne sais pas du tout comment faire!

— Faites confiance à ce que vous savez, m'a dit tout doucement la femme enceinte en respirant péniblement. La lumière vous guidera... vous saurez alors, a-t-elle rajouté d'une voix à peine audible.

La sueur coulait sur mon visage, et je sentais mes jambes ramollir. Je ne comprenais pas ce qu'elle disait et ne savais pas ce qu'on attendait de moi. La jeune femme a pris ma main et l'a posée sur son ventre rond. J'ai tout de suite senti que le bébé poussait contre ma main comme s'il suppliait qu'on le délivre.

— Fiez-vous à ce que vous savez déjà, a murmuré la femme.

J'ai inspiré profondément et j'ai laissé ma main se promener sur sa peau, espérant que quelque chose allait monter en moi. Rien. J'ai jeté un coup d'œil au garçon, qui m'a souri. Pendant un bref instant, toute ma confusion est disparue. Je me suis penché, la bouche tout près de son ventre. Au départ, je ne savais pas trop ce que je m'apprêtais à faire, puis tout est devenu parfaitement clair. J'ai ouvert la bouche et j'ai laissé les mots en sortir : «*Ehyeh Asher, Ehyeh*, ai-je dit doucement. *Ehyeh Asher, Ehyeh*. JE SUIS CECI, JE SUIS...»

J'ai continué à psalmodier la phrase jusqu'à ce que les mouvements de son ventre paraissent se détendre. Puis, il y a eu une sorte d'explosion de mouvements, comme si un ballon s'était vidé de son air.

— Ça marche... ça marche! a crié le garçon.

Un grand soulagement est apparu sur le visage des femmes. J'ai ensuite entendu des pleurs de bébé et j'ai vu une des femmes âgées nettoyer le nourrisson. Les autres femmes se sont mises à pleurer encore plus fort, mais cette fois, c'étaient des larmes de joie.

Le garçon m'a de nouveau pris par la main et m'a éloigné du lit de camp.

— Je leur avais dit que vous pouviez le faire! Je savais que vous pouviez l'aider.

— Mais qu'est-il arrivé? ai-je demandé.

— Qu'est-ce que vous voulez dire? Le bébé est vivant. C'est parce que vous étiez là, ça ne pouvait pas réussir autrement.

— Oui, je sais que j'étais là, mais je ne comprends toujours pas ce que j'ai fait. Le nom de Dieu m'est apparu, et je me suis mis à le chanter. Ensuite, j'ai senti de l'énergie, et cette énergie a traversé le corps de la femme. Mais pourquoi est-ce qu'il fallait que je fasse ça? Ça ne pouvait pas être toi ou une autre des femmes?

— Je ne comprends pas ce que vous dites, mais peut-être que le saint homme pourrait comprendre, a rajouté le petit garçon.

— De quel homme parles-tu?

— Suivez-moi, je vais vous le présenter.

Il m'a pris par le bras, et nous sommes sortis de la pièce. J'ai jeté un coup d'œil à la jeune femme, qui tenait maintenant son bébé contre sa poitrine, pendant que les autres les caressaient tendrement. Nous avons traversé le vestibule, puis nous avons redescendu l'escalier. Nous étions à nouveau dehors, mais nous n'étions plus en Inde. Nous étions dans le désert. Le soleil était éblouissant, et j'ai dû me couvrir les yeux. J'entendais des voix au loin... des voix d'hommes qui parlaient dans une langue que je ne comprenais pas, mais qui ressemblait à une langue sémitique, ce pouvait être de l'hébreu ou de l'arabe. Quand mes yeux se sont ajustés, j'ai vu que je me trouvais à côté de ce qui semblait être une sorte de bazar à ciel ouvert. Je voyais des marchands étaler leurs marchandises sous des tentes qu'une petite brise faisait onduler. Des odeurs de parfum et d'autres choses sont montées à mes narines. J'ai regardé autour de moi, et je me suis retrouvé nez à nez avec un chameau. Le petit garçon avait disparu.

J'ai traversé le marché. Je me suis rendu compte que j'avais soif et je me suis mis à chercher quelque chose à boire. Une voix derrière moi m'a fait sursauter.

— Vous êtes en avance.

Je me suis retourné et j'ai vu un vieux Juif qui me regardait de ses yeux perçants. Un sourire était visible sous sa longue barbe noire parsemée de gris. Ses épaules étaient enveloppées dans ce qui semblait être un châle de prière.

— Où suis-je? ai-je demandé, un peu désorienté.

— Vous êtes dans la ville sainte de Jérusalem. Comment se peut-il que vous ne sachiez pas où vous êtes? On m'a dit que vous étiez un homme intelligent.

— Et vous, qui êtes-vous? ai-je demandé en essayant de comprendre ce qui se passait.

— Je m'appelle Éléazar. Éléazar ben Dordaya. Appelez-moi rabbi, même si je n'ai pas eu la chance d'avoir ce titre de mon vivant... peu importe. Je suis venu vous expliquer certaines choses pour vous aider à comprendre.

— Que dois-je donc comprendre?

— Vous devez d'abord me dire ce que vous savez déjà. Mais désolé, j'en oubliais les bonnes manières. Asseyez-vous ici, nous allons prendre le thé.

J'ai regardé derrière nous et j'ai remarqué une table ronde en bois très basse entourée de coussins aux couleurs vives posés sur des tapis élimés. Nous nous sommes assis chacun sur un coussin, et un homme s'est approché de notre table. Éléazar lui a chuchoté quelque chose à l'oreille, et l'homme est disparu dans la foule.

— Vous voulez que je vous dise ce que je sais déjà ? ai-je dit. C'est une grosse demande, et je ne sais trop par où commencer.

— Commencez par le commencement, a-t-il répondu. Ça me paraît logique de commencer par là, ne trouvez-vous pas ? Dites-moi ce que vous savez au sujet du nom.

— *Le* nom ?

— Oui, *Ha Shem* — ou, de façon plus explicite, *Shem HaMeforash*, « le Nom des noms ».

— Voulez-vous dire le saint Nom ? ai-je demandé.

— Tous les noms sont saints. Celui que vous pensez être le plus saint, oui. Dites-moi ce que vous en pensez.

J'ai attendu un petit moment, espérant qu'une indication, une sorte d'inspiration divine, m'apparaîtrait pour m'éclairer. Après un certain temps, il m'a regardé avec un air où je sentais monter l'impatience.

— D'accord, je sais qu'il y a plusieurs noms, mais le premier que Dieu a donné à Moïse, *Ehyeh Asher Ehyeh,* est sans doute le plus important, non ?

— Euh, a marmonné Éléazar. Votre prononciation est horrible, mais peu importe... Que croyez-vous que Dieu a voulu dire en révélant son nom ?

— Il voulait dire à Moïse que la Divinité fait partie de tout et que, par conséquent, tout est divin.

— *Oy vez mir !* a fait Éléazar en hochant la tête et en levant les yeux au ciel. Ces paroles vous mériteraient sûrement l'étiquette d'hérétique. Il est impossible d'atteindre l'unicité avec le Divin pendant notre passage sur Terre... du moins, c'est ce qu'on dit.

Pendant un instant, l'étincelle dans son regard m'a fait penser à Phil.

— Ici, on croit que Dieu est Dieu, et que l'homme est homme. Ce sont deux entités séparées et non égales, a-t-il rajouté en souriant. Du moins, c'est ce qu'on enseigne. Mais qui peut réellement percer l'esprit de Dieu? Ni vous ni moi. La volonté de Dieu est inconnaissable. Dieu a voilé sa lumière éternelle afin que le monde puisse être créé, mais l'homme a la possibilité en lui de découvrir sa Source ainsi que le sens et le but de sa création.

— C'est-à-dire?

— De revenir de son exil dans les mondes inférieurs, a-t-il répondu d'un ton dramatique. Mais je vais trop vite. Nous sommes tous des étincelles saintes de Dieu à la recherche de la rédemption. Au moment du Tikkoun, les saintes Étincelles de Dieu retourneront à l'état d'unité qu'elles connaissaient avant la création du monde. C'est ce qu'enseigne la Kabbale, et c'est l'espoir des humains. Regardez-moi. J'ai été un des plus grands pécheurs que le monde ait jamais connus. On disait qu'il n'y avait pas au monde une seule prostituée avec laquelle je n'aurais pas couché. On comprend si peu de choses. J'ai demandé la miséricorde divine et j'ai pleuré jusqu'à ce que mort s'ensuive; et à travers ma mort, j'ai pu obtenir la grâce.

» Vous n'avez pas à suivre le même chemin que moi. Laissons les érudits et les universitaires débattre de l'utilité de ma mort et de la leçon de ma vie. Votre ami vous en dira plus. Je me suis retourné vers la grâce, et vous le ferez aussi. Cela vous conduira à l'union que vous désirez tant. Je ne puis en être sûr, mais je peux l'espérer.

— Nous pouvons tous espérer, rabbi, ai-je affirmé. J'espère que je finirai par comprendre de quoi ce rêve retourne. Je me promène d'une scène à l'autre, et tout ceci ne semble avoir aucun sens.

— Il y a pourtant un sens, mon fils. Pensez-y un peu... Chaque partie du rêve a fait ressortir une qualité différente en vous et vous a appris une leçon. La religieuse de Calcutta vous a dit que...

— Que l'amour me servira de bouclier.

— Oui, très bien. Et la femme en train d'accoucher. Vous l'avez aidée...

— En psalmodiant le Nom divin.

— Et maintenant que vous êtes ici avec moi. Quel est le but de tout ça, selon vous?

— Je n'en ai pas la moindre idée.

— Pensez-y bien, mon fils. Ce qui relie les trois parties en forme l'essence.

J'y ai pensé quelques instants, puis je me suis demandé : *Que représente Mère Teresa? La compassion inconditionnelle, le service, l'amour. Et la jeune femme en train d'accoucher? Elle était sur le point de mourir. J'ai chanté le nom à l'enfant qu'elle portait, et le bébé est né sans aucune douleur.*

— Je dirais que c'est la grâce qui est au centre de chaque expérience. Même ici, assis à vos côtés.

— Et que vous dit cette grâce?

Je ne sais pas d'où me sont venus les mots suivants. Ils ne semblaient pas sortir de mon esprit, mais d'un endroit très loin de moi... et pourtant, ils me paraissaient vrais, même si je n'en comprenais pas tout à fait le sens.

— La grâce m'indique que tout est selon l'Ordre divin. Elle m'indique que même si les choses semblent dans un état de déséquilibre, et dangereusement près du désastre, la volonté de Dieu s'accomplit de façon parfaite en ce moment et toujours.

— Tout ceci fait partie de *Ehyeh,* le JE SUIS, a confirmé Rabbi Éléazar. Dieu revendique chaque moment et chaque situation, chaque personne et chaque être, qu'il soit angélique ou diabolique. Tout fait partie de Dieu, comme vous l'avez dit plus tôt. N'oubliez jamais cela. Peu importe ce qui arrive, vous devez toujours vous rappeler que Dieu est le centre. Nous ne pouvons bien comprendre l'infinité de Dieu parce que Dieu a dû réduire sa lumière afin de rendre la création possible. Mais sachez que Dieu est le centre, et que le centre est partout. Souvenez-vous-en, et vous serez en sécurité.

— Est-ce que je suis en danger? C'est ce que vous tentez de me dire?

— Qu'est-ce que le danger? Je peux vous dire que rien de ce qui vous arrivera ne peut vous séparer de ce que vous êtes. Je peux vous dire qu'il vous faudra être brave, comme un guerrier qui part se battre dans un pays étranger. Des choses vont se passer, c'est vrai, mais je ne peux vous en dire plus, car vous ne pourriez comprendre. Vous ne comprendrez peut-être même pas pendant que cela arrivera, mais vous saurez que Dieu est le centre. Accrochez-vous à cela, et tout ira bien.

— Je commence à avoir peur.

— Je sais, mon fils, mais des alliés puissants vous assisteront, comme vous l'a dit la sainte de Calcutta. Celui qui vous a été envoyé saura quoi faire. Je me suis aussi présenté à lui, même s'il ne s'en souvient pas. Je reviendrai vous voir. Nous nous rencontrerons ici. Et n'oubliez pas qu'il existe une Torah qui est invisible aux yeux des humains. Suivez la voie de votre Yod, et vous verrez comment le début et la fin sont liés. D'ici là, écoutez-le et faites tout ce qu'il vous dit de faire, peu importe ce que vous en pensez.

— Vous parlez de Phil?

Mais le rêve commençait à se dissiper. Je sentais que la table où nous étions assis était en train de se dissoudre dans les recoins de mon imagination. Quelques secondes plus tard, je me suis levé d'un bond dans mon lit.

✧✧✧✧✧

CHAPITRE 5

La Kabbale et les crêpes

Le soleil matinal entrait à flots à travers la fenêtre de la chambre, et les bruits de la rue m'empêchaient de me rendormir. J'ai fait des yeux le tour de la pièce, et mon regard est tombé sur un étrange tableau représentant un homme d'âge mûr qu'une femme, avec du sang qui lui sortait par les yeux, avait transpercé d'une longue lance. Il m'a fallu quelques secondes pour me rappeler où j'étais — dans l'appartement que Phil nous avait loué au cœur du quartier Montmartre, où se trouve le célèbre cabaret Moulin Rouge. L'appartement était décoré avec des tableaux et photos les plus grotesques et les plus étranges que j'aie jamais vus. Il y avait aussi des sculptures bizarres à forte connotation sexuelle réalisées par le frère de la propriétaire de l'endroit.

J'étais dans une toute petite chambre et je pouvais entendre Phil, dans la chambre attenante. J'avais l'impression qu'il était au téléphone avec sa conjointe,

Sharmiila, qui était en Australie. J'étais surpris de voir que les détails de mon rêve étaient aussi profondément gravés dans mon esprit. Ils semblaient immunisés contre la douce dérive de ma mémoire qui accompagne la plupart de mes rêves, qui se transforment en vagues images mystérieuses et symboliques dès l'instant de mon réveil. Mais mon souvenir des conversations que j'avais eues avec mère Teresa, le jeune garçon et rabbi Éléazar était parfaitement intact; et je savais que je devais en parler à Phil le plus vite possible.

— Bonjour, ai-je fait en entrant dans la chambre.

— As-tu bien dormi? m'a-t-il demandé alors qu'il raccrochait, tout en se servant une sorte de mixture verte dont je préférais ne rien savoir.

Il y avait un je-ne-sais-quoi dans sa façon de poser la question qui m'a donné l'impression qu'il connaissait déjà la réponse. Il y a longtemps que je n'essaie plus de comprendre Phil. Son style original et souvent imprévisible rend la tâche particulièrement difficile.

— Je ne sais pas trop. Je pense avoir bien dormi, mais mon rêve…

— Excellent! C'est exactement ce que je souhaitais. Raconte-moi.

J'ai tout raconté en donnant le plus de détails possible. Phil m'a écouté lui raconter ma visite au temple et ma rencontre avec Mère Teresa. Ensuite, je lui ai parlé de la femme en train d'accoucher et lui ai décrit tous les détails étranges qui concernaient la maison et les gens présents. Il m'a arrêté avant que je n'arrive à l'histoire avec le rabbin.

— Veux-tu que je te raconte la suite? m'a-t-il demandé.

— Tu pourrais? As-tu fait le même rêve que moi? ai-je répliqué ébahi.

— Oui et non. Tu étais, je crois, dans un marché, ou quelque chose du genre, dans une ville du désert qui semblait tout droit sortie de l'Antiquité. Puis, tu t'es retrouvé dans une sorte de café. À l'intérieur, il y avait de petites tables très basses entourées de magnifiques coussins. Tu t'y trouvais avec un vieil homme, je pense que c'était un rabbin.

— C'est tout à fait cela. Et que sais-tu de ce qu'il ma dit?

— Je n'ai aucune idée de ce dont vous avez parlé. J'ai observé toute la scène depuis l'autre côté de la rue. J'avais l'impression d'être immobilisé et de ne pas pouvoir bouger. Je ne sais pas d'où m'est venue cette idée, mais je me souviens avoir pensé que je venais d'arriver dans ton rêve.

— C'est incroyable! Mais tu ne pouvais pas venir nous rejoindre?

— Non. Je vous voyais tous les deux attablés et en pleine conversation, mais j'avais beau tout essayer, je ne pouvais m'approcher. J'étais figé sur place. Que t'a dit le vieil homme?

Je lui ai parlé de rabbi Éléazar et de tout ce qu'il m'avait appris.

— Il est très intéressant. Est-ce que c'est vrai qu'il était connu pour être un client régulier des prostituées du coin ?

— Il est bien plus qu'intéressant, a dit Phil en prenant une gorgée de son breuvage, ce qui lui a laissé une mince ligne verte sur la lèvre supérieure. Éléazar ben Dordaya était considéré comme un grand pécheur. Le fait qu'il se soit repenti à la fin de sa vie lui a valu une place dans le monde à venir. Il est mort au bout de ses larmes, et c'est ce qui lui a permis d'acquérir l'état de grâce dont il rêvait. On lui a accordé le titre de rabbin après sa mort à cause de la grande leçon qu'il nous a laissée.

— Quelle est cette leçon ?

— Que chacun de nous est digne d'obtenir la rédemption. En hébreu, on dit *teshouva*, ce qui signifie « retour vers Dieu ».

— Il a dit que tout ce que nous ferons est compris dans le premier nom que Dieu a donné à Moïse, *Ehyeh Asher Ehyeh*. Nous avons parlé de Paris et du fait que toi et moi avions quelque chose à y faire. Il semblait croire aussi qu'il nous fallait faire attention à de potentiels dangers — dont tu as toi aussi parlé — mais que le nom allait nous protéger.

— *Les noms*, a répondu Phil pour me corriger.

— Qu'est-ce que tu veux dire ?

— Il ne s'agit pas d'un seul nom, mais des dix noms qui correspondent aux Sephiroth, ou Émanations divines, de l'Arbre de Vie de la Kabbale. *Ehyeh Asher Ehyeh* est un des noms, peut-être même le plus important, mais les autres seront également essentiels. Je crois que c'était le signe que j'attendais pour m'assurer que nous étions sur la bonne voie.

— Tu savais déjà ce que nous avions à faire?

— J'avais ma petite idée, mais j'attendais encore quelque chose qui confirmerait ce que je soupçonnais depuis longtemps, ou que je croyais savoir. Ton rêve a rempli ce rôle. Tout ce que Mère Teresa t'a dit était juste. Elle a parlé des alliés et des ennemis que nous risquons de rencontrer pendant notre séjour à Paris. Certains voudront nous voir accomplir notre mission, tandis que d'autres voudront nous en empêcher. Ils s'opposeront à nous parce qu'ils auront peur de ce que cela pourrait signifier ou de la situation dans laquelle ça pourrait les mettre. Ceux qui vivent dans le monde des ombres ont toujours peur de la lumière, et ce, même si elle peut les libérer. Elle a aussi dit que l'amour constituerait notre meilleure protection, et qu'il ne fallait jamais cesser d'y croire.

— Et que penses-tu de la femme en train d'accoucher? ai-je demandé.

— Cette partie de ton rêve est aussi très significative. Il y a une naissance, ou plutôt une *renaissance*, qui se produit en ce moment dans le monde, mais la douleur qui accompagne cette délivrance peut paraître insoutenable. On a parfois l'impression que nous allons tous périr, que l'humanité ne survivra pas à cette phase de transition. Nous voulons nous accrocher pour ne pas avoir à changer. Nous vivons en ce moment la période la plus critique que nous aurons à vivre en tant qu'âmes incarnées. Il nous faut changer si nous voulons continuer notre évolution, mais il y a beaucoup de gens à qui ça fait très peur parce qu'ils ne savent pas ce qui les attend de l'autre côté. Il existe toutefois une chose qui pourrait faciliter notre passage vers ce prochain Âge d'or.

— Les noms de Dieu, ai-je suggéré.

— Il s'agit plutôt de la présence de Dieu, qui est évidemment invoquée quand quelqu'un utilise les noms de Dieu à bon escient. Et je tiens à préciser de nouveau que notre travail ne pourra être accompli avec un seul nom, mais bien avec *dix* noms. Il y a de nombreux Noms sacrés et chacun représente un aspect différent de la Divinité. Comme rabbi Siméon te l'a expliqué, tout est lié pour former une seule chose, et cette chose est *Ehyeh*. C'est un des noms que nous allons utiliser, mais il y en a d'autres qui reflètent d'autres qualités divines ou aspects du Feu créateur. Je crois qu'il est temps que je te dise ce que nous allons faire au cours des prochains jours.

— Oui! ai-je fait, avec un grand soupir de soulagement. Ça me paraît une très bonne idée.

— Je ne sais pas trop comment te l'expliquer, mais tout me confirme que nous sommes en ce moment à l'endroit parfait pour ce que nous avons à accomplir. Aucune autre ville au monde n'a autant à offrir que Paris, du moins, en ce qui concerne notre mission. Il paraît que la déesse Isis est la protectrice de Paris, et que le mot *Paris* est tiré de *Para Isidos,* ce qui signifie « près du temple d'Isis ».

— Y a-t-il un temple d'Isis près de Paris ?

— Eh bien, puisque tu en parles, il y aurait eu une statue d'Isis à l'endroit où se trouve aujourd'hui l'église Saint-Germain-des-Prés.

— Pourquoi ça ne me surprend pas que tu saches tout ça ?

— Et pourtant, ça peut être très agréable d'être surpris, non ?

— Ça fait combien de temps que tu étudies tout ça ? ai-je demandé, sans tenir compte de sa question.

— Pas mal plus longtemps que tu pourrais l'imaginer...

— D'accord. Alors, dis-moi ce que nous sommes venus faire ici.

Phil s'est assis sur une chaise en face de moi et a pris une bonne inspiration. Je sentais qu'il était sur le point de me révéler le but de notre présence ici, comme si tout ce que nous avions fait jusqu'ici menait à ce moment précis. J'avais l'impression que notre aventure était enfin sur le point de commencer.

— Bon. Je sais que tu attends ce moment depuis longtemps, alors, je me lance. Il y a différents lieux à Paris — des églises, des cathédrales et même un parc — où il y a des énergies emprisonnées... on pourrait même dire qu'elles sont prises en otage. Dans certains cas, elles sont prisonnières parce que des choses horribles se sont déroulées à cet endroit ; dans d'autres, c'est parce que c'était ce que voulaient les constructeurs, comme je te l'ai déjà un peu expliqué dans le train, tu t'en souviens ?

— Oui. Continue.

— D'accord. Si tu te rappelles bien, je t'avais dit que l'architecture géométrique de plusieurs de ces constructions avait emprisonné certaines forces — que ce soit de façon volontaire ou involontaire — et que ces forces y resteraient jusqu'à ce qu'elles puissent être renvoyées à l'endroit d'où elles viennent sans que ça représente un danger.

— Là, je ne te suis plus.

— Te souviens-tu de ce que j'avais dit au sujet des Chevaliers du Temple et des secrets qu'ils auraient eus en leur possession ?

— Je ne sais pas quels sont ces secrets, mais j'en avais déjà entendu parler et je me rappelle que tu en as fait mention. Continue.

— Certains de ces secrets ont été cryptés dans la géométrie des églises et des cathédrales qui ont été construites en suivant les plans fournis par les Templiers. Plusieurs de ces constructions sont ici même, à Paris.

— À quoi doivent servir ces secrets, et pourquoi se trouvent-ils là ?

— Eh bien, il y a de puissants schémas d'ondes, ou des champs d'ondes stationnaires, qui sont générés par des codes symbolisés incrustés dans l'architecture de ces sites et qui agissent comme des rayons tracteurs en attirant ou en attrapant des entités désincarnées, et puis, en les retenant. Pour faire une analogie grossière...

— C'est comme une flamme qui attire un papillon de nuit ?

— Je pensais plutôt à un piège à insectes qui dégage une odeur particulière ou un son. Tu voyages beaucoup en avion, Jimmy. Tu dois avoir vu des annonces pour ce type d'appareils dans le magazine *SkyMall*, non ?

— Il m'arrive rarement d'être à la recherche d'un bon piège à souris, ai-je dit en souriant.

— Ou un piège à souris, puisque tu en parles ! L'odeur du fromage « attrape » la souris, qui n'a pas d'autre choix que d'aller vers le piège. C'est un peu la même chose avec ces entités. Quand une entité, ou une intelligence, entre en résonnance avec un symbole ou un code géométrique, elle ne peut s'empêcher de se diriger vers lui. Une fois qu'elle est prise au piège, elle peut y rester pendant des siècles, des millénaires et même, des milliards d'années. C'est ici que les choses se compliquent.

— Tu veux dire que ça devient encore plus bizarre ? lui ai-je demandé dans l'espoir d'alléger un peu l'atmosphère.

— Beaucoup plus bizarre. Dans certains cas, les entités vont littéralement élire domicile dans le lieu où elles sont prisonnières et y exercer une immense influence, ce qui dénature l'objectif premier de l'endroit. Il arrive même qu'elles deviennent carrément les maîtresses des lieux.

— Je commence à comprendre ce que tu essaies de m'expliquer. Si, par exemple, une cathédrale a été construite en l'honneur de la Sainte Vierge, et que l'architecture géométrique de la construction a causé l'emprisonnement d'un esprit, d'une entité ou, comme tu le dis parfois, d'une conscience dimensionnalisée, eh bien, cette entité peut ensuite s'installer dans cette cathédrale et s'y croire chez elle. Les gens qui viennent pour y prier ou pour visiter l'endroit peuvent rencontrer cet esprit sans même s'en rendre compte. Je pense avoir déjà entendu parler de ce genre de chose, j'ai peut-être même lu sur le sujet.

— On peut simplement ressentir une vibration. Je suis sûr que tu as déjà senti quelque chose du genre.

— Est-ce qu'il s'agit toujours d'esprits négatifs ?

— Mais pas du tout, a fait Phil en riant. Il y en a qui sont très positifs, des présences angéliques entièrement bienveillantes. Mais si elles sont emprisonnées, elles ne peuvent pas réaliser la mission de leur âme. D'un autre côté, le fait d'être emprisonné dans cet endroit interfère avec l'objectif du lieu, que ce soit une église ou une autre construction. Et je ne parle même pas de ceux qui sont responsables de l'intendance, si tu vois ce que je veux dire. Vivre dans une grande proximité avec certaines énergies peut avoir une mauvaise influence. C'est pourquoi il faut parfois intervenir pour qu'elles puissent retrouver leur liberté et continuer à suivre leur voie.

— On dirait qu'il est question d'une sorte d'exorcisme géométrique...

— Non, Jimmy, a répondu Phil sèchement. Du moins, pas de la manière dont tu pourrais l'imaginer. Tu as vu le film *L' Exorciste,* non?

— Oui... c'est le film le plus terrifiant jamais tourné.

— Te souviens-tu de ce que les prêtres disent et redisent en exécutant leur rituel?

— C'est quelque chose comme «L'esprit du Christ t'oblige... le pouvoir du Christ...»

— C'est ça, oui! a fait Phil dans un état de grande excitation. Et quel est le pouvoir du Christ, ou de Dieu, et où se trouve-t-il?

J'ai réfléchi pendant un moment, me demandant ce qu'il attendait de moi.

— Je dirais qu'il se trouve dans le nom de Dieu, par exemple, dans *Ehyeh Asher Ehyeh.*

— C'est bien ça. Le pouvoir de Dieu — qui serait en toute logique ce qu'un exorciste utiliserait pour libérer un esprit démoniaque — peut se trouver dans un ou plusieurs des nombreux noms de Dieu. En fait, dans plusieurs rituels d'exorcisme, on utilise différents Noms sacrés dans le but de libérer de prétendus démons. On dit «Au nom de l'Esprit-Saint» ou «Au nom de ceci, au nom de cela...». En fait, l'utilisation des noms, ou plutôt du *pouvoir* des noms, est une entreprise très délicate. C'est pourquoi les vrais noms étaient rarement utilisés.

— Je ne sais pas grand-chose des exorcismes, mais ça me paraît avoir du sens. Si le nom de Dieu a le pouvoir de créer des mondes ou d'accomplir des miracles, alors, il peut tout accomplir.

— Et c'est ça que nous allons faire.

— Que veux-tu dire ?

— J'enquête depuis longtemps sur les dix endroits de Paris que nous allons visiter au cours de notre périple. Plusieurs d'entre eux sont liés aux Templiers par leur origine, leur architecture ou autrement. Les Templiers sont importants parce qu'ils détenaient un grand pouvoir de leur vivant et qu'ils avaient en leur possession de grands secrets qui leur conféraient un pouvoir à la fois matériel et occulte. En général, ils se servaient de leur pouvoir avec habileté et intelligence. Mais, comme cela peut arriver parfois, les choses sont allées dans une tout autre direction, ou ont donné lieu à des résultats imprévus. Les Templiers auraient sans doute pu réparer cela, mais ils n'existent plus. L'église les a éliminés, du moins, c'est ce qu'on nous dit. Mais nous sommes ici pour terminer leur travail.

— Quel travail allons-nous terminer ? ai-je demandé. Allons-nous jouer « aux chasseurs de fantômes » avec les esprits de Paris ?

— D'une certaine façon, oui, a répondu Phil avec un sourire. Ça semble peut-être trop théâtral, mais c'est sérieux. Nous allons utiliser des noms d'une grande puissance pour arriver à libérer les énergies emprisonnées — certaines depuis très longtemps — pour qu'elles puissent enfin accomplir leur destin. Le résultat pourrait s'avérer plus important que ce que nous pouvions imaginer, tant en ce qui concerne les endroits dont elles sont prisonnières que le monde en général.

— Nous allons courir d'un bout à l'autre de Paris pour exécuter d'étranges rituels à tous ces endroits ? ai-je demandé comme si toute l'histoire n'était en fait qu'une plaisanterie.

— Étranges ? Non. Mais pour le reste, ça ressemble à ça.

— Mais est-ce que ça ne paraîtra pas bizarre ? Nous ne pouvons quand même pas simplement entrer et commencer à agiter de l'encens dans les airs et à parler en langues. Je trouve que ça commence à être pas mal fou, même pour quelqu'un comme toi.

— « N'est folle que la folie », comme le dirait Forrest Gump. Ça peut paraître fou, je l'admets, mais c'est la raison de notre présence ici. Nous ne sommes pas venus à Paris pour grimper en haut de la tour Eiffel, mais pour faire quelque chose qui pourrait avoir une grande influence sur le monde entier. Nous allons tenter de réparer de grands torts en utilisant la plus grande force qui soit : la présence de Dieu. Je suis désolé si tu pensais que les choses allaient se passer autrement, que nous allions jouer aux touristes, par exemple, mais c'est pourquoi nous sommes ici.

— Tu dois admettre que tout ça paraît bien étrange.

— Ce n'est pas plus étrange que bien d'autres choses que nous avons vues au cours de nos voyages. Penses-y un peu : si nous réussissons, nous allons permettre à d'incroyables transformations de se produire, que ce soit en nous ou dans le monde. Je parle de trucs vraiment miraculeux.

— Et si nous échouons?

— Je dois dire que je n'ai pas vraiment considéré cette possibilité, a fait Phil en se calant dans son siège.

— Peut-être devrions-nous la considérer. Que risque-t-il d'arriver, selon toi?

— Eh bien, c'est difficile à dire. J'imagine qu'il est possible que tout nous explose au visage.

— Que veux-tu dire? ai-je dit nerveusement. Ça ressemblerait à quoi?

— Je ne sais pas vraiment... Je t'ai déjà expliqué que certaines de ces entités étaient prisonnières depuis des siècles, et peut-être même des milliards d'années. Nous allons envoyer une incroyable quantité de lumière dans leur direction.

— Tu me fais encore peur.

— Tu n'as pas à avoir peur. Comme te l'a dit Mère Teresa, l'amour sera notre bouclier... et le leur. Nous serons protégés, ça, c'est certain.

— Je ne peux qu'espérer que tu aies raison.

— Oui, nous l'espérons tous les deux, a dit Phil en se levant. Tu sais, il n'y a qu'une chose qui ne s'est pas sauvée de la boîte de Pandore. Veux-tu savoir de quoi il s'agit?

— Ça, je le sais. C'est l'espoir.

— C'est bien ça. L'espoir fait vivre. Alors, es-tu prêt?

— Prêt pour quoi?

— Es-tu prêt à commencer? Il n'y a aucune raison d'attendre. Je suggère que nous nous dirigions dès maintenant vers le premier lieu.

— Tu ne perds pas de temps. Et que fais-tu de la préparation et des outils?

— Quels outils devrions-nous utiliser?

— Je n'en ai pas la moindre idée! C'est la première fois que je fais ça.

— Moi aussi.

Phil a prononcé ces mots au moment où je me levais de ma chaise, et j'ai eu l'impression que j'allais perdre l'équilibre.

— Tu veux rire de moi? ai-je dit presque en criant. Tu n'as jamais fait ça auparavant?

—– À ma connaissance, ce que nous allons entreprendre n'a jamais été tenté avant, du moins, pas depuis la création du monde. C'est ce qui rend notre aventure si excitante.

Il était en train de passer la porte avant même que je comprenne ce qui se passait.

— Où allons-nous? ai-je demandé.

— À plusieurs endroits… mais pas avant de s'offrir des crêpes. On ne peut commencer sans avoir d'abord titillé nos papilles gustatives, a-t-il répondu en se tournant vers moi.

— Pourquoi? Il n'existe sûrement aucune raison profonde et mystique pour manger des crêpes avant d'exorciser les églises et les cathédrales de Paris. Ou peut-être qu'il y en a une?

— Rien de bien mystique, a fait Phil en souriant. J'adore les crêpes, c'est tout. Et il n'y a pas de meilleur endroit au monde pour manger des crêpes que Paris. D'abord, nous ne pouvons faire ce travail l'estomac vide, et puis, il y a un super endroit où manger des crêpes sur notre route.

— Et où allons-nous ?

— Après avoir mangé, nous nous rendons à un de mes endroits préférés de Paris : le Sacré-Cœur, la basilique du Sacré-Cœur. C'est là que commence notre aventure.

Nous avons descendu un escalier en passant devant une haie d'honneur faite de sculptures qui représentaient des déesses de la fertilité et des fétiches, des portraits d'âmes et de démons tourmentés, et même d'un étrange tableau représentant Rhett Butler et Scarlett O'Hara. Je préférais ne pas les regarder, car j'avais peur qu'ils me donnent la trouille avant même que nous commencions notre travail. Quelques secondes plus tard, nous étions sortis. Phil marchait d'un pas rapide, et il me fallait presque courir pour arriver à le suivre. C'était une matinée fraîche et humide, et Phil avait rabattu son béret rouge sur son front pour se protéger de la pluie. Il avait mis plusieurs carnets de notes et un livre dans son sac à dos, et je me demandais s'ils étaient remplis de formules anciennes pour combattre les forces démoniaques.

— C'est juste après le coin, m'a-t-il lancé par-dessus l'épaule.

Il est entré précipitamment dans un petit café où on pouvait voir des plaques à crêpes chaudes par la fenêtre. Nous nous sommes assis à une table dans le fond de la pièce, et je me suis dit que c'était ici qu'il allait me préparer pour notre première mission. Une fois assis, il a sorti un de ses carnets de notes qu'il a ouvert à la première page.

— Tu m'as dit qu'il y avait dix lieux que nous devions visiter, ai-je commencé une fois installé sur ma chaise. Pourquoi?

— À ton avis? Comment cette partie de l'aventure a-t-elle commencé pour toi?

— Je ne sais pas de quelle partie tu parles.

— Quand le *Code de Moïse* a été présenté la première fois, quel a été l'élément déclencheur de ta nouvelle enquête?

— C'est le Yod, ai-je répondu. Je me suis rendu compte que le mystère était beaucoup plus profond que ce que j'avais cru au départ et que je devais en savoir plus. C'est pourquoi je t'ai contacté.

— C'est bien ça. Et quel est le nombre du Yod?

— Le nombre?

— Oui, a-t-il fait l'air impassible. Sa position dans l'alphabet hébreu, sa valeur gématrique. Te rappelles-tu à quel nombre il est associé?

— Je pense bien. C'est le dix, non?

— Oui, bien sûr. C'est une des raisons pour lesquelles nous allons visiter dix lieux. Il existe d'autres raisons que nous découvrirons à mesure que nous progresserons dans notre mission. N'oublie pas que le Yod représente « le doigt qui montre la voie », ou la main ouverte et fermée de Dieu. C'est la semence de l'Arbre de Vie. C'est la façon dont l'Inspiration divine peut pénétrer dans le monde : c'est la pause entre le souffle de Dieu et le souffle de l'humain. Tu comprends ? Le Yod est lié à tous les éléments de notre mission.

— Et comment allons-nous utiliser les noms de Dieu pour accomplir ce que nous tentons d'accomplir, peu importe ce que c'est ?

J'ai prononcé ces derniers mots au moment où une serveuse arrivait à notre table, et je me suis soudain rendu compte à quel point j'en savais peu sur notre fameuse mission. Je savais que tout ce que je ressentais — et peut-être même tout ce que j'avais vécu jusqu'à ce jour — m'avait conduit jusqu'ici. Je me suis néanmoins demandé, pendant un instant, si je n'étais pas fou d'avoir décidé de suivre Phil jusqu'à Paris et d'avoir accepté de courir à gauche et à droite sous la pluie pour faire Dieu sait quoi. Normalement, Phil aurait dû être chez lui en convalescence. Et qu'en était-il de mon rêve ? N'étais-je pas en train de me faire embarquer par une sorte d'étrange illusion ?

— Nous n'allons pas utiliser les noms de Dieu, a dit Phil après avoir passé notre commande. Ce sont eux qui vont nous utiliser.

— Et ça va se passer comment ?

— Nous allons devenir les canaux à travers lesquels la conscience des Noms divins pourra s'incarner. Nous allons les utiliser pour nous transformer de l'intérieur, comme je te l'ai expliqué plus tôt, et le reste va se faire naturellement.

— D'accord, ai-je dit un peu perplexe. Alors, nous ne ferons rien d'autre que de psalmodier les Noms divins dans les églises ?

— Non, nous allons faire beaucoup plus que ça. Les noms vont créer une série de tunnels, ou de trous de vers, dans la construction de l'espace-temps à travers lesquels une foule de choses pourront se produire.

— Je reformule ma question. Comment les noms vont-ils nous utiliser ?

— Nous allons devenir des instruments de paix, a-t-il répondu en prenant une gorgée du cappuccino que la serveuse venait de déposer devant lui. Mais il nous est impossible de savoir comment Dieu se manifestera à travers nous grâce à l'utilisation des noms. Il y a beaucoup d'éléments que nous ne pouvons comprendre. Mais discutons plutôt des Noms sacrés et de la manière dont nous pouvons les utiliser. Tu dois savoir qu'il existe sept façons d'utiliser ces expressions divines, comme l'a expliqué le Dr J. J. Hurtak, un érudit spécialiste en études orientales. Il a suggéré ces manières d'utiliser les Noms sacrés dans son livre *The Seventy-two Sacred Names of the Myriad Expressions of the Living God*. Il a aussi écrit *Le Livre de la connaissance : les clés d'Énoch*. Tu dois bien comprendre cela avant de commencer.

---

* N.d.T. : Les 72 Noms sacrés de la myriade d'expressions du Dieu vivant.

Quelques instants plus tard, nos crêpes étaient devant nous, mais Phil a poursuivi sans attendre.

— Premièrement, en utilisant les Noms sacrés, nous créons un lien très fort avec Dieu, ou le Père divin, qui permet à notre identité spirituelle d'être reliée au summum des niveaux.

— Selon ce que j'en comprends, ce lien n'a jamais été rompu. Ne serait-il pas plus juste de dire que nous devenons conscients du lien qui existe déjà?

— Effectivement, en utilisant les noms à bon escient, on devient conscient de ce lien qui est éternel.

— C'est comme lorsqu'on est au téléphone avec quelqu'un. Si on ne réagit pas à la voix ou à la présence au bout du fil, il n'y a pas vraiment de conversation. Il faut participer à la conversation, et alors, il y a de l'information qui est partagée. C'est ce qu'on veut : un flux d'information, de grâce. C'est bien ce que tu disais?

— Tout à fait. La deuxième façon d'utiliser les Noms sacrés, c'est pour faire évoluer l'âme, lorsqu'on récite une prière personnelle ou qu'on médite dans le but de lever le voile et de déverrouiller les portes. Je t'en reparlerai encore longuement tout au long de notre périple.

— J'ai l'impression que je devrais prendre des notes.

— Ne t'en fais pas, tout te reviendra quand tu en auras besoin. La troisième façon, c'est de créer un réseau qui laisse passer la lumière divine et lui permet de se propager. Depuis toujours, il existe de par le monde des individus ou des communautés d'Artisans de lumière qui font ça. Tu les appelles les «Émissaires de lumière».

— C'est un peu ce que décrivent les Émissaires. Ils disent que leur travail et leurs méditations créent une sorte de fontaine spirituelle qui permet à l'énergie de la Lumière divine de se répandre sur Terre et de toucher tous les êtres vivants. Ça ressemble beaucoup à ce que tu expliques.

— Effectivement. La quatrième et la cinquième façon d'utiliser les Noms sacrés sont étroitement liées à la précédente. On peut s'en servir pour des prières qui visent la guérison ou la paix mondiale, ou encore quand il y a une crise planétaire et qu'il y a un grand besoin de lumière et d'amour. Invoquer les noms de cette manière permet de créer un canal à travers lequel la guérison peut avoir lieu, mais cela doit d'abord venir de nous. C'est une affirmation de notre foi en la sagesse de Dieu et de la confiance que nos prières seront exaucées selon la volonté divine. Me suis-tu?

— Oui, très bien.

— On peut aussi utiliser les noms pour la protection de notre revêtement spirituel et physique, qui est une façon de décrire le corps lumineux dont chacun de nous est vêtu. Les Noms divins peuvent littéralement construire un mur de lumière et, crois-moi, ça peut s'avérer utile. Pendant notre périple, nous allons rencontrer différentes formes de la conscience sensible — certaines physiques, d'autres pas — qui seront attirées par cette lumière dans leur quête de rédemption et de réconciliation. Cependant, s'il y a une plus grande lumière, cela peut et va effectivement attirer une plus grande noirceur, comme tu le sais déjà. C'est pourquoi il nous faut avoir des moyens pour nous protéger, et l'utilisation des noms sera notre meilleure protection.

— J'ai compris! me suis-je exclamé, en essayant de me concentrer.

— La dernière manière d'utiliser les Noms sacrés, c'est dans le but de travailler directement avec les Messagers de la Hiérarchie et pour savoir reconnaître les hiérarchies quand elles se présenteront à nous.

— Ça me paraît un peu plus compliqué.

— Pas vraiment. L'utilisation correcte des Noms sacrés permet de travailler directement avec le royaume angélique, par exemple. Dans ton cas, Jimmy, ça t'apportera la capacité de travailler avec ces êtres et de les comprendre avec ton âme plutôt qu'avec ton esprit. Il y a des formes de la conscience sensible tout autour de nous, mais leur volonté n'est pas forcément alignée sur la volonté de Dieu, si tu vois ce que je veux dire. C'est comme lorsqu'on demande à quelqu'un des indications pour se rendre quelque part. Ce n'est pas parce que la personne répond, qu'on va arriver à destination. Certains connaissent le chemin et d'autres pas. Certains peuvent connaître *leur* chemin, mais ce n'est pas le *nôtre*. L'utilisation des Noms divins te permettra de faire preuve de discernement quand tu auras à traiter avec certaines personnes, surtout lorsque ces noms feront leur apparition, ce qui sera sûrement le cas.

— Je comprends bien.

— Je suis content de t'entendre dire ça. Excuse-moi de le répéter aussi souvent, mais il est de la plus grande importance que nous — ou qui que ce soit — utilisions ces noms avec la plus grande intégrité et honnêteté possibles. On doit les utiliser avec révérence et respect pour les grands maîtres et les sages qui ont existé avant nous... avec un esprit pur et une préparation appropriée, une maturité spirituelle et un bon examen de conscience. Nous devons être conscients qu'ils font partie d'un grand tout, dont le but est la rééducation constante et la rédemption ultime de l'âme.

» Tu ne dois pas oublier, Jimmy, que la géométrie et l'architecture de ces temples attirent toutes sortes d'énergies spirituelles, tant positives que négatives. En psalmodiant les noms, il peut arriver que nous attirions des formes, disons, moins évoluées de conscience ou d'énergie spirituelle. Elles peuvent néanmoins être relâchées dans la lumière par les canaux interdimensionnels qui relient les mondes et qui s'ouvrent à ce moment particulièrement crucial de notre passage ici sous forme d'âme incarnée.

J'avais de la difficulté à le suivre.

— Attends... ça fait beaucoup en très peu de temps. Peux-tu me répéter ça autrement pour que je puisse comprendre ?

— Écoute, Jimmy. Il y a des formules et des codes qui ont été inscrits intentionnellement dans l'architecture géométrique des endroits que nous allons visiter par des gens qui avaient une connaissance assez étendue, mais limitée sur certains plans, des lois et des pratiques spirituelles supérieures. Je vais te montrer plusieurs de ces codes et de ces formules au fur et à mesure que nous allons avancer dans notre mission. En fait, à plusieurs endroits, ils se trouvent à vue. Des gens les regardent tous les jours sans se douter qu'il s'agit de portails interdimensionnels.

On peut voir assez souvent, par exemple, une croix des Templiers ou d'autres symboles à des endroits étranges dans une église. Certains de ces codes géomantiques — ou la *géomancie* — constituent des sources d'énergie, un peu comme des piles qui servent à ce que les autres codes, ou codes symbolisés, puissent être alimentés. Si nous arrivons à en identifier quelques-uns, nous pourrons alors utiliser les noms pour mettre fin à leur programme. Évidemment, pour ce faire, il nous faudra d'abord défaire les sceaux à l'intérieur de nous. C'est ça le véritable secret : il ne faut pas agir à l'extérieur de nous, mais plutôt à l'intérieur.

— Que font ces entités ? Sont-elles dangereuses ou malveillantes par nature ? Si elles sont là depuis des siècles, ou même des milliers d'années, comme tu disais plus tôt...

— La plupart n'ont pas de mauvaises intentions, a poursuivi Phil en m'interrompant. Mais elles sont pri-

sonnières. Certaines d'entre elles n'étaient pas destinées à errer librement sur Terre. Elles ont été amenées
dans ce monde par des âmes mal intentionnées qui,
dans leur quête de richesse et de pouvoir, les ont invo-
quées — en les arrachant au monde auquel elles appar-
tenaient — pour pouvoir les utiliser. L'espace et le
temps se chevauchent, les dimensions se mélangent
et, pour la première fois depuis longtemps, s'ouvrent
des portes par lesquelles ces âmes perdues pourraient
rentrer chez elles. C'est un peu comme lorsque des
gens qui sont décédés ne se rendent pas compte qu'ils
sont morts. Ou encore des âmes qui ne sont pas prêtes
à s'éteindre et restent accrochées à la Terre dans un
état de confusion, causant ainsi beaucoup de problèmes ici-bas.

— Comme des poltergeists?

— Exactement, a répondu Phil en se redressant et
en me regardant droit dans les yeux. Il y aussi des
entités, ou forces spirituelles, qui ont été placées à plusieurs de ces endroits pour garder des secrets très
anciens. Espérons que nous n'en rencontrerons pas.

— Que se passerait-il alors? ai-je demandé en avalant ma salive.

— Disons qu'il vaudrait mieux que ça n'arrive pas.
Voici d'ailleurs une autre chose qu'il te faut savoir au
sujet de l'utilisation des noms : il faut être prêt à
accepter tout ce qui arrivera, car il y a toujours un
objectif plus élevé dont nous ne sommes pas forcément conscients. Nous allons servir d'instruments —
d'instruments de paix, un rôle qui ne t'est pas

inconnu — et il nous faut savoir que nous bénéficions d'une protection aux niveaux les plus élevés.

— Tout ce que nous pouvons faire, c'est espérer. Je ne voudrais pas devenir une victime des cathédrales de Paris.

Phil a souri, mais il semblait inquiet. Je sentais qu'il était aussi nerveux que moi, comme si nous allions monter à bord du premier bateau partant en direction du Nouveau Monde. Nous savions, en théorie, ce que nous allions faire. Mais en pratique, tout pouvait arriver, y compris toutes les possibilités effrayantes que mon esprit était en train d'imaginer.

✧✧✧✧✧

CHAPITRE 6

La basilique du Sacré-Cœur

Le tétragramme

Les escaliers menant à la basilique du Sacré-Cœur étaient juste en face du café. D'un côté, il y avait un carrousel qui était vide à cause de la petite pluie qui tombait. Nous avons ouvert nos parapluies et traversé la rue, passant à côté de plusieurs groupes de touristes qui se faisaient raconter l'histoire du quartier dans différentes langues. Nous avons d'abord monté une première série de marches, nous dirigeant vers la basilique.

Des couples et des groupes se rassemblaient devant l'entrée. Nous avons traversé cette foule et sommes entrés par les immenses portes de l'église. Mes yeux se sont ajustés à l'éclairage tamisé et, pendant que nous nous dirigions vers un autel latéral qui était dominé par une statue de l'archange Michel, j'ai été accueilli par une odeur d'encens et de cierges. Phil m'a fait signe de m'asseoir dans un coin où nous pourrions parler doucement sans être entendus.

— Je veux t'en dire un peu plus sur l'architecture de ces églises, a-t-il dit. J'ai déjà mentionné le fait que la géométrie de ces cathédrales, tout comme la Kabbale, contient sous forme de codes un grand corpus de connaissances dont le but ultime est de permettre une relation intime et personnelle avec Dieu. L'importance que la Kabbale accorde aux sons, aux vibrations, à la forme et aux nombres a pour but de dévoiler les processus de la création, c'est-à-dire les formes géométriques et les schémas qui reflètent et influencent l'acte de création ainsi que la croissance et l'évolution de toutes les formes d'incarnation dans la nature. Ces schémas sont recréés dans l'architecture et dans la structure d'endroits sacrés, comme celui-ci — le but étant rien de moins que la transformation de l'humain en Homme-Dieu, à l'unification ultime avec notre Source divine.

» Les Templiers connaissaient très bien ce domaine. Plusieurs d'entre eux possédaient une connaissance pratique d'un système en réseau planétaire, ainsi que des couloirs géomagnétiques et des vortex sur lesquels les églises et d'autres lieux sacrés ont été construits. Il est clair qu'une bonne partie de ces connaissances ont servi à la construction d'églises comme celle-ci.

Je regardais un dépliant que j'avais trouvé dans un présentoir à l'entrée de l'église.

— Oui, je comprends tout ça, mais ici, il est écrit que la première pierre de la basilique n'a été posée qu'en 1875, ce qui est bien après l'époque des Templiers.

— C'est vrai, mais ça ne veut pas dire que leurs idées et leur philosophie n'ont pas servi à sa construction. Les maçons templiers comprenaient que les formes géométriques révélaient les secrets de la façon dont la Divinité s'incarnait en une forme, et ils ont transmis cette connaissance. Ils savaient également qu'un mauvais usage de la magie ancienne avait créé plusieurs des problèmes que nous étions venus régler ici. Au bout du compte, toutes ces choses dépassent la compréhension de l'esprit. Pour les saisir, il faut que le cœur et l'âme soient unifiés.

— Peux-tu m'en donner un exemple, ai-je demandé à voix basse.

— Ce que j'aimerais que tu remarques ici, ce sont les croix des Templiers. C'est un des signes qu'ils ont laissés pour montrer leur influence. On l'appelle la croix *pattée*. Ce n'est pas la même chose qu'une croix chrétienne typique. Ses bras, de longueur égale, sont courbés, cannelés, avec des extrémités larges et fermées, pas découpées comme la croix de Malte.

— Est-ce que les deux axes égaux ne seraient pas une représentation du mouvement d'énergie qui existe entre les plans d'existence physiques (l'axe horizontal) et le mouvement d'énergie qui existe entre les plans d'existence spirituels (l'axe vertical)?

— C'est tout à fait ça, a répondu Phil. Cela permet une compréhension profonde qui est à la fois consciente et inconsciente, une compréhension qui se fait sur plusieurs plans à la fois. On dit que la croix des Templiers représente l'union de choses opposées, l'union du masculin et du féminin, et peut-être aussi la diffusion du véritable Évangile aux quatre coins du monde. On peut regarder la croix et n'en voir que la forme générale, mais l'âme en comprend la signification profonde.

»Je ne te donne que des explications simples, il y en a de beaucoup plus complexes. Il est question, entre autres, du lien qui existe entre la croix des Templiers et les signes fixes du zodiaque (le Lion, le Taureau, le Scorpion et le Verseau) et leur relation avec les quatre bêtes de l'Apocalypse. Il existe un lien avec la Fin des Jours, ou la Fin des Temps. Mais je ne veux pas que tu les cherches uniquement avec ton regard physique. Ressens-les avec ton âme, c'est ce qui te permettra de vraiment comprendre en profondeur.

— D'accord... Dis-moi maintenant ce que nous allons faire.

— J'ai choisi des noms de Dieu correspondant à des sphères, ou Sephiroth, de l'Arbre de Vie kabbalistique qui me semblent avoir des vibrations semblables à ce qui se dégage de chacun des endroits que nous allons visiter. Je pense que tout ça me vient d'un rêve, mais ça n'a pas vraiment d'importance. Nous allons activer l'énergie de chaque nom et ensuite l'intégrer dans une prière, ce qui créera un champ cohérent — une sorte de champ d'influence — qui, je l'espère, illuminera des portails par lesquels ces énergies (qui sont retenues prisonnières) pourront retrouver le chemin pour rentrer chez elles. Ensuite, je te laisserai suivre ton intuition.

Jimmy, n'oublie pas que c'est l'ouverture de ton cœur, la grâce que l'utilisation des noms aura fait circuler en toi, qui permettra la création de ce champ. Il peut se passer quelque chose avec toi, ou rien du tout. Nous devons faire confiance à notre intuition et ne pas oublier que nous faisons de notre mieux.

— Nous allons faire un rituel, c'est bien ça? Est-ce que ce sera discret?

— Ne t'en fais pas, nous ne ferons rien qui pourrait attirer l'attention des gens. Personne ne saura ce que nous faisons, du moins, pas de manière consciente. Mais les gens le *sentiront*, qu'ils s'en rendent compte ou pas.

— Et qu'en est-il des... des *autres*? ai-je demandé.

— Quels autres? Ah, les anges et les démons? Ça te préoccupe pas mal, non?

— Ça ne devrait pas? C'est toi qui as dit que ça pourrait nous exploser au visage. Alors, oui, ça m'inquiète un peu. C'est la première fois que je fais quelque chose du genre.

— Je crois que tu te trompes.

— Que veux-tu dire?

— J'ai l'impression que nous avons déjà fait ça, d'une manière ou d'une autre. Peut-être même que nous sommes responsables de la création de tout ceci au départ, et que nous sommes ici pour faire amende honorable, pour nous racheter. Je me demande combien il y a de personnes, surtout de nos jours, qui comprennent entièrement l'incroyable pouvoir créateur de leurs pensées.

» Nous sommes ici pour nous servir des noms de Dieu dans le but de déverrouiller quelque chose à l'intérieur de nous, de devenir des canaux qui laisseront la grâce entrer dans ce monde. La transformation aura d'abord lieu dans notre propre conscience et dans notre vibration. C'est ce qui permettra à la même transformation de se produire chez d'autres gens. C'est très commun. As-tu remarqué, par exemple, que si tu es de bonne humeur et que tu arrives dans une pièce remplie de gens qui râlent, ton énergie peut, par ta seule présence dans la pièce, changer leur humeur ?

— Ça peut aussi être leur énergie qui transforme mon humeur. Ça dépend de qui est le plus fort, non ?

— Oui et non, a concédé Phil. Cela dépend en bonne partie de ta capacité à rester concentré quand tu entres dans la pièce. Nous arrivons ici avec beaucoup plus que de bonnes intentions. Nous arrivons ici avec la grâce, l'énergie et le pouvoir inhérents à ces Noms sacrés. Ils sont tous l'expression de pensées élevées et exaltées. L'utilisation que nous comptons en faire nous procurera une concentration tellement forte qu'elle pourra libérer un extraordinaire pouvoir... le pouvoir qui réside en nous.

— Parle-moi un peu plus du rituel.

— C'est d'une grande simplicité. Comme je viens de te le dire, j'ai choisi un nom différent pour chaque endroit. Le nom que nous allons utiliser ici, nous en avons déjà parlé. Beaucoup de gens — et pas seulement les Juifs — le considèrent comme le plus important : c'est le Tétragramme. Nous allons méditer en pensant à ce nom, puis le répéter douze fois; ensuite nous allons prononcer les mots *En Sof.*

— Tu en as parlé plus tôt. Qu'est-ce que ça signifie déjà ?

— Ça signifie littéralement « sans fin » ou « infini ». On parle parfois de la lumière du *En Sof.* On dit qu'avant la création du monde, la lumière du *En* remplissait l'espace infini. En l'utilisant comme nous allons le faire, nous allons amplifier la lumière de chaque Nom divin, ce qui en magnifiera la force et permettra d'envoyer une intention plus forte dans le cœur de ces expressions sacrées.

— Et pourquoi devons-nous répéter le nom douze fois ?

— Il existe des tas de raisons de le faire. Le nombre 12 a une importante signification mystique, biblique, occulte et, surtout, géométrique. Dans notre cas, disons simplement qu'il existe douze permutations primaires du nom de Dieu composé de quatre lettres — le Tétragramme — même si, en fait, il y en a plus. Cette raison en vaut bien une autre, non ?

— Si tu le dis, Phil. Moi, je ne fais que te suivre.

Phil m'a montré une façon de faire un décompte à partir de douze en regardant quatre doigts de notre main, de l'index au petit doigt. Comme il y a douze parties qui forment ces quatre doigts, il est facile de compter en touchant chaque partie de chaque doigt pendant qu'on récite les noms.

— Après un certain temps, on ne remarque même plus qu'on est en train de compter. C'est bien, parce que nous voulons éviter, autant que possible, de nous servir de la partie gauche du cerveau.

— Est-ce que quelque chose va se passer ?

— C'est toi qui me le diras. Les noms que nous allons utiliser produisent des ondoiements, ou un flux d'énergie électromagnétique, dont la forme dépend de l'architecture de l'église, et aussi de l'architecture géométrique des formes-pensées que nous allons générer en psalmodiant les noms. Les énergies et les perceptions qui sont normalement voilées à la conscience sont révélées par l'utilisation des noms. Les mots peuvent vraiment écarter les voiles de la même manière que Moïse a ouvert les flots de la mer Rouge, ou comme sont tombés les murs de Jéricho... tout dépend de la façon dont on le voit. Donc, pour répondre à ta question, beaucoup de choses peuvent se produire. Ça dépend uniquement de la raison de ta présence ici et de ce à quoi tu es prêt.

Je restais avec le désir d'avoir une réponse précise, ne serait-ce qu'une idée de ce à quoi je pouvais m'attendre.

— Si je te demandais de supposer ce qui pourrait arriver, que dirais-tu ?

— Il y a tant de possibilités, a répondu Phil en esquissant un sourire. Et puis, si je te le disais, il n'y aurait plus de surprise.

— Super... une autre surprise. Et tu ne l'as jamais fait, c'est bien ça?

— Comme je te l'ai déjà dit, je ne crois pas que personne n'ait jamais tenté ça auparavant, du moins, pas avec succès. Nous travaillons avec des éléments que j'ai pigés dans différentes traditions et différents textes. Pour autant que je sache, il n'existe pas de précédent pour ce que nous allons faire. Nous devrons voler de nos propres ailes. Les anges peuvent comprendre ça.

— Ça me fait terriblement peur, ai-je dit un peu trop fort.

Une femme s'est retournée pour voir ce qui se passait. J'ai détourné mon regard et l'ai fixé sur Phil.

— Tu parles de tout ça comme si tu l'avais fait des douzaines de fois. Comment peux-tu savoir à quoi nous nous mesurerons si...

— Je t'ai déjà dit que c'est la première fois que j'entreprends quelque chose du genre. De toute façon, qu'est-ce que ça change? Nous sommes des pionniers et nous tentons une toute nouvelle expérience sur la conscience. Là où nous irons, aucun artisan de la paix n'est jamais allé. Il n'existe aucun livre pour nous dire quoi faire.

— Je dois dire que je n'ai jamais lu de livre où il était question d'aller dans une cathédrale gothique pour libérer des entités emprisonnées dans une architecture créée par les Templiers, ai-je ajouté en remuant inconfortablement sur mon banc.

— Eh oui, c'est excitant, mais aussi un peu inquiétant.

— *Un peu* inquiétant? ai-je dit me sentant de plus en plus mal.

— Tu dois te défaire de ta peur, Jimmy. Pense à ce que t'a dit Mère Teresa : nous avons des alliés très puissants. Surtout qu'en nous servant des Noms sacrés, nous allons créer une fréquence protectrice très puissante qui pourra bloquer à peu près n'importe qui… ou n'importe quoi.

— Bon, d'accord, ai-je fait en me détendant légèrement. Je veux en savoir plus sur ce que nous allons faire après avoir chanté le Nom sacré.

— Avant même de commencer, je compte offrir une prière de protection. Ensuite, après avoir chanté le Nom, nous allons rester silencieux et méditer pendant un certain temps. Nous allons observer ce qui se passe ou ce que nous ressentons. Ensuite, je suggère qu'on se sépare et qu'on se promène dans la cathédrale. Essaie de remarquer tout ce qui te semble sortir de l'ordinaire. Tu pourrais, par exemple, laisser ton regard se promener sur les fresques et les œuvres qui décorent la basilique au cas où quelque chose te frapperait. Quoi qu'il en soit, il n'existe pas de règles précises, que des indications générales. Nous devons rester ouverts à ce qui arrive.

Je ne semblais pas avoir réellement le choix. J'avais fait tout ce chemin et je me suis dit que j'étais aussi bien de voir où cela me mènerait. Si rien ne se produisait, eh bien, il en serait ainsi. Ça n'aurait été qu'une mauvaise piste, « une expérience téméraire de la conscience », comme disait Phil. Mais si jamais quelque chose se produisait ? Nous serions alors chacun dans un coin de l'église, et Phil ne serait pas là pour m'aider si jamais un démon sortait soudain d'un tableau de la Renaissance pour m'attaquer. L'idée m'a presque fait rire, et pourtant je me suis calé sur mon banc et j'ai pris une grande inspiration.

— Es-tu prêt ? m'a-demandé Phil.

— Je suis prêt. Allons-y.

— D'accord. Ferme d'abord les yeux et respire profondément. Nous allons commencer par une courte méditation. Le premier Nom sacré que nous allons invoquer, c'est celui de Yahvé et, ensuite, nous allons prononcer les mots *Eloah Va Daath,* qui signifient « Seigneur Dieu » ou encore « Déesse du savoir ». Ce nom fait référence à l'intelligence du cœur et à la sagesse de la Présence divine. Comme je l'ai dit plus tôt, Yahvé, ou le Tétragramme, est considéré par plusieurs comme le plus sacré des noms de Dieu. En hébreu, on dit *Havayah.* C'est le deuxième nom que Dieu donne à Moïse dans le livre de l'Exode, quand Dieu lui dit : « JE SUIS m'a envoyé vers vous ». Ça représente le principe actif du *En* (l'infinité) ici dans ce monde, le monde de l'existence phénoménale. C'est le nom de Dieu constitué de quatre lettres (Yod Hé Wav Hé), qu'on traduit parfois par Jéhovah.

» C'est un nom qui ne peut et ne doit pas être utilisé en vain, car il invoque l'essence même du Seigneur. C'est pourquoi on le remplace généralement par les mots *Adonaï* ou *Élohim*. On dit qu'il contient la vibration primitive qui est à la base de chaque existence incarnée. Rappelle-toi que Maïmonide pensait que c'était le *seul* véritable nom de Dieu, et c'est pourquoi il faut y recourir avec respect.

» Alors, voici ce que nous allons faire. Nous allons méditer en pensant au nom *Yahvé Eloah Va Daath,* mais nous allons prononcer le mot *Adonaï*, qui signifie « Seigneur ». Tu me suis ?

— Pas vraiment, ai-je répondu, déconcerté. Pourquoi allons-nous prononcer un mot tout en pensant à un autre mot ? Pourquoi ne pourrions-nous pas simplement réciter les lettres « Yod Hé Wav Hé » ? J'ai déjà entendu des gens les psalmodier.

— Parce que, du point de vue de la religion juive, psalmodier les lettres équivaut à prononcer le nom. Tu dois me faire confiance, Jimmy. C'est le premier nom que nous prononcerons — et je te promets que ce ne sera pas toujours aussi compliqué — mais il nous faut faire preuve d'un grand respect, plus particulièrement avec ce nom-là... c'est juste pour ce cas-ci. Tu as dit que tu voulais en savoir plus sur la Kabbale. Si c'est vraiment le cas, eh bien, voici comment il faut faire.

— Bon, d'accord. J'imagine que je peux me détendre et suivre tes indications.

— Ravi de te l'entendre dire. Je récapitule : nous allons nous concentrer sur le Tétragramme — dans ce cas-ci, il s'agit du nom *Yahvé Eloah Va Daath* — mais nous allons prononcer le mot *Adonaï*. Prenons quelques profondes respirations et allons-y.

J'ai fait comme il avait dit et j'ai respiré profondément. Je sentais que, pendant que je méditais, mon âme prenait de l'expansion, comme si chaque respiration rapprochait le nom de mon cœur. Comme Phil parlait tout bas, sa voix me paraissait venir de très loin, et ce, même s'il était tout près de moi. J'ai continué à prendre de bonnes inspirations purifiantes, laissant entrer le plus d'air possible dans mes poumons.

— Maintenant, nous allons psalmodier le nom douze fois. Chaque fois, nous allons dire à la fin *En Sof,* c'est-à-dire, existence infinie, a dit Phil en me montrant sa main ouverte. Continue à respirer profondément, et n'oublie pas de te concentrer sur le Tétragramme.

Et nous avons commencé : « *Adonaï, En Sof ; Adonaï, En Sof ; Adonaï, En Sof...* Nous avons chanté ces mots douze fois, et le sentiment d'expansion était toujours là, surtout quand je portais toute mon attention sur les quatre lettres « Yod Hé Wav Hé ». Mon cœur et mon âme semblaient s'élever au-dessus de la basilique et en traverser le toit. Tout en étant totalement conscient du fait que j'étais assis avec Phil sur un banc d'église, j'avais aussi conscience de tellement plus... d'une expansion infinie qui s'emplissait du nom infini de Dieu. Une fois terminé, nous sommes restés assis quelque temps silencieusement, puis Phil s'est retourné et m'a regardé.

— Rappelle-toi, Jimmy, que chaque nom représente un aspect de la force spirituelle ou de l'énergie, et que le but ultime de leur utilisation est de nous aider à recevoir une joie immense et à vivre un épanouissement total. C'est le désir que Dieu nourrit pour nous. Et maintenant, nous allons attendre et voir ce qui va se passer.

— Que devrais-je faire?

— Je ne sais pas… tu n'as qu'à rester ouvert et à suivre ce qui te vient. Sois prêt à recevoir ce qui se présente. Moi, je vais me promener un peu. Nous allons prendre tout le temps qu'il faut.

Phil s'est levé et s'est dirigé vers la partie avant de la cathédrale. Moi, j'étais resté assis à me demander ce que je devais faire. La statue de l'archange Michel avait les yeux baissés dans ma direction, et son regard puissant paraissait vouloir m'attirer vers une expérience qui m'était inconnue.

— Que dois-je faire? ai-je chuchoté.

Pas de réponse. Je n'entendais que le bruit des gens qui me frôlaient pour pouvoir avoir une meilleure vue de l'autel latéral où j'étais assis.

Un homme, entièrement vêtu de noir, s'est frayé un chemin entre trois ou quatre touristes pour arriver juste aux pieds de la statue de l'archange. Les autres gens, contrariés, se sont éloignés, laissant l'homme seul, la tête levée, à regarder l'archange dans les yeux. On aurait dit qu'il marmonnait quelque chose, mais je n'arrivais pas à discerner un seul mot. Il n'était pas rasé et portait des verres fumés qui lui cachaient les yeux. Il y avait quelque chose d'étrange chez cet homme, et j'ai soudain ressenti le besoin de m'éloigner de lui. Je me suis levé pour me diriger vers l'autel situé à l'avant de l'église.

Je me suis rendu compte que j'allais dans le sens contraire de la foule de gens qui avaient commencé leur visite d'un côté de l'église et qui suivaient des indications qui les faisaient passer par l'arrière puis remonter de l'autre côté. Je me sentais bien d'aller à contre-courant, comme si c'était pour moi la seule manière de voir ce que j'avais à voir ici, peu importe ce que ça pouvait être. Je suis passé à côté d'au moins quatre autels latéraux, mais je ne me suis pas senti appelé. En face de l'autel principal, j'ai remarqué un endroit, assez petit, dédié au Sacré-Cœur de Jésus. Je m'en suis approché pour mieux voir. Au départ, rien ne m'a sauté aux yeux. Je me suis agenouillé, me disant que je me ferais moins remarquer ainsi. Le cœur enchâssé était transpercé par douze épées; chacune d'elles avait une toute petite fleur à son extrémité. Je me suis demandé s'il y avait un lien avec la prière que nous avions récitée, Phil et moi, comme si le nombre douze permettait de décrypter un grand mystère. Rien ne s'est produit, et, après environ une minute, je me suis relevé et j'ai continué à marcher dans le sens contraire de la horde de touristes.

Je me faufilais parmi les gens, passant d'une chapelle latérale à une autre, jusqu'à ce que j'arrive derrière l'autel principal. Il y a eu un moment d'accalmie entre les groupes de touristes, ce qui m'a permis de jeter un coup d'œil sans être constamment bousculé. Les bruits résonnaient entre les murs de pierre, et d'anciens relents d'encens mélangés à l'odeur des cierges allumés sollicitaient mes sens d'une manière qui me détendait et m'inquiétait tout à la fois. Je me suis soudain souvenu de la raison de ma présence dans cet endroit, je me suis rappelé que l'architecture de cette cathédrale sacrée pouvait abriter les âmes d'entités emprisonnées entre deux mondes... et que *moi*, je pouvais participer à leur libération.

D'un seul coup, il m'a semblé absurde d'avoir cru en cette histoire, et je me suis demandé s'il n'était pas temps que je me réveille, que je me défasse de ma naïveté et que je revienne à la réalité. J'ai regardé autour de moi pour voir si Phil m'observait, ou s'il se trouvait dans les alentours. Un sentiment de honte est monté en moi par vagues successives, et je me suis senti sur le point de quitter les lieux. Notre plan était devenu réalité, ce n'était plus une abstraction. Jusque-là, nous n'avions fait que converser, et j'avais fait confiance au génie de Phil et à ses idées extravagantes comme un enfant. Mais maintenant que je me trouvais dans ce lieu à chercher des symboles ou des signes qui m'indiqueraient que les énergies, dont avait parlé Phil, se trouvaient réellement dans cette église, la réalité me rentrait dedans avec la force d'un tsunami. Il était temps pour moi de sortir d'ici, et je devais le faire à l'instant même.

— Qu'est-ce que je fais ici ? Qu'est-ce que je fais ici ?

La voix m'a fait sursauter, et j'ai regardé à ma gauche pour voir qui venait de marmonner ces mots. Ça ne m'a même pas surpris que ce soit en anglais et non en français. Il y avait beaucoup de touristes dans l'église, et il y en avait sûrement beaucoup qui venaient de pays anglophones, mais son anglais avait quelque chose de particulier, comme si ce n'était pas la langue que je connaissais et parlais depuis ma naissance. Je reconnaissais les mots, mais leur sonorité était étrange... peut-être que c'était à cause de l'accent, qui me donnait la chair de poule.

— Qu'est-ce que je fais ici ? Qu'est-ce que je fais ici ?

C'était l'homme en noir avec des verres fumés que j'avais vu près de la statue de l'archange Michel. Il regardait la statue de saint Pierre, dont les mains tenaient un ensemble d'immenses clés, symbole du rôle de saint Pierre qui doit sceller au Ciel ce qui est scellé sur Terre. L'homme se balançait d'avant en arrière en parlant et semblait regarder la statue sans vraiment la voir. Son regard paraissait fixer quelque chose qui se trouvait beaucoup plus loin et que ni moi, ni personne d'autre dans l'église ne pouvait voir. Son bras gauche bougeait nerveusement, comme s'il tenait quelque chose qui nécessitait un mouvement continuel... tel un téléphone envoyant des messages textes dans un autre royaume. Le fait que ses verres fumés étaient posés sur le bout de son nez, cela me permettait de voir le vide de ses yeux : un vide que je n'aurais su décrire.

— Qu'est-ce que je fais ici ? Et pourquoi est-ce que vous revenez tout le temps ?

Le changement de rythme m'a ébranlé. C'était une différence marquée, mais je n'arrivais pas à la saisir tout à fait. Le ton de sa voix et même son inflexion n'avaient pas changé, mais les mots semblaient faire référence à quelque chose de très intime. Il s'est soudain retourné vers moi, comme s'il me remarquait pour la première fois, et ses paroles m'ont fait frissonner.

— Pourquoi êtes-vous venu ici ? Pourquoi êtes-vous venu ici ?

Ses lunettes ont semblé glisser encore un peu plus sur son nez, dévoilant ainsi son regard qui reflétait la lumière des chandelles d'une façon telle que c'en était difficile à supporter. On aurait dit qu'il n'y avait rien derrière ses yeux, et ce, même si à tous les autres égards, ils semblaient parfaitement normaux. Il regardait dans ma direction, mais ne semblait pas me voir. C'était plus une sensation qu'une réelle observation, mais ça me donnait envie de prendre mes jambes à mon cou.

Il avait cessé de parler, mais il continuait à regarder avec le même regard absent. J'ai fini par répondre :

— Pardon. Est-ce que c'est à moi que vous parlez ?

J'ai d'abord eu l'impression qu'il ne m'avait pas entendu, mais il a penché sa tête vers la gauche et ses yeux ont paru voir quelque chose pour la première fois.

— Qui êtes-vous ? a-t-il demandé.

— Je suis ici pour visiter la basilique.

Ça ne me semblait pas une bonne idée de répondre la vérité, de lui donner la réelle raison de ma présence ici.

— Vous êtes ici depuis combien de temps ?

— Euh... environ 20 minutes, pas plus.

Il ne semblait pas enregistrer mes mots d'une façon normale. Il a replacé sa tête à la verticale et a dit :

— Comment ça ? Comment est-ce possible ?

Je ne savais pas si je devais continuer la conversation ou m'éloigner de lui. Je me suis alors rappelé que Phil m'avait demandé de remarquer chaque détail, aussi étrange ou inhabituel soit-il. Pour la première fois, j'ai envisagé qu'il pouvait s'agir d'autre chose que d'une simple rencontre due au hasard, que ça pouvait être lié à notre méditation. La première fois que j'avais vu l'homme, nous étions encore assis à l'arrière à psalmodier le nom. Était-ce une simple coïncidence, ou avions-nous en quelque sorte fait venir cet homme. Je n'avais pas envie de pousser plus loin ma réflexion.

— Savez-vous pourquoi je suis ici ? m'a-t-il demandé d'une voix qui semblait remplie de colère et de regret.

— Je n'en ai aucune idée.

Les mots sont sortis de ma bouche sans que j'y pense. Le fait est que je ne savais pas ce qui se passait et que je n'étais pas sûr de vouloir le savoir.

— Est-ce que vous savez ce qui se passe ?

Il a remonté ses lunettes.

— Oh oui, je le sais très bien. Je l'ai toujours su.
Vous ne voulez pas que je parte. Vous allez et venez, et
vous vous pensez libre, mais moi je reste ici et j'oublie
même comment sont les choses ailleurs qu'ici. Avez-
vous la moindre idée de ce que ça peut être ? Pouvez-
vous imaginer comme il est difficile de se coucher sur
le sol froid tous les soirs et de regarder les gens entrer
et sortir d'ici comme si de rien n'était ?

Il a regardé de nouveau la statue de saint Pierre et
a soudain paru fasciné. C'était comme s'il était seul
ici, et je me suis demandé s'il y avait quelque chose en
lien avec la statue qui m'échappait. Je l'ai regardée à
nouveau espérant qu'un détail me sauterait aux yeux.
C'était une très vieille sculpture, d'au moins un mètre
cinquante, et les clés qu'elle tenait avaient une apparence théâtrale et presque irréelle. Et c'est alors que j'ai
vu ce que l'homme regardait. Ce n'était pas la statue,
mais quelque chose qui se trouvait sur son socle et
que je n'avais pas encore remarqué. C'était une croix
des Templiers, et l'homme ne semblait pas pouvoir en
détourner son regard. Il a repris ses paroles du début :

— Qu'est-ce que je fais ici ? Qu'est-ce que je fais
ici ?

Sa voix avait maintenant une intonation triste, et
j'ai eu l'impression que mon cœur allait exploser.

— Est-ce que je peux vous aider ? ai-je demandé,
comprenant soudain ce que je devais faire.

Il n'a pas paru m'entendre et a continué sa litanie lente et cadencée.

— Je pense savoir quoi faire. Si vous pouvez m'entendre, faites un signe de la tête.

Sa voix continuait son mantra ininterrompu, mais sa tête s'est mise à bouger lentement de haut en bas, de manière presque imperceptible.

— Je connais une prière qui pourrait vous aider. Si vous pouvez en répéter les mots, vous pourrez peut-être repartir d'ici. Si vous pensez être capable de faire ça, hochez la tête.

Encore une fois, il a bougé la tête très discrètement.

— C'est bon. Alors, nous allons invoquer Dieu, en utilisant son Nom le plus sacré. C'est le Tétragramme. Vous n'avez pas besoin de savoir ce qu'il signifie, vous n'avez qu'à dire les mots avec moi, si vous en êtes capable.

Je me suis mis à psalmodier le nom, comme Phil et moi l'avions fait plus tôt au fond de l'église, mais cette fois, sans y substituer le nom *Adonaï*. Je ne sais pas pourquoi j'ai modifié ainsi la méthode qu'avait proposée Phil. Ça me semblait juste, et j'ai voulu suivre mon intuition. Je pouvais voir que l'homme bougeait les lèvres, tout d'abord timidement, puis de plus en plus ostensiblement. Je sentais l'énergie monter en moi à mesure que nous prononcions les mots : « *Yod Hé Wav Hé, En Sof; Yod Hé Wav Hé, En Sof; Yod Hé Wav Hé, En Sof . . .* »

Sa voix est devenue assez sonore pour que je l'entende, et j'ai fermé les yeux afin de mieux me concentrer. L'énergie du nom me faisait entrer en transe. Tous les bruits de la cathédrale ont paru se dissiper, et je n'entendais plus que ma propre voix et le doux chuchotement de l'homme étrange, dont je n'étais même pas certain de l'existence. Les secondes se sont transformées en minutes et, aussi soudainement que tout ça avait commencé, je suis redevenu conscient de ce qui m'entourait et du son de ma voix. Pendant un bref instant, j'ai senti qu'il y avait une sorte de filet, ou de toile, qui se déployait à l'intérieur de la basilique. J'ai ouvert les yeux et je me suis rendu compte que j'étais désormais seul devant la statue. L'homme, qui que ce pût être, était parti. J'ai pris une grande inspiration.

Il m'a fallu encore deux bonnes minutes avant de pouvoir bouger. Les groupes de touristes passaient de nouveau près moi, et je me suis mis à marcher dans la même direction qu'eux, et non plus à contre-courant, jusqu'à ce que je finisse par arriver à l'arrière de l'église où Phil m'attendait. Il était debout dans le bas-côté près de la porte arrière, et son expression m'a fait penser qu'il savait qu'il m'était arrivé quelque chose.

— C'est la croix des Templiers, c'est bien ça ? ai-je demandé, faisant référence au symbole que j'avais vu sur le socle de la statue.

En prononçant ces mots, j'ai regardé vers la sortie de l'église et j'ai vu l'homme en noir sortir. Il avait les bras grand ouverts, comme s'il sentait le souffle de l'air pour la première fois.

— Oui, il y en a partout. Ça fait cinq minutes que je suis ici à les regarder. J'avais l'impression qu'elles signifiaient quelque chose, qu'il pouvait y avoir un lien avec ce que tu étais en train de faire.

Je ne savais pas trop si je devais lui dire ce qui s'était produit. Je ne savais même pas si j'y croyais moi-même. Est-ce que ce n'était pas simplement le fruit de mon imagination ? Pendant un moment, je me suis demandé si l'homme que j'avais rencontré n'était pas un simple touriste un peu troublé qui s'était éloigné de son groupe et qui m'avait permis de répondre à un besoin que j'avais en moi, qui m'aurait servi à justifier toutes les histoires et les leçons de Phil. Peut-être que j'étais si concentré pendant que je psalmodiais les noms, que l'homme s'était simplement éloigné sans que je m'en rende compte. Toutes ces pensées me traversaient l'esprit, et je ne savais plus ce qui était réel. J'ai attendu d'être sorti de l'église avant de parler à Phil.

— Peu importe ce que tu as vécu, ce n'était pas le fruit de ton imagination, a-t-il dit.

— Qu'est-ce que tu en sais ?

— Parce que j'ai senti quelque chose au moment où ça s'est déroulé. Je savais qu'il se passait quelque chose. Je ne savais pas ce que c'était, mais je sentais qu'il y avait quelque chose.

— Et c'était qui, selon toi ?

— De qui parles-tu ?

— De l'homme. L'homme qui se tenait près de la statue de l'archange Michel.

— J'ai observé la statue, mais je n'ai vu personne.

— Comment est-ce possible? Je viens tout juste de le voir sortir par la porte arrière.

— Il n'y a pas moyen de savoir avec certitude, a affirmé Phil. Nous sommes en territoire inconnu. C'était peut-être une apparition, ou même une hallucination, ou alors, c'était un esprit qui a pu s'incarner dans un corps physique. Si j'avais à choisir, je dirais que ce n'était rien de tout ça.

— Qu'est-ce que c'était, alors?

— Je dirais que c'était une entité hyper-spatiale et dimensionnelle qui était emprisonnée dans l'église et qui a la possibilité, à l'occasion, d'entrer dans le corps de certaines personnes, en général, des personnes dont l'énergie corporelle est faible.

— Hyper quoi? Qu'est-ce que ça veut dire?

J'espérais sincèrement que Phil était en train de se payer ma tête, mais je savais au fond de moi que ce n'était pas le cas, et ça me faisait très peur.

— Ça veut dire ce que j'ai dit : une entité hyper-spatiale et dimensionnelle. Il y a des gens qui, à cause de problèmes de santé ou de dépendances quelconques, ont des fissures ou des trous dans leur aura. Il est beaucoup plus facile, pour une entité qui est forte, d'entrer en eux et de les utiliser pour une courte période de temps. C'est la seule façon dont disposent plusieurs d'entre elles pour faire l'expérience du monde physique, mais, dans la plupart des cas, elles sont un peu désorientées et ne peuvent interagir de manière normale. N'oublie pas que ces choses arrivent normalement sur invitation.

— Tu veux dire que l'homme que j'ai rencontré aurait été possédé par un esprit ou un démon ?

Le seul fait de prononcer ces mots a fait monter en moi un sentiment étrange de déconnexion.

— Il n'est certainement pas question de possession telle que tu l'imagines. Ce n'est pas Linda Blair*, avec la tête qui tourne à 180° et la soupe aux pois qui gicle de partout. C'est un phénomène plus courant que ce que tu crois, ça ressemble à l'invocation d'esprits, ou trans-médiumnité, comme on l'appelait avant. Ça y ressemble beaucoup. C'est une sorte de partage de conscience... qui a lieu, comme je l'ai dit, sur invitation.

— Penses-tu que notre méditation sur les noms a attiré cet esprit ?

— Il y en aurait encore beaucoup à expliquer, Jimmy. Mais chaque chose en son temps. Tu as d'abord remarqué cet homme quand nous étions en train de psalmodier les noms, c'est bien ça ?

— C'est exact, ai-je répondu, encore un peu troublé.

— Tu l'as ensuite revu à l'arrière, près de la statue de saint Pierre. Le fait que je ne l'aie pas vu n'a peut-être pas d'importance, mais ça peut aussi avoir une très grande importance. Seul l'avenir le dira. Ce qui importe, c'est qu'il est bel et bien arrivé quelque

_____
* N.d.T. : Actrice américaine qui a joué le rôle principal dans le film *L'Exorciste*.

chose… quelque chose de très étonnant, à tous points de vue.

— C'était donc bien réel ? ai-je demandé, car j'avais besoin de l'entendre de vive voix.

— Oui, c'était réel. Et ce n'est qu'un début. Ce n'était que le premier nom. Il nous reste neuf autres lieux à visiter, m'a répondu Phil en se dirigeant vers la porte par laquelle l'homme était sorti quelques instants plus tôt.

Je repensé à lui, les bras ouverts, qui découvrait la liberté peut-être pour la première fois. En sortant de l'église, j'ai eu un peu la même sensation, comme si mon cœur découvrait la liberté après des années d'étouffement. Tout ce dont j'étais sûr, c'est qu'il se passait quelque chose que je ne pouvais expliquer. Mais au moment où nous sortions de la basilique, je ne voulais pas ou je n'avais pas besoin d'une explication.

✧✧✧✧✧

CHAPITRE 7

Le mariage de
Marie-Madeleine

Élohim

Nous avons marché un coin de rue jusqu'au métro, en direction de notre prochaine étape : l'église Sainte-Marie-Madeleine.

— Dis-moi ce que tu sais de cette église et de son histoire, ai-je demandé à Phil.

— C'est Napoléon Bonaparte qui a commandé sa construction, et son architecture est inspirée du Panthéon de Rome. Les expéditions de Napoléon en Égypte sont légendaires, mais ce sera pour un autre jour. La Madeleine, comme on appelle cette église, est entourée de 52 colonnes corinthiennes et, si on regarde vers le haut, on peut apercevoir, sur ses imposantes portes en bronze, des bas-reliefs représentant les Dix commandements.

— Pourquoi les Dix Commandements ? ai-je demandé en entrant dans le métro.

— Je n'en sais rien, mais l'aspect historique n'est pas tellement important dans ce cas-ci. L'important c'est de savoir à qui était dédiée la construction de cette église et ce qu'elle symbolise. Il y a une statue que j'aimerais que tu voies à l'intérieur. Je suis curieux de savoir ce que tu penses de l'énergie qui s'en dégage. Comme pour le Sacré-Cœur, on recèle à La Madeleine une forte influence des Templiers, et c'est une des choses qui nous intéressent.

— Mais pourquoi les Templiers sont-ils si importants ? Nous avons vu des croix des Templiers et d'autres symboles liés aux Templiers au Sacré-Cœur, et j'avais l'impression ce n'était pas tout, mais je ne vois toujours pas quel est le lien avec la Kabbale et les Noms sacrés.

— Après la première Croisade et la prise de Jérusalem, le chevalier français Hugues de Payns, un vassal du Comte de Champagne, ainsi que Godefroy de Saint-Omer, André de Montbard et plusieurs autres chevaliers français (selon certains, ils auraient été neuf en tout), ont proposé à Baudouin II, le roi de Jérusalem, de former un ordre de chevaliers monastiques. La fonction de ces « Soldats du Christ », appelés *Milice du Christ,* aurait été d'assurer la sécurité des pèlerins chrétiens au cours de leur dangereux périple les menant de la ville portuaire de Jaffa à Jérusalem. On dit que les chevaliers du Temple se seraient formés en 1118 de notre ère, mais il est impossible d'en être sûr.

Notre rame est entrée dans la station, nous avons réussi à nous frayer un chemin pour monter à bord et nous trouver un endroit où nous pourrions nous tenir côte à côte et continuer notre conversation.

— J'ai toujours trouvé étrange que neuf chevaliers d'âge mûr puissent être en mesure de protéger tous ces Européens qui se rendaient en pèlerinage jusqu'à Jérusalem, ai-je fait remarquer à Phil. Ça me semble insensé si l'on tient compte du risque constant de tomber sur des voleurs, sans compter celui de se faire attaquer par les Sarrasins qui voulaient reprendre la Terre Sainte.

— C'est exact, Jimmy.

Je ne savais pas si Phil avait acquiescé de la tête ou si c'étaient les vibrations du métro parisien qui avaient causé son mouvement.

— C'est pourquoi les chercheurs sérieux ont toujours considéré que le but véritable, et secret, de ces «Pauvres chevaliers du Christ» était d'avoir accès au Mont du Temple et...

— Le Temple de Salomon, non?

— C'est ça! Ils ont travaillé pendant neuf ans à l'excavation du mont du Temple et, selon toute apparence, ils auraient trouvé ce qu'ils étaient venus chercher... ou plutôt, ce qu'on leur avait demandé de trouver.

— Qui le leur avait demandé?

— Le plus probable est que ce soit Bernard, l'abbé de Clairvaux, qu'on appelle aussi saint Bernard de Clairvaux. C'était le neveu d'André de Montbard, un des cofondateurs, avec Hugues de Payns, de l'Ordre. Le pape Honorius II a été lui-même membre de l'Ordre cistercien avant d'être élu pape. C'était un bon ami et un confident de Bernard.

» Il est évident que Bernard avait accès à des informations secrètes, surtout grâce à sa relation intime avec le pape. L'Ordre a été reconnu officiellement et approuvé par l'Église catholique romaine en 1128, lors du concile de Troyes. En 1139, à la suite de la bulle papale *Omne Datum Optimum,* l'Ordre — qu'on appelait alors les «Pauvres chevaliers du Christ et du Temple de Salomon» ou simplement «l'Ordre du Temple» — n'était plus redevable à personne, sauf au pape, ce qui le rendait presque intouchable et lui permettait d'établir ses propres lois.

— Tout ça est fascinant, Phil, mais j'aimerais que tu me parles davantage des excavations au mont du Temple.

— D'accord. Le roi Baudouin de Jérusalem a offert à l'Ordre, qui venait à peine d'être fondé, de s'installer dans une aile du palais royal situé sur le mont du Temple, sur le site de la mosquée Al-Aqsa, qui est construite juste au-dessus des ruines du Temple de Salomon. C'était l'endroit parfait pour commencer leur travail.

— Alors, qu'ont-ils trouvé? ai-je demandé, sentant soudain une vague d'excitation m'envahir.

— Plusieurs croient qu'ils auraient trouvé l'Arche d'alliance, qui aurait été, selon la rumeur, enterrée profondément sous le second temple avant sa destruction, en 70 de notre ère. À la cathédrale de Chartres, on trouve des indices montrant que les Templiers auraient retrouvé l'Arche et seraient repartis avec elle. À mon avis, les Templiers ont assurément trouvé des trésors, comme ceux qui sont décrits dans le Rouleau de cuivre.

— Le Rouleau de cuivre… j'en ai entendu parler. Il faisait partie des manuscrits de la mer Morte trouvés à Qumrân, non?

— Oui, à Khirbet Qumrân, en 1952. Ils étaient écrits sur du cuivre et contenaient des listes d'endroits où l'on pouvait trouver de grands trésors composés d'or et d'argent. Les Templiers savaient exactement ce qu'ils cherchaient et où le trouver.

— Après avoir trouvé le Rouleau de cuivre, ont-ils découvert des trésors?

— Ils n'ont trouvé que des preuves de fouilles antérieures. Mais c'est ici que ça devient vraiment intéressant et qu'on trouve un lien entre la Kabbale et les Noms sacrés.

Phil a penché la tête vers l'arrière et s'est passé les deux mains dans les cheveux, comme un chef d'orchestre s'apprêtant à diriger ses musiciens. C'était tout à fait le genre de Phil : il ne lui manquait que la baguette. Au même moment, le métro a soudainement tourné, lui faisant presque perdre l'équilibre.

— On dit aussi que les Templiers auraient trouvé des manuscrits, a-t-il poursuivi après avoir retrouvé une position stable. Il s'agit d'anciens documents qui avaient également été dissimulés sous le Temple, dans les entrailles du mont Moriah. Je suis certain que ces textes traitent d'une grande variété de sujets, tels des plans architecturaux écrits par des maîtres-maçons ou des livres de magie d'une grande valeur datant des débuts de l'antiquité. Une bonne partie de ces connaissances fait aujourd'hui partie de ce qu'on appelle *Ha-Kabbalah*. On pense également qu'ils auraient découvert les premiers Évangiles, qui contiennent des histoires et des informations qui pourraient ébranler les fondements de l'Église catholique romaine. Il s'agit d'artéfacts inestimables et de connaissances pratiques, sans oublier des informations d'une grande importance qui pourraient être utilisées contre le Saint-Siège.

— Où se trouvent ces livres aujourd'hui? ai-je demandé alors que le métro s'arrêtait à la station Madeleine.

— J'imagine que la plupart font partie de collections privées, qu'ils sont conservés dans des voûtes dans les Archives secrètes du Vatican ou dans des catacombes, ou encore au Smithsonian, dans la Zone 51, à la base aérienne Wright-Patterson... bref, dans ce genre d'endroits.

— La Zone 51?

— Oui, juste à côté de l'Arche d'Alliance, a-t-il dit à la blague; du moins je l'espérais.

Quand nous sommes sortis de la station Madeleine, j'étais abasourdi par toutes les histoires que Phil m'avait contées sur les Templiers et le trésor caché sous le mont du Temple à Jérusalem. Nous n'étions qu'à quelques pas de l'église. J'ai été surpris par son architecture d'inspiration romane. Nous avons monté les marches et sommes entrés par les immenses portes de bronze que Phil m'avait décrites. Encore une fois, j'ai senti quelque chose s'ouvrir en moi, comme si je savais qu'un autre mystère nous attendait.

Une fois à l'intérieur, Phil m'a fait signe de m'arrêter.

— Reste ici et regarde autour de toi. Dis-moi s'il y a quelque chose qui te saute aux yeux.

— Qu'est-ce que je dois chercher? Peux-tu me donner des indices?

— Quand tu le verras, tu sauras.

J'ai fait le tour de l'église des yeux, et mon attention s'est immédiatement dirigée vers l'autel principal, que dominait une immense et magnifique sculpture de Marie-Madeleine tenue dans les airs et transportée au Ciel. *Le Ravissement de Marie-Madeleine* est une œuvre impressionnante, mais je ne lui trouvais rien de déconcertant. J'ai continué à l'observer, impressionné par la taille et la beauté de la statue et le décor qui l'entourait, mais il ne se passait toujours rien. Quand j'ai commencé à m'approcher de l'œuvre, autre chose a attiré mon attention. J'ai regardé à ma droite, vers l'arrière de l'église, et j'ai compris ce que Phil voulait que je remarque. Il y avait un autel latéral qui abritait une grande sculpture représentant trois personnes : Jésus, Marie-Madeleine et un autre homme qui semblait être Jean le Baptiste. On aurait dit une scène de bénédiction, ou même de mariage, qui montre Jean le

Baptiste, debout devant Jésus et Marie-Madeleine, lesquels sont agenouillés et se tiennent par la main.

— Ça y est, tu l'as trouvé, a demandé Phil.

— Qu'est-ce que j'ai trouvé?

— Selon toi, que se passe-t-il ici? a fait Phil en montrant la sculpture du doigt.

— On dirait que Jean le Baptiste est en train de les marier. On peut difficilement y voir autre chose.

— On dirait vraiment que c'est ça, n'est-ce pas? a dit Phil d'un air ironique qui me donnait l'impression qu'il me cachait quelque chose. C'est un des éléments qui rend cette église si exceptionnelle. Les légendes sur le mariage de Marie-Madeleine et de Jésus sont très populaires en France, surtout dans le sud du pays. Il existe une théorie, qui est plus qu'une simple hypothèse, selon laquelle Marie-Madeleine serait venue ici après la Résurrection et qu'elle aurait passé les dernières années de sa vie en Provence. Marie-Madeleine est vénérée en France comme nulle part ailleurs, sauf peut-être au pays de Galles et dans la région de la Dalmatie, en Croatie. Il existe des preuves qui corroborent l'idée que Jésus et Marie-Madeleine se seraient mariés et que, quelque temps après la crucifixion, Madeleine serait venue en France avec leur fille. Ces renseignements ont été occultés par l'Église, mais ça ne change rien au fait que c'est ce qu'on croit ici depuis près de 2000 ans.

— Mais pourquoi l'Église accepte-t-elle qu'une sculpture de ce genre soit exposée? Pourquoi ne l'a-t-on pas enlevée?

— J'ai ma petite idée là-dessus. L'Église détient sûrement beaucoup plus d'information que ce qu'elle veut bien divulguer. Peut-être qu'on a peur du tollé de protestations que ça provoquerait si la sculpture était enlevée, ou peut-être qu'on aime qu'elle soit ici. Tout ce que je sais, c'est qu'elle est ici et que sa présence a une grande signification.

— Penses-tu que cette sculpture a quelque chose à voir avec la raison de notre présence ici?

— Tu parles des énergies et des entités emprisonnées?

— C'est une belle façon de présenter les choses. J'aurais plutôt parlé de démons et d'autres trucs du genre.

— Je le sais bien. C'est parce que tu ne sais pas encore tout à fait ce que nous nous apprêtons à faire ici. Quoi qu'il en soit, pour répondre à ta question, je dirais que je n'en suis pas certain. Je ne veux pas non plus influencer ce que tu pourrais ressentir. Je ne voudrais pas compliquer les choses avec toutes mes opinions. Mettons-nous plutôt au travail et concentrons-nous sur le deuxième Nom sacré.

Nous nous sommes assis à l'arrière, à l'écart des gens. Il y avait moins de visiteurs ici qu'à la basilique du Sacré-Cœur, mais nous devions quand même éviter de nous faire remarquer. Phil a ouvert son carnet de notes et a fermé les yeux.

— Je voudrais que nous commencions par une prière qui invoque l'énergie de ce qu'on appelle, dans le mysticisme juif, la Chékhina, c'est-à-dire l'aspect féminin de Dieu. Comme cette église est dédiée à l'une des femmes les plus fameuses de l'histoire, ça me semble approprié.

— Peux-tu m'en dire davantage sur la Chékhina ?

— Eh bien, au départ, ça fait référence à la présence divine, la présence de Dieu en ce monde. Dans la Kabbale, la Chékhina reçoit ce qu'on appelle «l'indépendance mystique». En d'autres termes, elle est considérée comme un aspect qui a été exilé de Dieu, donc, de soi-même. Tu vois, on dit que, lors de l'exil du peuple juif, après la destruction du second temple en 70 de notre ère, la Chékhina accompagnait les Juifs dans leur exil. À la Fin des Temps, quand les saintes Étincelles de Dieu...

— Les saintes Étincelles de Dieu ? ai-je demandé.

— Oui, les enfants ou «Ecclésia d'Israël». Quand les enfants d'Israël seront libérés, ce qui peut être compris de différentes façons, il est dit que le Messie viendra et que le Temple sera restauré. Quand cela arrivera, la compagne de Dieu, la Chékhina, reviendra d'exil et le Temple sera reconstruit pour elle. Tout ça est en lien avec l'union mystique. Tu vois, les bonnes actions — les *mitzvot* — que nous accomplissons dans ce monde ont pour but de réunir Dieu et sa compagne, selon la tradition.

Quand nous aurons réconcilié notre nature double et que nous nous serons réapproprié nos côtés masculin et féminin — quand la mariée aura retrouvé son bien-aimé — nous pourrons alors la voir dans toute sa blancheur éclatante et nous pourrons jouer dans des champs de pommiers sacrés, dont les branches plieront sous le poids des magnifiques pommes bleues... Elle est le nom de la rose, un lys parmi les épines, et la colombe de la paix. Au moment du Tikkoun, au temps de la rédemption, Dieu retrouvera sa compagne perdue. Dans la mythologie et les contes de fées, c'est la princesse disparue, la princesse emprisonnée, la mariée exilée, la mariée disparue. On l'appelle aussi la Reine de Saba. C'est la belle vierge qui n'a pas d'yeux.

— Elle est aveugle ?

— Elle a perdu ses yeux à force d'avoir pleuré durant son exil. Dans son état d'exil cosmique, elle s'habille de noir, sans aucune lumière qui soit à elle et, telle la lune, elle ne fait que refléter la lumière du soleil. C'est la Vierge de la Torah, sur laquelle aucun regard ne se porte. On dit que la Torah *créée* est le vêtement extérieur de la Chékhina, c'est la Torah telle qu'elle a été révélée au monde des hommes.

— C'est vraiment incroyable.

— Qu'est-ce qui est incroyable ?

— Je n'en reviens pas que tu puisses te souvenir de tout ça. Les mots sortent de ta bouche comme si tu étais en train de lire un livre.

— Quand quelque chose nous passionne, il est facile de se rappeler tous les détails. Je pense que s'il y a quelqu'un qui peut me comprendre, c'est bien toi. Je t'ai déjà vu, lors de conférences ou de retraites, parler avec autant de facilité, et tout le monde présent était transporté dans ce que j'appelle le «pays de la féérie», l'endroit qui se situe « à l'intérieur et au-delà de toutes choses », comme le dit Joseph Campbell.

— Je pense que c'est le poète Kabir qui a dit « Garde l'image du Bien-aimé dans ton cœur », non ?

— C'est bien lui. Ainsi, en l'honneur des grands poètes romantiques et de tous ceux qui cherchent l'amour, la sagesse et la vérité, récitons maintenant une prière à l'intention de la Chékhina.

Phil a baissé la tête et s'est croisé les mains sur le cœur. J'ai fait comme lui.

— Ici, à l'Église Sainte-Marie-Madeleine, construite en sa mémoire — la divine Sophia, la divine Sagesse que personnifie Marie-Madeleine — au moment de la Restauration, quand le Temple, le Temple dans l'Homme, sera restauré... nos corps devenant des véhicules de la Chékhina, nous nous ouvrons et nous nous offrons en serviteurs. Nous demandons à ce que la présence de Dieu soit réunie avec sa compagne disparue qui nous libérera de notre servitude en ce bas monde. Amen, et qu'il en soit ainsi.

Pendant notre prière, j'ai senti une étrange émotion monter en moi... le doute. Je n'avais pas conscience de ce qui avait fait naître ce sentiment, mais il devenait de plus en plus fort. J'ai décidé de me contenter de l'observer et de voir où il me conduirait.

Après avoir terminé sa prière, Phil m'a regardé.

— Maintenant que nous avons prié la divine Sophia, nous pouvons commencer, a-t-il dit avant d'inspirer profondément. Le nom, dont nous allons nous servir maintenant, c'est Élohim. C'est le troisième mot de la Genèse en hébreu et, en général, on le traduit par «Dieu»; c'est l'aspect créateur de Dieu. On l'associe à *Hod,* la huitième sphère de l'Arbre de Vie, qui est liée à la sagesse et à la splendeur. Il est important d'avoir conscience que ce nom, comme tous les autres, possède plusieurs niveaux ou couches de signification. Pour l'instant, et pour les besoins de notre mission, j'aimerais que nous comprenions *Élohim* en ce qu'il correspond à la «pénétration de la sagesse» et en tant qu'élément d'un processus géométrique qui a mené à la création du monde.

Il a ensuite fermé son carnet de notes et l'a déposé sur le banc.

— Nous allons maintenant chanter le nom douze fois, en ajoutant *En Sof* à la fin, comme nous l'avons fait avec le nom précédent. Es-tu prêt?

— Oui, ai-je fait.

— Alors, allons-y.

J'ai fermé les yeux et j'ai respiré profondément. Puis, nous avons commencé: «*Élohim, En Sof; Élohim, En Sof; Élohim, En Sof. . .*»

J'ai compté sur ma main comme me l'avait enseigné Phil. Après avoir terminé, nous sommes restés assis en silence pendant un certain temps jusqu'à ce que j'entende Phil remuer sur le banc.

— Essayons de nous ouvrir et observons ce qui se passe, a-t-il dit. Tu peux te promener un peu. Si tu as besoin de moi, je serai ici, à l'arrière.

Je me suis levé et me suis dirigé lentement vers l'avant de l'église. Un air de Vivaldi chanté par une voix de femme s'envolait des haut-parleurs, sans doute qu'on pensait que ça ajoutait au caractère sacré des lieux. Je préférais le silence à la musique et j'ai choisi de me concentrer sur les tableaux et les statues pour y chercher des indices et voir s'ils provoquaient en moi une émotion. Le sentiment de doute était encore plus fort. C'était difficile à supporter, et je me demandais ce qui avait pu causer ce changement en moi. Je ne voyais aucune pensée ou aucune situation qui puisse l'expliquer, et je n'avais d'autre choix que de croire que c'était inspiré soit par l'énergie ou l'entité que nous étions venus visiter et, qu'avec un peu de chance, nous allions libérer.

J'étais presque rendu devant l'autel. Une corde, nouée lâchement, empêchait les touristes de s'approcher du tabernacle. Je me suis placé derrière la corde pour regarder Marie-Madeleine se faire emporter au Ciel. Son visage exprimait une grande extase, comme si elle n'était même pas consciente qu'on la soulevait. Comme pour faire contraste aux sentiments de Marie-Madeleine, je me sentais tiré vers le bas et non soulevé. La lourdeur présente dans mon cœur commençait à s'étendre à tout mon corps. On aurait dit qu'il y avait une force tangible qui ajoutait du poids à mes émotions, mais je ne pouvais ni l'expliquer ni clairement la percevoir. Plus je regardais la sculpture et plus l'émotion était forte, jusqu'à ce que j'en vienne à ne plus savoir quoi faire. Une partie de moi voulait sortir de l'église en courant et continuer ainsi jusqu'à ce que je me retrouve hors des limites de Paris, loin de

Phil et de toutes ces choses dont il essayait de me convaincre. Cependant, au même instant, j'étais plus que jamais convaincu de l'importance de ma présence en ces lieux. L'émotion qui montait en moi ne venait pas de moi — j'en étais certain — mais s'imposait à moi, en quelque sorte, et il me semblait qu'elle ne pouvait venir que des forces invisibles que nous sollicitions.

J'ai regardé par-dessus l'autel, juste au-dessus de la sculpture de Marie-Madeleine, où se trouvait un tableau parfaitement éclairé et représentant une longue procession de saints. Ils regardaient tous en direction du personnage central, Jésus, les bras tendus en geste de bénédiction. Certains semblaient remplis d'admiration et d'émerveillement, tandis que d'autres paraissaient ne pas être conscients de ce qui se passait. Mon regard passait de l'un à l'autre, et je me demandais qui ils étaient et ce qu'ils représentaient. Un des saints, pas très loin à la gauche de Jésus, tenait un bâton à la main et semblait très concentré sur la scène céleste. Quand mon regard se posait sur ce personnage, la lourdeur que je ressentais s'accentuait, mais quand je reportais mon regard ailleurs, elle commençait à se dissiper. J'ai fait quelques essais jusqu'à ce que je comprenne que l'énergie, ou l'émotion, irradiait de ce personnage. Peu importe ce que je ressentais, cela venait de là.

Je me suis éloigné de l'autel, espérant me tromper. Comment se pouvait-il qu'une émotion se dégage d'un tableau au point d'affecter ceux qui le regardaient?

Quand je suis arrivé tout au fond de l'église, l'émotion était comme un tambour résonnant dans ma poitrine. J'avais l'impression qu'il y avait une bande d'énergie, une sorte d'élastique géant, qui me tirait en direction de l'autel, du tableau et du saint avec son bâton. Je me suis retourné et j'ai marché aussi vite que possible sans me faire remarquer. Lorsque je suis arrivé à l'endroit où je me trouvais quelques instants plus tôt, je m'attendais presque à ce que le tableau se soit transformé, que le bâton ait changé de position ou que le personnage regarde dans une autre direction. Rien n'avait bougé, et l'émotion que j'avais ressentie en regardant le tableau n'avait pas changé non plus. J'ai jeté un œil autour de moi en espérant trouver Phil.

Quand je me suis rendu compte que j'étais seul, je me suis senti soulagé. Autant j'aurais voulu connaître l'opinion de Phil ou qu'il me dise quoi faire, autant je savais que je devais le découvrir moi-même. J'ai fermé les yeux et j'ai inspiré profondément, puis j'ai plissé les yeux pour regarder de nouveau le tableau. Pour la première fois, j'ai eu l'impression de remarquer que ce saint avait quelque chose de particulier, qu'il y avait une faible lueur autour de son corps. J'ai refermé les yeux, puis j'ai regardé de nouveau. C'était encore plus prononcé, et j'ai senti quelque chose bouillonner en moi, quelque chose de différent de ce que je ressentais depuis le début de la prière... c'était comme si une voix ou une pensée était en train de se former dans mon esprit. J'ai tenté d'écarter toutes les autres pensées afin de pouvoir discerner ce que je ressentais ou entendais. En quelques instants, des mots ont paru se former, quatre mots, et j'étais presque certain que ce n'était pas le fruit de mon imagination.

— *Arrêtez de faire ça.*

Est-ce que j'en étais rendu à imaginer des démons partout où je regardais, ou est-ce que ces mots venaient réellement de l'homme du tableau ? Comment un tableau pouvait-il devenir vivant et parler à quelqu'un qui passait devant lui ? L'idée m'a paru grotesque, et pourtant, je ne pouvais nier ce que je ressentais. J'ai décidé de répondre à ces mots, pour voir si je pouvais entamer une conversation. Peut-être que si j'en entendais davantage, j'allais comprendre de quoi il s'agissait et pourquoi cela se produisait.

— *Arrêtez de faire ça,* a semblé répéter l'homme du tableau.

— Je ne suis pas sûr de comprendre ce que vous dites, ai-je répondu. Qu'aimeriez-vous que j'arrête de faire ?

— *Arrêtez de faire ça.*

— Parlez-moi, je vous en prie… dites-moi quelque chose d'autre. Pourquoi êtes-vous là ?

Il y a eu un long silence et, pendant un instant, j'ai cru que la communication était rompue. Mais d'autres mots sont venus.

— *Laissez-moi. Pourquoi faites-vous ça ? Allez-vous-en. Laissez-moi tranquille !*

Quand il a prononcé ces mots, le doute que je ressentais s'est transformé en colère. C'est monté en moi comme un grand feu, et je me sentais sur le point d'exploser. Même si je savais que cette émotion ne m'appartenait pas, j'avais l'impression qu'elle venait du cœur de mon être, et j'ai utilisé toute ma force pour la repousser. La faible lueur entourant le personnage était maintenant d'un rose vif, et j'ai dû m'asseoir sur une chaise adossée au mur. La sensation s'est alors atténuée, juste assez pour que je puisse retrouver mes esprits et recommencer à parler.

— Je ne suis pas là pour vous faire du mal. Je veux vous aider.

— *Je n'ai pas besoin de votre aide.*

— Je suis ici pour prier.

— *Vous êtes ici pour me déplacer.*

— Je ne vous veux aucun mal. Je suis ici pour invoquer un aspect de la force divine présente en moi, au nom d'Élohim. Je suis ici pour vous bénir… pas pour vous maudire.

Pendant que je parlais, je sentais mon corps se vider de toute forme d'émotion. J'étais englouti dans un profond silence, ce qui m'apportait un grand soulagement. Je me suis levé à nouveau et me suis avancé vers la corde d'où j'ai regardé directement l'homme du tableau.

— Je ne sais pas depuis combien de temps vous êtes ici, ai-je dit presque à haute voix, mais vous n'avez pas à y rester. Nous sommes venus ici avec le nom afin de vous aider à vous défaire de vos liens et à rentrer chez vous.

Pas de réponse, j'ai donc poursuivi :

— Vous ne voulez sûrement pas rester ici pour toujours. Qui que vous soyez et où que soit votre domicile, je suis certain que vous y seriez beaucoup plus heureux.

Pas de réponse.

— Je vous prie de comprendre que je suis venu ici dans l'unique but de vous aider. Je veux que vous retrouviez votre liberté et que vous puissiez être heureux.

— *Libre?* a demandé la voix sur un ton doux, presque révérencieux.

J'ai senti alors une douce brise frôler mon visage, et j'ai reculé, stupéfait. Les sentiments de doute et de colère étaient disparus, et je savais que j'étais seul. Je me suis retourné et j'ai regardé vers le fond de l'église. C'est alors que j'ai vu Phil. Il était debout, les bras le long de son corps, faisant de légers mouvements de la tête en direction de l'endroit où j'avais senti la présence. Ses yeux étaient clos, et je me suis demandé depuis combien de temps il se trouvait là. Quand je m'en suis senti capable, je me suis dirigé vers lui.

— Est-ce que tu as ressenti quoi que ce soit? ai-je demandé.

— J'ai tout ressenti, mais je ne sais pas trop ce qui s'est produit.

C'est à ce moment que j'ai baissé les yeux et que j'ai vu où étaient posés les pieds de Phil. Il y avait une très grande croix des Templiers sur le sol, et Phil se trouvait exactement au milieu.

— C'est une croix des Templiers, ai-je fait. Il y a un lien avec ce qui vient de se passer, non?

— Je pense qu'il vaudrait mieux que nous sortions maintenant. Quelle qu'ait été notre mission ici, elle est terminée. Nous pouvons en discuter tout en marchant.

En sortant de l'église, je me suis rendu compte que l'énergie et l'émotion que j'avais ressenties avaient disparu. L'air frais et humide sur mon visage était très agréable, et j'ai remonté le col de mon manteau pour me protéger du froid. Nous avons descendu les marches de pierre jusqu'au trottoir, puis nous avons traversé la rue et tourné à gauche. J'ai raconté à Phil ce que j'avais vécu en lien avec le tableau et ce que j'avais ressenti.

— Est-ce que c'est possible qu'une... comment appelles-tu ça déjà... qu'une entité interdimensionnelle se soit attachée à un tableau et qu'elle ait réagi quand elle a senti notre présence?

— J'adore t'entendre parler d'*entité interdimensionnelle*, a répondu Phil en souriant. Sérieusement, je crois que tu connais déjà la réponse à ta question. C'est possible, puisque tu viens d'en être témoin, non? Imagine que ce tableau te représente. Imagine que tu as été attiré jusque-là et que, peu importe la raison, tu as l'impression de ne pas pouvoir partir. Tu es prisonnier. Tu regardes autour de toi à la recherche de quelque chose à quoi tu pourrais t'identifier, quelque chose qui te paraît familier. Et là, tu remarques un tableau qui te fait penser à toi, ou bien tu as le désir ou encore le besoin d'entrer dans la scène qui est peinte pour une raison ou une autre. On peut dire que tu habites littéralement dans ce tableau. Tu vois ce que je veux dire ? Imagine le tableau et pense à l'émotion que tu as ressentie en le regardant. Qu'est-ce que c'était, selon toi ?

— Du doute, puis une sorte de lourdeur dans mon cœur et l'impression d'être tiré vers le bas.

Phil a posé une main sur mon épaule. J'ai remarqué que nous marchions dans une rue nommée Saint-Honoré. Au même instant, un ballon s'est échappé de la main d'un petit enfant qui marchait entre ses parents. Quand ils sont passés à côté de nous, le garçon m'a regardé fixement, semblant oublier que son ballon était en train de s'élever au-dessus des rues et des boulevards de Paris. C'était étrange, étant donné le sujet dont nous discutions, et je me suis demandé s'il pouvait y avoir un lien.

— Donc, qui ou quoi que ce fût, cette entité s'est tellement identifiée au personnage du tableau qu'elle a fini par penser qu'elle était cette image ? ai-je demandé. Ça ressemble à ce que tout le monde fait parfois : s'identifier à une image ou à une projection de soi plutôt qu'à la réalité. On peut appeler ça l'égo ou autre chose, mais au bout du compte, ça revient au même.

— Je crois que tu commences à comprendre, Jimmy. Un des plus beaux Évangiles gnostiques est « L'Hymne de la Perle ». Il y est question de la fusion ou de l'union de l'image et de l'ange — du Prince de la

Paix qui voit dans l'Ange de la Lumière son véritable reflet, du fait qu'il y a une image de chacun de nous qui est gardée pour nous au plus haut des Cieux. Il est écrit que le nom et l'image deviennent une seule et même chose, tu vois ? Quand nous pourrons élever et exalter nos pensées de manière à ne plus avoir une seule pensée qui soit dénuée de la conscience de nous-mêmes en tant que création divine, alors nous pourrons récupérer le « vêtement de lumière » que nous avons perdu au moment de la Chute originelle. Les noms que nous utilisons sont sans contredit des pensées exaltées. Il est possible que tu aies offert à cet ange déchu une image de lui-même qu'il n'avait pas vue depuis très longtemps.

J'ai pensé au garçon avec son ballon. Est-il possible qu'une forme d'intelligence sensible ou d'esprit confus soit maintenant libérée et en train de s'élever au-dessus des rues de Paris en direction du Ciel ? Cette pensée m'a réconforté.

— Tout cela est fascinant, mais comment est-ce que ça a pu me faire ressentir ces émotions : le doute et la colère ? ai-je demandé à Phil.

— Nous ressentons ce que nous ressentons, Jimmy. C'est toi qui m'as permis d'apprendre cette leçon... qu'au bout du compte, chacun est responsable envers lui-même de ce qu'il ressent et de ce qu'il crée.

Ses paroles, combinées à la petite bruine qui tombait, ont fait monter en moi une sensation de clarté et de raison d'être difficile à saisir... mais qui était merveilleuse.

— Je pense que c'était son seul moyen de défense : une habileté qui se maîtrise au fil des siècles, m'a expliqué Phil. Qui sait combien de gens ont vécu une expérience semblable sans avoir la connaissance nécessaire pour comprendre ce qui se passait. Ils ont sans doute ressenti les mêmes émotions que toi. Peut-être que cela a éveillé en eux le souvenir de certains événements difficiles de leur vie ou d'une vie anté-rieure, et en ressentant ces émotions, ça les a fait fuir. La différence, dans notre cas, c'est que nous n'avons pas fui. Nous avons choisi de rester pour offrir notre aide.

— J'ai une dernière question. Quand je t'ai vu debout sur la croix des Templiers, on aurait dit que tu étais en train de m'aider.

— Effectivement, je t'ai vu et j'ai compris que tu étais en détresse. C'était assez évident. J'ai vu la croix sur le sol et j'ai su qu'en me plaçant à cet endroit et en utilisant certains mots appropriés, j'allais pouvoir t'en-voyer de l'énergie. Te rappelles-tu que je t'ai dit que ces symboles étaient comme des piles qui permet-taient aux choses de se recharger? À mon avis, ça t'a permis de surmonter le plus difficile. C'est à ce moment-là que tu as semblé retrouver ta force.

— Il s'agit de deux entités libérées parmi toutes ces églises. Je me demande ce qui nous attend maintenant.

— Eh bien, tu n'auras pas à te le demander encore longtemps, m'a-t-il dit en s'arrêtant sur le trottoir. Nous nous rendons à notre prochaine destination.

⟡⟡⟡⟡⟡

CHAPITRE 8

La nonne et l'icône

Yah

L'église de Notre-Dame-de-l'Assomption... nous serions passés sans la voir si Phil ne s'était subitement arrêté sur le trottoir. Nous avons tourné à droite, puis monté quelques marches pour entrer dans l'église. L'église était plus petite que les deux précédentes, mais, comme c'est le cas pour la majorité des églises en Europe, elle était néanmoins magnifique. Nous sommes restés à l'arrière quelque temps à faire le tour de l'endroit des yeux. Au-dessus de l'autel, on pouvait voir un tableau de la Sainte Vierge en train de prier ou d'écouter un ange qui planait un peu au-dessus d'elle. À gauche de l'autel, il y avait une icône à l'aspect ancien représentant Marie avec une couronne ornée de 12 étoiles qui se tenait debout sur un croissant de lune, mains jointes sur la poitrine. Des feuilles dorées couvraient presque toute l'église, lui conférant ainsi un éclat sacré, et une odeur d'encens flottait dans l'air.

— Que sais-tu de cet endroit ? ai-je chuchoté à l'oreille de Phil.

— À vrai dire, ce n'est pas ici que je comptais d'abord venir. Je me suis simplement arrêté pour demander quelle direction prendre, mais peut-être est-ce ma propre *direction* que j'y trouverai. Nous nous rendrons plus tard à l'église Saint-Roch, mais maintenant que nous sommes ici, je dois admettre que je ressens quelque chose de particulier. Je crois que nous étions destinés à nous arrêter à cet endroit… comme si nous n'avions pas le choix.

— Je croyais qu'il y avait dix endroits que nous devions visiter. Est-ce que ça ne va pas en faire un de trop avec celui-ci ?

— En fait, j'avais tenu compte de cette possibilité dans mon équation. Je me doutais que l'Esprit pouvait nous faire dévier de notre route, alors j'ai pris cela en compte, m'a expliqué Phil avant de prendre une pause. Et je comprends pourquoi.

— Que veux-tu dire ?

— Je n'en dirai pas plus pour l'instant. Je veux voir si tu t'en rendras compte par toi-même. Tout ce que je peux dire, c'est qu'il y a en ces lieux quelque chose d'extraordinaire, si on pense à la *raison d'être*[*] de notre tournée. Je te rappelle que nous sommes ici pour puiser à même la grâce et le pouvoir contenus dans les

---

[*] N.d.T. : En français dans le texte.

noms de Dieu, afin de dénouer un blocage énergétique à l'intérieur de nous-mêmes, et ceci nous permettra de participer à la libération de certaines formes de la conscience sensible qui sont emprisonnées dans ces lieux sacrés. Ceci étant dit, il y a ici un élément important que tu devrais facilement remarquer.

— Rien ne me paraît étrange, ai-je dit en regardant tout autour.

— Regarde bien.

J'ai regardé partout à l'intérieur de l'église, attentivement, essayant de remarquer s'il y avait quelque chose de bizarre ou qui pourrait avoir un lien avec notre mission. Tout ce que je voyais, c'étaient de magnifiques œuvres d'art, jusqu'à ce que...

— Ça y est ! Juste au-dessus de l'autel et du tableau représentant Marie et l'ange, il y a une pyramide dorée d'où jaillissent des rayons. À l'intérieur de la pyramide, ce sont des lettres hébraïques, non ? Est-ce que c'est le Tétragramme, le nom que nous avons utilisé au Sacré-Cœur ?

— Bravo ! C'est le plus grand nom de Dieu qui est juste au-dessus de l'autel... Ce ne peut être une simple coïncidence.

— Mais qu'est-ce que ça signifie ? Si le nom trône ici, près de l'autel, comment une énergie pourrait-elle avoir été emprisonnée ?

— Il existe plusieurs possibilités. Je t'ai déjà dit que plusieurs de ces églises ont été construites dans l'idée, entre autres, qu'elles servent à maîtriser ou retenir des énergies qui n'ont jamais été destinées à errer sur Terre jusqu'à ce que divers alignements célestes se produisent. Elles pourront alors être guidées vers l'endroit d'où elles viennent. Ou peut-être que c'est le pouvoir contenu dans le nom qui a pu attirer quelque chose ici. Nous devons rester ouverts à toutes les possibilités. Je propose de nous asseoir et de faire notre chant pour voir ce que nous découvrirons.

Au moment où nous sommes entrés dans l'église, il y avait une femme seule, qui devait avoir un peu moins de 30 ans, assise sur le premier banc à l'avant de l'église. Elle semblait prier avec recueillement, levant de temps en temps les yeux pour regarder le tableau de Marie avec l'ange et, ensuite, relevant encore un peu la tête pour voir le Tétragramme... du moins, c'est ce qu'elle paraissait faire. Même si j'étais très impatient de commencer, il y avait quelque chose chez cette femme en prière qui m'a interpellé. Le temps qu'elle finisse, se lève, se signe et sorte lentement de l'église, quelques personnes étaient arrivées. À peine une minute plus tard, elles étaient reparties, et nous étions désormais seuls.

— Quel nom allons-nous prendre ici? ai-je demandé.

— Le Nom sacré que nous allons psalmodier est *Yah*. On considère généralement qu'il s'agit d'une forme abrégée de YHWH, le nom de Dieu en quatre lettres. Moïse Maïmonide considérait que c'était, tout comme *Ehyeh Asher Ehyeh*, la véritable explication du *Shem HaMeforash*, le tétragramme. Il le définissait comme étant la «vie éternelle» ou encore «Il ou Elle est ». Ce nom de Dieu apparaît environ 50 fois dans le Tanakh.

— Le Tanakh ?

— La Bible du judaïsme. On trouve aussi le nom Yah dans « alléluia » (ou hallelu-*yah*), qui signifie « Louez le Seigneur ».

— Le fait qu'il s'agisse d'une forme écourtée de YHWH, ce doit être significatif, non ?

— Ouais, man, ca s'pourrait bien, a répondu Phil avec un accent jamaïcain. Autre chose qu'il faut savoir, c'est que la première lettre du Tétragramme est le Yod, qui est lié au Yah dans la sphère Chokmah de l'Arbre de Vie. C'est amusant de voir comment tout finit par nous ramener à ta virgule.

— Et dans cette représentation, elle est au-dessus des autres lettres.

— Oui, comme tu l'as dit, c'est la lettre de la transcendance. Dans le Talmud, il est écrit que Dieu a utilisé la lettre *Hé* pour créer le monde, mais qu'il utilisera la lettre *Yod* pour créer le monde à venir. Tout prend parfaitement son sens. Maintenant, nous allons chanter le nom 12 fois et voir s'il se passe quelque chose.

Nous avons tous les deux respiré profondément. J'ai présenté ma main gauche et Phil sa main droite pour le décompte.

— N'oublie pas qu'il faut se concentrer pendant la psalmodie. Il se peut que des forces d'une grande puissance soient libérées ici et qu'elles se manifestent d'une manière ou d'une autre. Tu dois être conscient de tout : de tes sentiments, même de la température de la pièce... Il n'y a rien qui soit insignifiant.

Nous avons encore une fois respiré profondément, et il a continué :

— C'est bien que nous soyons seuls ici. Commençons par une prière. Nous allons utiliser le saint Nom Yah dans ce Temple de la Science divine. Ce nom est un des *Shemot ha-Elohim,* les « Noms piliers » de Dieu, qui correspondent à la sphère Chokmah de l'Arbre de Vie. La sphère Chokmah, qui représente la sagesse, est la sphère par laquelle la lumière du *En Sof* illumine le « monde des émanations ». La lumière qui émane de la sphère est aussi pure que la lumière qui y pénètre, ce qui fait d'elle la Lumière de la Divinité.

— Tout ça est bien beau, mais te rends-tu compte que je n'ai pas compris un seul mot de ce que tu as dit ? ai-je fait en me penchant vers lui.

— Ne vous inquiétez pas, mon ami[*], a-t-il répondu avec une modestie feinte. Il n'est pas nécessaire de comprendre les mots si tu peux entendre leur musique.

Il a souri et a reposé le carnet de notes d'où il avait tiré ces mots. Il a jeté un coup d'œil à l'autel. J'ai pu apercevoir le reflet du Tétragramme avec ses rayons dorés dans les yeux de Phil avant qu'il les ferme.

— Répétons maintenant le nom 12 fois.

— *Yah, En Sof ; Yah, En Sof ; Yah, En Sof ...,* avons-nous entamé.

---

[*] N.d.T. : En français dans le texte.

Comme les fois précédentes, le chant semblait pénétrer profondément jusqu'au centre de mon être. Phil revenait toujours sur le fait que notre but n'était pas de libérer l'énergie des esprits quelque part à l'extérieur ou séparés de nous, mais plutôt de permettre aux Noms sacrés de libérer l'énergie bloquée dans notre cœur. Il avait dit aussi que les noms allaient ouvrir des portes en nous, nous donnant ainsi accès à un vaste champ de connaissance, de même qu'ils permettraient à la grâce de nous traverser et de toucher le monde. Je me rappelle l'avoir entendu dire que l'espace et le temps se chevauchaient et que les dimensions se fusionnaient. Normalement, je ne comprends rien à ce genre de trucs... comme c'est le cas pour la plupart des gens, j'imagine.

Je ne sais trop comment tout ça m'est venu à l'esprit, mais je n'arrivais pas à penser à autre chose. Selon Phil, les portes qui allaient s'ouvrir en nous en psalmodiant les différents noms, allaient correspondre aux portails ou aux portes des étoiles à travers lesquels des entités pourraient passer pour rentrer chez elles et continuer la rééducation de leur âme. Une fois que l'énergie aura été libérée, une vibration sonore lui permettra de libérer tout ce qui l'entoure.

Chaque endroit que Phil avait choisi — ou qui avait choisi Phil, je ne savais plus — semblait avoir accueilli en son sein une forme de conscience emprisonnée, un esprit ou une entité, un ange de lumière ou de la nuit. Ce pouvait même être un démon qui avait été attiré ou qui s'était trouvé, comme dirait Phil, pris entre deux feux. Une fois que nous aurons incarné chacun de ces noms, les entités pourront se présenter à nous et avoir alors la possibilité d'être libérées. J'étais plutôt sceptique au départ, mais après nos deux premières expériences, mes doutes s'étaient dissipés.

À la fin du chant, j'avais les yeux fermés. Quand je les ai rouverts, j'ai vu que Phil s'était déjà éloigné du banc, et je me suis dit que c'était étrange que je ne l'aie pas entendu se lever. Étais-je donc parti si loin? Combien de temps s'était-il écoulé? Phil était à l'autre extrémité de l'église en train de regarder l'icône de Marie à la gauche de l'autel principal. Je me suis levé et j'ai senti mes genoux chanceler un peu avant que je puisse retrouver l'équilibre. Je me suis mis à marcher et, instinctivement, je me suis dirigé vers l'autel et le Tétragramme.

Des rayons de lumière dorée émanaient de la pyramide où se trouvait le saint Nom. J'ai remarqué le Yod, la première lettre qui se trouvait à la droite du mot et qui était suspendue au-dessus de tout. J'ai tenté d'observer s'il y avait quelque chose en moi que je pouvais discerner ou entendre. Rien ne me venait. Mon instinct me disait que j'étais sur la bonne voie, même si je n'avais encore rien ressenti de particulier.

J'ai de nouveau porté mon regard sur le Tétragramme. Il y avait là quelque chose de significatif — j'en étais sûr — mais je ne voyais rien d'inusité qui aurait pu me guider dans une direction ou une autre. J'ai pensé au Yod et à tout ce qu'il représentait. C'est la « main de Dieu » et le symbole de l'inspiration divine qui s'incarne. J'ai pensé que le bas de la lettre, sa queue, était peut-être pointé dans une direction précise. Je ne sais pas d'où m'est venue cette idée, mais elle est entrée dans mon esprit comme si elle arrivait de l'extérieur de ma conscience. J'ai tenté de suivre des yeux la direction indiquée par la queue. Elle semblait montrer un endroit à gauche de l'autel, sur le sol, entre l'autel et l'icône de Marie. J'ai posé les pieds sur cet endroit dans le but de voir si j'allais ressentir quelque chose de particulier. Il y avait une petite zone juste devant l'icône où l'air était plus frais. Je m'en suis éloigné, puis je suis revenu. L'air y était nettement plus frais, mais je ne savais trop ce que ça pouvait signifier.

Je me suis dirigé vers le banc qui se trouvait vis-à-vis de l'endroit plus frais. Phil s'était éloigné de l'icône et marchait de l'autre côté de l'église, j'ai donc préféré me passer de son aide. Comme les autres fois, je sentais qu'il me fallait comprendre par moi-même, et ce, même si j'aurais bien aimé avoir quelqu'un pour m'épauler. Je me suis assis et j'ai fixé l'endroit au sol, espérant qu'il se produirait quelque chose. Je suis resté ainsi au moins deux minutes, puis j'ai pensé qu'il me fallait trouver un nouveau plan.

C'est alors que j'ai senti quelque chose bouger; ça ne se passait pas à l'extérieur de moi, mais plutôt en moi. On aurait dit que mon ventre était projeté vers l'avant, et ce mouvement était accompagné d'un sentiment de dévotion profonde. Mon cœur s'est rempli d'une joie intense et d'une incroyable sensation d'amour. Je me suis levé pour marcher vers l'endroit que j'avais trouvé plus tôt. Il y faisait toujours frais, mais pendant que je m'y trouvais, la merveilleuse sensation a paru augmenter. Je ne voulais plus partir, mais j'ai eu soudain l'impression de déranger quelqu'un ou quelque chose, même si je ne savais pas ce que ça pouvait signifier. Je suis retourné vers le banc pour m'y agenouiller. J'ai fermé les yeux et je me suis mis à prier, ce qui me paraissait la chose à faire étant donné la sensation suprême qui m'habitait. Mon cœur prenait de l'expansion et se remplissait de lumière. J'ai tenté de me concentrer sur cette sensation et, pendant un instant, le besoin d'en comprendre la cause s'est dissipé. Tout ce que je voulais, c'était savourer la beauté de la sensation et me concentrer sur ce lien intime et saint avec Dieu.

Une image a commencé à se former dans mon esprit. Au début, c'était une sorte de brouillard ou de forme fantomatique, mais l'image s'est ensuite solidifiée, et j'ai pu reconnaître la silhouette d'une religieuse agenouillée sur la pierre froide devant l'icône. Elle portait des vêtements anciens, comme on en voit souvent dans de vieux tableaux et qui ne sont plus portés par les religieuses depuis au moins cent ans. Dans ma vision, elle me faisait dos et je ne pouvais voir son visage, mais ce sentiment d'amour continuait de s'intensifier.

Une autre pensée m'est alors venue. Si c'était bien là l'esprit d'une religieuse qui était prisonnier de cette église, peut-être qu'il valait mieux ne pas m'en mêler.

Ça n'avait rien à voir avec les deux situations précédentes, où il s'agissait d'esprits antagonistes qui avaient fait naître en moi des sensations désagréables. À qui cette religieuse pouvait-elle faire du mal ? Peut-être vivait-elle une expérience extatique pour laquelle beaucoup de gens seraient prêts à donner tout ce qu'ils possédaient. Elle était au Ciel, pas en enfer, et je me demandais s'il ne valait pas mieux la laisser tranquille.

Mais elle n'était pas au Ciel, et je le savais. Pour je ne sais quelle raison, elle se trouvait prise entre le Ciel et la Terre et ne se rendait sans doute même pas compte de sa situation. Elle pensait qu'elle était dans son couvent, en train de prier, et que sa dévotion l'avait conduite à l'expérience spirituelle la plus ultime et convoitée qui soit — l'union parfaite. Mais la réalité était qu'elle était prisonnière d'une église, et qu'elle ne serait pas libre tant qu'elle n'aurait pas été relâchée. Ce n'est qu'alors que sa méditation allait être entière et qu'elle allait pouvoir vénérer Dieu face-à-face, et non avec une distance qui devait être insoutenable. Encore une fois, j'ai eu envie de faire appel à Phil, mais ce que je vivais était si doux et sublime, que j'ai décidé de garder pour moi cette énergie.

Que devais-je faire maintenant ? J'ai eu l'idée de chanter le nom encore une fois. Cela pourrait au moins me donner un peu d'inspiration et me permettre d'être d'une utilité quelconque. J'ai fermé les yeux et j'ai commencé à répéter le saint Nom : *Yah, En Sof; Yah, En Sof; Yah, En Sof* ...

Dans ma vision, la religieuse a paru entendre mes mots et, lentement, elle a tourné la tête dans ma direction, comme si elle cherchait d'où venait ce chant. Sa peau était de la blancheur de la neige, et la nonne ne paraissait pas avoir plus de 30 ans. Elle était très belle, et j'ai failli perdre ma concentration à la regarder. J'ai décidé d'ajouter un message au chant, comme cela semblait être la seule façon pour moi de communiquer avec elle. Au même moment, j'ai eu l'impression de me trouver soudain pris dans une sorte de toile ou de filet de lumière. Je ne sais pas exactement comment j'y suis arrivé, mais j'ai ajouté une intention aux mots : *la Mère vous demande de rentrer, la Mère vous demande de rentrer…*

Elle a cligné des yeux, et je me suis demandé si elle m'avait entendu. Son visage a paru se troubler, et elle a regardé ses mains, comme si elle venait de se réveiller d'un rêve. Elle a regardé l'icône, et son trouble a paru disparaître. J'ai eu soudain l'impression qu'elle s'élevait en direction de l'icône. Elle avait les bras ouverts, comme si elle avait l'intention d'étreindre Marie. Puis, elle est disparue, et je me suis rendu compte que j'étais seul.

J'ai ouvert les yeux et j'ai regardé autour de moi. Phil était encore de l'autre côté de l'église, mais il regardait dans ma direction. Nous étions de nouveau seuls, surtout depuis que la nonne en extase avait atteint un état que je ne pouvais plus percevoir.

— Est-ce que tout va bien ? m'a demandé Phil.

— Oui, tout va très bien... je ne saurais te dire à quel point, ai-je dit en prenant une profonde inspiration.

✧✧✧✧✧

CHAPITRE 9

Saint-Roch
et la croix pattée

Shaddaï El-Chaï

Nous sommes sortis de l'église, et en nous arrêtant dans les escaliers, Phil s'est enquis de ce qui s'était passé dans l'église.

Je lui ai raconté tout ce que j'avais vécu, et il m'a écouté très attentivement. Je lui ai d'abord décrit comment j'avais suivi le chemin indiqué par le Yod qui, je le pressentais, allait me mener dans la bonne direction. Je lui ai ensuite parlé de la zone froide devant l'icône et du fait que j'avais ressenti la présence de la superbe nonne. Je lui ai raconté comment, en m'entendant chanter le nom *Yah*, elle avait paru se réveiller, comme si elle avait été dans une transe profonde, et qu'elle avait alors vu l'icône comme un portail ou un chemin vers la liberté. Et que, finalement, elle avait disparu, après s'être fusionnée avec l'icône qu'elle adorait.

— C'est vraiment incroyable. Ça a été un détour très intéressant, si seulement c'en était un. Une expérience différente des deux précédentes, ne trouves-tu pas? m'a demandé Phil en souriant.

— Et c'est heureux. Après le fantôme dans le tableau, j'étais prêt à rencontrer la nonne.

Nous avons repris notre marche par la rue Saint-Honoré. Phil avançait d'un pas rapide, je sentais qu'il était pressé d'arriver à notre prochaine destination.

— Où allons-nous maintenant? ai-je fait en tentant de le suivre.

— Dans une église dédiée à un saint du XIIIe siècle, saint Roch. C'est juste un peu plus loin, sur la gauche.

— Je n'ai jamais entendu parler de lui.

— C'est quelqu'un de très intéressant, tu verras. Dès sa naissance, il a été considéré comme un miracle. Sa mère était infertile, alors quand il est venu au monde, tout le monde a cru que c'était un acte de Dieu. On y croyait d'autant plus qu'il avait une tache de naissance sur la poitrine, une petite croix rouge qui augmentait à mesure qu'il grandissait. Ça l'a rendu célèbre. Il venait d'une famille nantie de Montpellier, et ses deux parents sont morts quand il avait 20 ans. Il était destiné à devenir le gouverneur de la région et à y exercer une grande influence, mais il a préféré suivre l'exemple de saint François d'Assise. Il a donné tout ce qu'il possédait aux pauvres et est parti à Rome. La ville était alors en pleine épidémie de peste, et Roch est devenu un guérisseur célèbre. Chaque fois qu'il faisait le signe de croix sur quelqu'un, cette personne survivait. Par la suite, il est tombé malade et a été chassé de la ville. Pour survivre, il a dressé un chien à lui ramener du pain dans une petite cabane qu'il avait construite. C'est une histoire fascinante, non?

— Est-ce qu'il y a un lien avec ce que nous faisons?

— C'est ce que nous allons découvrir. Je suis intrigué par la croix qu'il avait sur le corps — c'était une croix rouge, comme celle des Templiers — et par son pouvoir de guérison. Il y a un lien entre tous les endroits que nous avons visités jusqu'ici: une importante influence des Templiers sur le plan architectural ou par la présence de symboles comme la croix des Templiers, la croix pattée. Dans le cas de l'église de l'Assomption, nous avons été guidés par le nom de Dieu constitué de quatre lettres, le Tétragramme. Il semble y avoir un thème en train de se développer qui oriente notre aventure parisienne, ne trouves-tu pas? Je suggère que nous continuions à prêter attention aux signes et aux synchronies, et à les laisser nous guider.

— Peux-tu m'en dire plus sur la signification de la croix des Templiers?

— Bon, où en étais-je la dernière fois? Je ne sais pas si tu sais — en fait, je ne sais pas si beaucoup de gens sont au courant — que la première croix des Templiers était la croix de Lorraine. En 1146, à la demande de notre bon ami saint Bernard de

Clairvaux, le pape Eugène III a remplacé la croix de Lorraine par la célèbre croix rouge telle que nous la connaissons. Ce choix aurait été fait dans le but de symboliser le martyre, selon les dires de l'évêque d'Acre, Jacques de Vitry, qui a vécu au XIIIᵉ siècle. Je crois bien que c'est comme ça qu'il s'appelait... peu importe. La couleur rouge de la croix peut représenter le sang du Christ.

— Ou peut-être le sang de sa lignée, ai-je rétorqué, comme si cette idée m'était apparue sans que je sois conscient de sa provenance.

— Ce peut très bien être le cas, Jimmy. La couleur rouge est souvent associée à Marie-Madeleine. On peut aussi faire des liens plus ésotériques avec la croix des Templiers. Veux-tu que je te parle de celui qui est le plus pertinent en ce qui a trait à notre mission ?

— Je suis tout ouïe.

Au moment où je prononçais ces mots, les nuages ont éclaté et la petite bruine qui tombait depuis le matin s'est transformée en forte pluie.

— La grosse tempête ! a crié Phil, en couvrant le sac dans lequel il conservait son carnet de notes. Yahvé devait être en train de nous écouter et il veut que nous continuions à l'intérieur.

Nous avons couru en direction de l'entrée de Saint-Roch. Nous sommes entrés dans la vaste église, la plus grande de l'époque baroque. Selon Phil, la première pierre en a été posée en 1653, et ç'a été une des églises les plus importantes de Paris. C'était très impressionnant. Des sculptures et des tableaux, parmi les plus beaux que j'avais vus, ornaient chaque recoin et chaque mur. Le plafond, en forme de dôme, était un réel chef-d'œuvre. Plusieurs scènes tirées de la bible y étaient peintes, dont une représentant Jésus, les bras ouverts, en train de donner la bénédiction. Il était difficile d'imaginer qu'un tel lieu puisse abriter des énergies que l'œil humain ne pouvait déceler.

— Il est important de comprendre, et je pense que tu le sais déjà ou que tu t'en doutes, que ces églises et ces cathédrales sont construites sur des sites où se trouvaient auparavant d'autres églises, temples ou diverses constructions ayant la même vocation...

— Et qui déjà retenaient des énergies, ai-je ajouté, interrompant Phil.

— Oui, en effet. Bon nombre de ces énergies sont là depuis très longtemps, bien avant que nous entrions en scène. Je parle d'il y a très *looongtemps*, a-t-il fait, étirant le mot pour insister.

— Par quoi devrions-nous commencer?

— Si tu regardes autour de toi, tu verras que l'architecture et les œuvres d'art sont magnifiques. La chapelle de la Vierge abrite une des plus belles collections d'œuvres religieuses de Paris. L'église Saint-Roch a été dessinée par le même architecte qui a conçu le Louvre, et on y trouve quelque chose de vraiment particulier, que tu découvriras en temps et lieu, m'a dit Phil en me faisant signe de le suivre vers un banc situé à l'arrière.

— Le nom dont nous allons nous servir ici est *Shaddaï El-Chaï* ou *El Shaddaï*. Voici quelques-unes de ses significations : «Seigneur tout puissant», «Dieu tout puissant éternellement vivant», «Créature vivante et toute puissante de Dieu» et «Dieu tout puissant et tout suffisant». Dans Exode 6:3, Yahvé est identifié à El Shaddaï, tel qu'il était connu des Patriarches. *Shaddaï est* un des dix Noms divins cités dans la légende rabbinique des hiérarchies angéliques. C'est le Nom divin qui correspond à la sphère Yesod de l'Arbre de Vie. Ce nom peut être invoqué pour obtenir une protection et, plus important encore, il peut servir à invoquer les djinns.

— Tu veux parler des génies? ai-je demandé en sentant qu'une nouvelle pièce était en train de se mettre en place.

— C'est tout à fait ça. Est-ce que tu crois que les génies libérés dans ce monde depuis la nuit des temps sont tous bien à l'abri dans une bouteille? Eh bien non! Penses-y un peu... tout cela est très intéressant si on pense à notre mission, ne trouves-tu pas?

Contrairement à l'église précédente, il y avait ici beaucoup de visiteurs... la plupart voulant sans doute s'abriter de la pluie. Je me suis demandé si nous allions réussir à rester discrets. Phil a défait son sac et ouvert son carnet de notes.

— J'espère bien que notre expérience avec la belle religieuse va marquer un tournant dans notre aventure.

— Je te suggère de ne pas te créer trop d'attentes, a répondu Phil, d'un ton inquiétant. J'ai déjà le sentiment que ce sera différent ici.

Ses mots m'ont traversé comme des fléchettes empoisonnées. J'espérais que nous allions rencontrer davantage d'anges que de démons au cours de notre quête, mais quand j'ai fermé les yeux et que j'ai pris une profonde respiration — dans le but de me laisser imprégner par l'atmosphère de l'église caverneuse — je me suis rendu compte que je ressentais la même chose. Il y avait une énergie trouble qui enveloppait les lieux. Et, comme les fois précédentes, elle commençait à envahir mon corps émotionnel. J'ai inspiré profondément et j'ai rouvert les yeux. J'ai vu alors que Phil était assis la tête penchée vers l'avant.

— Est-ce que ça va?

— Ça va aller. Je me prépare.

— Tu te prépares pour quoi?

Il ne m'a pas répondu, ce qui m'a rendu encore plus nerveux. Peu importe ce qui allait se passer, c'était sûrement quelque chose qui allait nécessiter toute notre énergie.

— Comme je l'ai déjà dit, a repris Phil en se redressant, nous allons invoquer ici le nom *Shaddaï El-Chaï*. El Shaddaï est aussi le « Dieu de la Montagne ». Je veux que tu comprennes que lorsque nous utilisons ces expressions divines, nous avons accès à des forces archétypales et primitives qui étaient vénérées bien avant la création du monde et donc, avant la *Ha-Kabbalah*. Il ne s'agit pas simplement de dieux moins connus, comme certains pourraient le croire. Ceux qui croient cela sont aussi coupables que ceux qui ne voient que l'aspect superficiel des ouvrages d'inspiration divine. Ces noms représentent les éléments de la création. Nous savons que nous sommes ici pour faire du bon travail et que nous avons plusieurs alliés puissants. Après une courte prière de protection, nous allons répéter 12 fois le nom en ajoutant chaque fois *En Sof.*

Phil a récité la prière, puis a penché la tête. Nous avons prononcé les noms : *Shaddaï El-Chaï, En Sof; Shaddaï El-Chaï, En Sof; Shaddaï El-Chaï, En Sof...*

Nos voix basses se répercutaient sur les murs de pierre à notre droite, et je sentais le trouble monter en moi. Je ne pouvais ni expliquer ni réellement identifier cette énergie, et quand j'ai jeté un coup d'œil à Phil, j'ai compris qu'il vivait quelque chose de semblable. Il avait les yeux fermés et récitaient les mots les lèvres serrées. Je me demandais si on n'avait pas imaginé ces sentiments d'angoisse et d'appréhension, mais plus ça allait, plus il devenait clair que ce n'était pas une simple invention de notre part. Il se passait quelque chose, mais je ne savais toujours pas ce que c'était.

Après avoir terminé, Phil et moi sommes restés assis quelque temps, nous demandant quoi faire maintenant. C'est Phil qui a bougé le premier.

— Promenons-nous un peu pour voir s'il se produit quelque chose.

— Ne t'éloigne pas trop, ai-je fait en me levant, je voudrais que tu sois près de moi si jamais ça tournait mal.

— Ne t'inquiète pas. Il n'arrivera rien ici qui sorte trop de l'ordinaire.

Ses paroles ne me paraissaient pas correspondre à ce que je voyais dans son regard. Je savais qu'il était aussi préoccupé que moi, même si j'ignorais pourquoi. Mon trouble était désormais si fort que je me demandais quoi faire. J'hésitais entre avancer vers l'autel et rester dans le fond de l'église. J'ai regardé à nouveau le plafond en espérant y trouver une source d'inspiration. Les saints et les apôtres qui s'y trouvaient sont demeurés silencieux. J'ai décidé alors de cesser de penser et de suivre mon instinct. Il me disait de m'approcher de l'autel, et c'est ce que j'ai fait.

Je suis passé à côté de plusieurs autels latéraux en me dirigeant vers l'avant de l'église, et mes pas me semblaient lents et incertains. Une fois devant l'autel principal, je suis resté là à regarder le tabernacle, me demandant si c'était de là qu'émanait l'énergie que je ressentais. Mais je devinais que ce n'était pas le cas. Je me suis senti attiré vers la partie située à l'arrière de l'autel principal. J'ai recommencé à marcher et j'ai remarqué que mes pas étaient plus décidés qu'avant. La première chose que j'ai remarquée, c'était une copie de l'Arche d'Alliance, le célèbre coffret qui avait contenu les Dix commandements. Phil se trouvait déjà là, et je me suis approché de lui.

— C'est très impressionnant, ai-je fait.

— C'est l'Arche d'Alliance, ou l'Arche du Témoignage, un terme qui la décrit mieux. C'est une copie assez bien réussie, si ma mémoire est bonne. Pourquoi l'a-t-on mise ici, à ton avis?

— Je ne sais pas, mais l'énergie que je ressens me semble venir de cette zone-ci, peut-être même de cet endroit précis.

— Que sais-tu au sujet de l'Arche? a demandé Phil en souriant. Si on fait abstraction de la version d'Indiana Jones qui, en fait, n'est pas si loin de la vérité.

J'avais l'impression qu'il voulait alléger un peu l'atmosphère, en essayant d'être sérieux et drôle à la fois. Mais il y arrivait moins bien que d'autres fois. Il s'en est rendu compte, et j'ai décidé d'apaiser moi-même la tension.

— L'Arche était destinée à contenir les tables que Moïse a reçues sur le mont Sinaï, ai-je répondu. Elle aurait aussi contenu le bâton d'Aaron ainsi que la manne, la nourriture envoyée par Dieu aux Israélites quand ils étaient perdus dans le désert. Quand Dieu a parlé à Moïse, il était entre les deux chérubins, les anges que nous voyons ici tout en haut. Il y a eu, en fait, deux arches : l'arche temporaire construite par Moïse et une autre, plus décorée, faite par Béséléel. Partout où elle se trouvait, des miracles se produisaient. C'est devenu un des objets les plus mystérieux et recherchés de l'histoire.

— Très bien. Même si l'Arche est au fond plus complexe qu'il n'y paraît. Elle a contenu beaucoup plus de choses que ce qu'on en dit.

— N'est-ce pas étrange de trouver une reproduction de l'Arche dans une église catholique? Peut-être qu'il y a un objet caché à l'intérieur.

— Eh bien, à moins d'avoir des rayons X à la place des yeux ou de soulever le couvercle, nous n'allons pas le savoir de si tôt.

— J'ai l'impression que ce n'est pas un objet physique qui se trouve ici, mais autre chose.

— Qu'est-ce qui te fait croire ça?

— À vrai dire, c'est juste une sensation que j'ai. Plus on avance, plus je fais confiance à ce que je ressens. J'ai l'impression qu'il y a ici des formules ou peut-être même des codes qui, comme tu le dirais, ont emprisonné une force énergétique à laquelle nous n'avons peut-être pas envie de nous frotter. C'est ce que je pressens.

— Regarde en haut, a dit Phil en pointant du doigt le plafond.

J'ai levé les yeux et j'ai vu ce qu'il m'indiquait : une croix des Templiers peinte sur le plafond directement au-dessus de l'Arche. La croix était entourée d'éclairs, ce qui lui conférait une sorte de pouvoir étrange et presque occulte.

— Qu'est-ce que ça peut signifier?

— Je n'en suis pas tout à fait sûr, mais j'ai ma petite idée. Il se passe quelque chose ici que je ne comprends pas bien. C'est la première fois que je ressens cela, et pourtant, ça me rappelle quelque chose. Je n'arrive pas à me défaire de cette sensation.

— Je me sens comme toi. Je ressens un trouble…
et de la douleur. Il y a aussi quelque chose que je
n'arrive pas à bien identifier, ai-je ajouté en comprenant ce qu'il voulait dire.

— Un sentiment de trahison ?

— Oui, de la trahison ! Je me sens trahi. Comment
as-tu fait pour le deviner ? Crois-tu que ça peut avoir
un lien avec l'Arche ?

— Je suis certain que ça vient d'ici, de l'intérieur
de l'Arche et de l'espace qui l'entoure. Ce n'était pas
présent avant que nous chantions le nom. Nous avons
sans doute quelque chose à voir avec l'apparition de
cette sensation. Je suggère que nous chantions le nom
El 12 fois, en y ajoutant des mots précis chaque fois…
si j'arrive à tous les retrouver.

— Je dois t'avouer que ça me rend un peu nerveux.
J'espère juste que ça n'ira pas en empirant.

— Je crois comprendre à quoi nous avons affaire,
ici. On ne peut pas savoir ce qui va se produire, mais
nous sommes ici pour le découvrir.

— Je dois dire que ça ne me rassure pas beaucoup,
ai-je dit tout bas.

Nous sommes restés devant l'Arche et avons fermé
les yeux. Phil a continué :

— J'ai l'impression que nous devrions chanter
encore, et pas uniquement le nom que j'ai choisi pour
cette église, mais d'autres noms aussi. Pour libérer le
pouvoir qui se trouve ici, il nous faudra utiliser davantage d'énergie et de force que les fois précédentes. Je

vais prononcer plusieurs noms, et tu n'auras qu'à les répéter. C'est bon ?

— Oui.

— D'accord. Répète après moi : *El Echad,* le Dieu unique.

— *El Echad,* le Dieu unique.

— *El Emeth,* le Dieu de la vérité.

— *El Emeth,* le Dieu de la vérité.

Phil a continué ainsi pendant que je répétais consciencieusement après lui : « *El Shaddaï,* le Dieu tout suffisant ; *El Elyon,* le Dieu très haut ; *El Gibbor,* le Dieu puissant ; *El Hashamayim,* le Dieu du Ciel ; *El Malei Rachamim,* le Dieu charitable ; *El Rachum,* le Dieu de compassion ; *El Olam,* le Dieu éternel ; *El Channun,* le Dieu bienveillant ; *El Yeshuatenu,* le Dieu sauveur ; *El Tsadik,* le Dieu juste ; *Emmanuel,* Dieu avec nous. »

Après avoir répété tous ces noms, je commençais à ressentir quelque chose de connu. Une dévotion profonde m'a envahi, comme ce que j'avais ressenti dans l'église de l'Assomption. C'était bienvenu, après le trouble que j'avais eu un peu plutôt. C'est alors que je l'ai vue, comme dans un rêve, la belle religieuse. Je ne savais pas si c'étaient mes yeux qui la voyaient ou quelque chose au fond de mon cœur. Elle était lumineuse et portait un vêtement d'un blanc éclatant et non plus une robe noire. On aurait dit qu'elle était allée au Ciel et en était revenue, et je me suis demandé ce qu'elle faisait ici. Elle m'a souri et m'a fait signe de la suivre. Je ne savais que faire. Phil avait toujours les yeux fermés, et j'ai décidé de m'éloigner de l'Arche pour voir où la nonne allait me conduire. J'avais l'impression de suivre une intuition plutôt qu'une apparition, mais, en même temps, c'était tout à fait réel, comme si elle était vraiment là, devant moi.

Nous nous sommes mis à marcher en direction de l'autel principal, mais je ne savais pas où elle me conduisait. Elle semblait flotter quelques centimètres au-dessus du sol et non marcher. Elle s'est arrêtée soudain pour faire face à l'autel. Je me suis approché d'elle, autant que je pouvais sans me sentir mal à l'aise, et me suis retourné pour voir ce qu'elle regardait. Je ne pouvais croire que je ne l'avais pas remarqué. Au fond de l'autel, entouré d'immenses rayons de lumière dorée et de nuages menaçants, se trouvait un Tétragramme : YHWH. Il était entouré d'un magnifique triangle doré et diffusait son énergie à travers l'immense église. Le regard de la nonne s'est fixé sur le nom, puis, de nouveau sur moi. Je me suis rendu compte que le Tétragramme se situait vis-à-vis l'Arche, juste de l'autre côté du mur, sous la croix. Je savais que Phil était encore près de l'Arche, et je me suis demandé comment je devais interpréter ce qui se passait. La religieuse s'est mise à flotter en direction de l'Arche, et je l'ai suivie.

Quand nous sommes arrivés, Phil était toujours là où je l'avais laissé, mais il avait maintenant les yeux ouverts. Il ne paraissait pas voir ce que je voyais (ou ressentais), comme si la nonne n'était visible qu'à mes yeux. Il semblait perdu dans ses pensées. Peut-être que lui aussi vivait une expérience qui n'était destinée qu'à lui. On aurait dit qu'il étudiait l'Arche avec une grande attention et, comme je m'approchais de lui, la religieuse s'est arrêtée pour regarder l'Arche à son tour. Je ne comprenais pas ce qu'elle voulait nous communiquer, mais je savais que c'était en lien avec le Tétragramme… et l'Arche.

Y avait-il un lien entre les deux ? L'Arche avait déjà contenu les Dix commandements, l'alliance de Yahvé avec Moïse et les Israélites. Mais y avait-il autre chose ? Nous avions déjà chanté le nom *Shaddaï El-Chaï* ainsi que les autres noms. Peut-être que si nous ajoutions Yahvé, ça ferait vraiment bouger les choses. Ma seule inquiétude était que nous soyons nous-mêmes emportés par le mouvement. Le seul élément qui me permettait de rester optimiste était la présence de la nonne, et son éclat me semblait représenter la meilleure des protections contre ce qui se trouvait à l'intérieur, quoi que ce puisse être.

— Il y a quelque chose dans l'autel que je n'avais pas remarqué au départ, ai-je demandé à Phil. C'est un Tétragramme, et je crois que nous devrions nous en servir pour libérer ce qui se trouve dans l'Arche.

— Oui, je l'avais remarqué, mais qu'est-ce qui te fait croire que…

— La religieuse de l'autre église est ici avec nous, ai-je fait en chuchotant. Elle était vêtue de noir la première fois, et maintenant, elle est en blanc. Je crois savoir la raison de sa présence ici.

À présent, nous regardions tous l'Arche : Phil, la nonne et moi. Tout d'abord, il ne s'est rien passé, et puis ç'a commencé. J'ai senti des ondes de chaleur émaner de l'Arche. La partie de l'église où nous étions semblait se réchauffer. J'ai commencé à sentir aussi une légère vibration — comme si un train passait tout près de là — qui a gardé un rythme régulier. J'ai jeté un coup d'œil à Phil pour voir s'il sentait la même chose, mais il était immobile et avait les yeux fermés. J'ai regardé de nouveau l'Arche et j'ai vu un nuage noir se former au-dessus du couvercle, entre les ailes déployées des chérubins. Ça m'a d'abord effrayé, et j'ai voulu m'éloigner, mais quelque chose au fond de moi me disait de ne pas bouger.

Le nuage était de plus en plus gros. En quelques instants, il s'était éloigné du couvercle et il planait maintenant juste devant nous. Il avait des reflets argentés, et des lumières couleur arc-en-ciel clignotaient au travers. J'ai senti une forte émotion monter en moi et j'ai voulu tirer Phil de sa rêverie ou de l'expérience qu'il était en train de vivre, mais quelque chose me disait de ne pas le déranger. J'ai néanmoins remarqué qu'il était en train de fredonner quelque chose, même si ses lèvres bougeaient à peine.

J'ai tenté de discerner ce qu'il disait, et j'ai fini par comprendre que c'était le Tétragramme. Il répétait les quatre lettres encore et encore, d'une voix à peine audible. Je me suis joint à lui. Un chœur de « Yod Hé Wav Hé, Yod Hé Wav Hé » montait par vagues jusqu'à l'Arche. La vibration s'est amplifiée jusqu'à avoir l'impression que toute l'église tremblait. Je savais que cette vibration n'existait pas réellement, sauf peut-être dans ma tête. Mais quand j'ai jeté un coup d'œil à Phil, j'ai pu voir que ses mains, qui étaient agrippées à la barrière, bougeaient de manière quasi imperceptible, comme mues par une force ou une vibration. Le nuage s'est élevé plus haut, au-dessus de l'Arche, et j'ai tout de suite compris où il se dirigeait : vers le Tétragramme doré. Tout juste avant que le nuage ne se transforme en une sorte de tourbillon qui a disparu à l'intérieur du Tétragramme, toutes les émotions que je ressentais se sont combinées pour ne former qu'un seul senti-ment, clair et distinct : de la gratitude.

J'ai regardé à l'endroit où la religieuse se trouvait et n'ai pas été surpris de voir qu'elle n'y était plus.

— Peu importe ce que c'était, ce n'est plus ici, ai-je dit à Phil, dont le regard était encore fixé sur le triangle flamboyant et les rayons dorés. J'ai remarqué que ses yeux étaient remplis de larmes et je me suis rendu compte que les miens l'étaient aussi.

— Et la nonne? a-t-il demandé doucement.

— Elle a disparu avant que le portail ne se referme.

— Je suggère que nous partions nous aussi. Nous avons accompli notre travail.

Nous avons reculé d'un pas avant de nous détourner de l'Arche. L'air à l'intérieur de l'église était humide et froid, et je n'avais qu'une seule envie, sortir d'ici.

✶✶✶✶✶

CHAPITRE 10

L'obélisque de Louxor

Adonaï

Je me suis arrêté sur les marches de l'église après avoir franchi la porte. J'avais besoin de rester immobile, ne serait-ce qu'un instant, comme si le fait d'être dans un endroit plus familier, dans un monde prévisible et compréhensible, allait me permettre de me sentir plus en sécurité. Je ne comprenais pas ce qui venait de se passer, et j'avais besoin de me défaire du sentiment d'angoisse qui m'habitait avant d'aller plus loin. Sinon, je n'allais peut-être pas pouvoir continuer notre mission, et je ne voulais pas considérer cette possibilité.

— Peut-être que nous devrions parler de ce qui vient de se produire.

— Oui, ai-je répondu en prenant une profonde inspiration. C'est une bonne idée.

— Donne-moi tes impressions. Que s'est-il passé, selon toi

— Je n'en ai aucune idée. J'espérais que tu allais me l'expliquer. N'est-ce pas comme ça que ça se passe? C'est toi qui planifies chaque étape et qui réponds à mes questions quand c'est terminé. C'est du moins ce à quoi je m'attendais.

— Je ne suis pas sûr que ma réponse te plaira... En fait, je ne sais même pas si elle me plaît à moi.

L'expression de son visage me faisait peur, encore plus que l'expérience que nous venions de vivre. Elle me donnait envie de courir à l'intérieur de l'église et d'inverser le cours des événements de la dernière demi-heure, de faire que ça n'ait jamais eu lieu.

— Ça me rend encore plus anxieux, ai-je fait en m'assoyant sur les marches mouillées.

— C'est parce que ça va à l'encontre de tout ce qu'on nous a enseigné. Il y a des vérités au sujet du passé que nous devrons remettre en question un jour ou l'autre si nous voulons donner un sens à notre vie et à notre avenir éventuel. J'aurais préféré avoir des choses plus concrètes à te dire, mais ce n'est pas le cas.

— Tu es en train de me dire que tu ne sais pas ce qui est sorti de l'Arche? Tu as raison, ça ne me plaît pas.

— Ce n'est pas ce que j'ai dit, Jimmy. En fait, j'ai ma petite idée sur ce qui s'est passé dans l'église et même sur *pourquoi* ça s'est passé. Mais je ne crois pas que ce soit le bon moment pour en discuter. Je préfère attendre et voir dans quelle direction les choses iront pour être certain de ce que j'avance. Je sais que c'est difficile à accepter, mais il faut que tu me fasses confiance, que tu te fasses confiance et que tu t'en remettes au fait que tout sera dévoilé en temps et lieu. Certaines choses doivent demeurer un mystère à nos yeux, et ce qui vient de se passer en fait partie, du moins, pour l'instant... en réalité, jusqu'à ce que nous accédions à un endroit de paix.

— Que veux-tu dire par « un endroit de paix » ?

— Chaque chose en son temps. Je crois que nous sommes bel et bien en train d'accomplir notre mission.

— Et qu'est-ce que c'était, déjà ? ai-je demandé, d'un ton qui paraissait plus dur que je ne l'aurais voulu.

— Nous nous transformons à l'aide des Noms divins et, à travers nous, ce que nous touchons sera transformé.

— C'est assurément ce qui s'est passé.

— Et il nous faut peut-être en rester là. Je suggère de continuer et de nous rendre à l'endroit suivant, qui est juste un peu plus loin.

— Je ne suis pas tout à fait à l'aise avec le fait de ne pas en savoir plus. Ç'a été une des expériences les plus intenses et les plus effrayantes que j'aie vécues. Tu dois pouvoir m'en dire plus, pour que je me sente mieux.

Pendant quelques instants, Phil n'a rien dit, juste assez longtemps pour faire augmenter le suspense.

— Comme je l'ai dit plus tôt, quand le temps sera venu... Tout ce que je peux dire pour l'instant, c'est que les expériences que nous avons vécues semblent nous diriger vers quelque chose, vers une sorte de...

— Rencontre finale?

— Eh bien, je n'aurais pas choisi ces mots, mais tu es sur la bonne voie. *Confrontation* serait peut-être un mot plus juste. Ce n'est toutefois pas une raison pour rendre toute cette aventure plus menaçante qu'elle ne l'est réellement. Je t'assure qu'il y a une logique derrière cette apparente folie... et qu'elle s'inscrit dans un plan de grande envergure.

J'ai cru voir un doute traverser le visage de Phil pendant une fraction de seconde, comme s'il essayait en fait de se convaincre lui-même. Il était temps de continuer, et je le savais. Il me fallait être patient et attendre avant d'avoir davantage d'information. Nous avons pris à droite quand nous sommes arrivés à la rue, et avons descendu la rue de Rivoli, une des plus célèbres artères de Paris, si ce n'est du monde entier.

— Où allons-nous maintenant?

— Nous allons vers un des lieux de France les plus chargés d'histoire. Les mystères anciens et les histoires sanglantes s'y mélangent, ce qui en fait un endroit idéal pour le travail que nous avons à accomplir.

— Je suis sûr qu'il y a dans cette ville beaucoup d'édifices qui correspondent à ta description.

— Oui, mais pas comme celui-ci. Je ne sais pas vraiment à quoi m'attendre là-bas, mais je sais que ce lieu est un maillon important de la chaîne d'événements que nous aidons à créer.

À partir de la rue de Rivoli, nous avons pris un joli sentier qui passait sous une voûte formée de branches d'arbres. Nous marchions le long du Jardin des Tuileries, qui borde la Seine, en direction de l'avenue des Champs-Élysées et de l'Arc de Triomphe. J'ai aperçu de loin une grande place autour de laquelle des voitures tournaient avec, au beau milieu, une sorte d'aiguille qui s'élevait vers le ciel. Phil, les yeux fixés sur cet endroit, marchait d'un pas décidé

— Quelle est cette place devant nous ?

— C'est notre prochaine destination. C'est la plus grande et la plus célèbre des places de Paris, la Place de la Concorde. Située sur les bords de la Seine, elle sépare le Jardin des Tuileries du début des Champs-Élysées. Quand elle a été construite, au milieu du XVIIIe siècle, c'était la Place Louis XV, et il y avait une immense statue équestre du roi. De cette place, on peut voir plusieurs des endroits les plus importants et les plus célèbres de la ville, dont la tour Eiffel. Et, en son centre, se trouve un monolithe renfermant un grand pouvoir d'énergie et de magie ancienne.

— C'est ce qui apparaît juste au milieu de la place ?

— Oui, c'est l'obélisque de Louxor qui se trouve à la Place de la Concorde. Il s'agit d'un monolithe de granite rose qui a été offert à la France en 1829 par le vice-roi d'Égypte, Méhémet Ali. L'obélisque, qui ornait auparavant l'entrée du temple d'Amon-Mout-Khonsou à Louxor, a été construit il y a plus de 3300 ans et est recouvert d'hiéroglyphes qui racontent les règnes de Ramsès II et de Ramsès III.

— Ramsès II est le pharaon que Moïse a confronté, ai-je ajouté, content de trouver un lien.

— C'est ce que la majorité des gens croit. Mais restons-en à notre sujet. Pour mieux comprendre la signification de cette structure imposante, tu dois savoir ce qui s'est produit à l'endroit où il se trouve maintenant. C'était un lieu de ralliement pendant le soulèvement politique le plus sanglant de l'histoire française : la Révolution. Quand les révolutionnaires ont pris le pouvoir, ils ont renommé l'endroit Place de la Révolution et ont remplacé la statue du roi par une guillotine. C'est ici que Louis XVI et Marie-Antoinette ont été exécutés, ainsi que d'autres nobles. À l'été 1794, pendant le Règne de la Terreur, plus de 1300 personnes ont été décapitées ici lors d'exécutions publiques. On disait que l'odeur du sang était si forte que le bétail refusait de passer par là. Plus tard, quand c'est devenu la Place de Grève, des criminels y étaient écartelés vivants pour divertir la noblesse et la bourgeoisie de l'époque.

Ensuite, l'obélisque de Louxor a été transporté ici, et tout a changé. Il est arrivé pendant le solstice d'hiver de 1833. Sur sa base figurent des dessins dorés qui montrent la tâche monumentale qu'a constituée son transport à Paris et son érection au milieu de la place. Il mesure 23 mètres et pèse plus de 230 tonnes, alors tu peux imaginer ce que ça représentait, surtout à cette époque.

— Ça fait penser à la construction des pyramides, ai-je dit. Les grands projets ne leur faisaient pas peur.

— Effectivement. Ils avaient l'intention d'apporter un autre obélisque, mais ils ont conclu que c'était trop difficile. Celui-ci avait orné le temple de Louxor pendant plus de 33 siècles. Il paraît que son ornement sommital a été volé au VIe siècle. J'espère qu'en regardant d'une manière particulière les hiéroglyphes de l'obélisque, nous aurons des informations qui nous guideront pour le reste de notre mission.

— Et c'est pour cette raison que nous sommes ici? ai-je demandé en soupirant presque.

— C'est effectivement pour cette raison.

Quand nous sommes arrivés à la Place de la Concorde, j'ai commencé à ressentir le même genre d'émotion que j'avais ressentie dans les autres endroits choisis par Phil : une fascination teintée de frayeur. Des centaines de personnes s'y trouvaient déjà, prenant des photos de l'obélisque ou profitant de quelques rares rayons de soleil, assis sur les marches du monument. Je me trouvais à quelque 30 mètres du monolithe quand les hiéroglyphes ont semblé jaillir de la pierre et entrer par mon troisième œil. Je me suis arrêté et, pendant quelques secondes, j'ai eu l'impression d'être paralysé.

— Raconte-moi ce qui t'arrive, m'a demandé Phil en s'approchant.

— Je ne sais pas. Je ressens une grande énergie, mais je ne sais pas vraiment pourquoi.

— Les endroits que nous avons visités précédemment semblent avoir ouvert quelque chose en toi, ce qui te permet de réagir de manière presque instantanée aux énergies présentes. Je crois que tu commences à ressentir les codes cachés dans les hiéroglyphes... pas d'un point de vue intellectuel, mais énergétique. Moi aussi, je ressens cette énergie.

— Mais qu'est-ce que ça signifie ?

— C'est ce que nous allons bientôt découvrir.

Nous nous sommes approchés du mystérieux artéfact, et l'énergie que je ressentais est devenue plus subtile. Je me suis demandé si les événements de la journée ne m'avaient pas affecté au point que j'imaginais des fantômes et des esprits tapis dans chaque recoin. J'ai toujours considéré que je faisais preuve d'un grand discernement pour ce genre d'affaires, mais le côté théâtral de Phil agissait comme un rayon tracteur en attirant ma conscience vers d'étranges mondes peuplés d'esprits, de codes et de magie ancienne.

Il était plus probable, toutefois, que ce soit l'autre version qui soit la vraie, et je le savais. Et même si j'aurais bien aimé que Phil soit cinglé, je savais que son intuition se trompait rarement. De plus, ce que j'avais ressenti et vu dans les quatre églises que nous avions visitées était réel, et ça, j'en étais sûr. J'avais tenté très fort de me convaincre du contraire, mais les preuves en faveur de l'impossible s'accumulaient. J'ai avancé vers l'obélisque, et mes genoux ont faibli. Après ce que nous avions vécu avec l'Arche à l'église Saint-Roch, je ne voulais courir aucun risque.

— Que suggères-tu comme façon de procéder ici? ai-je demandé d'une voix hésitante.

— Nous allons faire la même chose qu'aux endroits précédents, a répondu Phil, sentant ma nervosité. Ne t'en fais pas, ça ne se passera pas comme à Saint-Roch. Comme je te l'ai déjà dit, nous sommes ici avant tout pour élever notre âme. Ne l'oublie jamais. Nous allons invoquer un autre des Noms sacrés de Dieu, mais dans le seul but de transformer notre propre conscience. Ce faisant, nous aurons un effet sur tout ce qui nous entoure… sur tous les gens et toutes les situations, parce que c'est ainsi que la grâce fonctionne. C'est le Code de Moïse qui se trouve de nouveau en action. Grâce à notre libération, la promesse de libération peut s'étendre à toute la création. C'est notre unique but ici. Je ne répéterai jamais assez combien il est important de ne pas perdre ça de vue.

— Je tâcherai de m'en rappeler.

— Je suggère que nous nous assoyions ici, a fait Phil en montrant du doigt le monolithe. C'est peut-être la seule fois où nous pourrons profiter du soleil aujourd'hui.

Nous nous sommes approchés de l'obélisque et nous sommes assis sur le granite humide. Un couple de Français s'embrassait à quelques pas de nous et, de l'autre côté, des Japonais étaient occupés à se prendre en photo chacun leur tour. J'ai tenté de me concentrer sur les voitures qui faisaient le tour de la place, les magnifiques immeubles qui bordaient le boulevard, bref, sur tout ce qui pouvait me faire oublier ma peur. Phil, qui a sans doute remarqué mon état, m'a poussé du coude.

— As-tu entendu ce que je viens de dire? a-t-il demandé.

— Non, j'étais ailleurs pendant quelques instants.

— Le prochain nom que nous allons invoquer est l'un des noms les plus puissants. C'est la raison pour laquelle je l'ai choisi pour cet endroit. Il s'agit du nom *Adonaï*, qui signifie «Seigneur». Tout comme *Élohim,* on l'utilise pour remplacer le Tétragramme. Comme nous en avons déjà parlé, c'est une pratique commune de substituer des termes de révérence au saint Nom ineffable.

— Ne l'avons-nous pas déjà utilisé pour remplacer le Tétragramme au Sacré-Cœur?

— Il est important de se rappeler que les noms que nous utilisons représentent en fait les natures ou qualités divines. Ils se rapportent à des aspects de nous, à notre propre nature inspirée de la Divinité que nous dévoilons en répétant les noms. Et oui, tu as raison, c'est bien le nom que nous avons utilisé au Sacré-Cœur, mais cette fois-ci, nous allons l'utiliser en tant que tel... et non comme substitut pour autre chose.

Je tentais d'écouter Phil, mais quelque chose attirait mon attention vers l'obélisque.

— Une des variantes de ce nom, tel qu'on le trouve dans l'Arbre de Vie de la Kabbale, est *Adonaï Melekh ha Aretz,* ce qui signifie Seigneur-Dieu de la Terre. C'est ce que nous allons utiliser. Si ce que je pressens est juste, ce sera le meilleur choix.

— Et qu'est-ce que tu pressens ? ai-je demandé, alors qu'il piquait ma curiosité.

— Il est difficile de prédire quelle forme de conscience nous allons rencontrer ici. L'énergie de cet endroit est très différente de ce que nous avons rencontré jusqu'ici. N'oublie pas que l'obélisque se trouvait auparavant au seuil du temple de Louxor, sur les rives du Nil, en Égypte. Son véritable nom est Amon-Mout-Khonsou, et il représente le « temple de l'homme ». Il constitue en fait un texte alchimique inscrit dans la pierre, dans lequel est cryptée une grande quantité de connaissances très élaborées sur la science spirituelle et sacrée et sur un pouvoir qui s'est perdu quelque part durant l'Antiquité. Nous devons être prêts et armés contre tout.

— J'espère que ça restera une simple image.

— Je te rappelle encore une fois que nous sommes ici dans le but d'utiliser les noms pour nous libérer des chaînes qui entourent notre âme. Si nous tentons quoi que ce soit d'autre, ce serait blasphématoire. Il serait tentant d'utiliser les saints Noms de Dieu en vain, si je puis dire. Nous voulons être précis, concentrés et de la plus grande intégrité... C'est d'accord ?

— C'est d'accord.

Nous avons fermé les yeux et pris plusieurs respirations profondes, espérant nous couper ainsi des bruits des voitures. Phil a dit quelque chose au sujet des souliers d'argent de Dorothée (je ne me souviens pas quoi exactement) et a exécuté un rituel plus long que les fois précédentes. Puis nous avons commencé, en utilisant notre système pour compter sur les doigts, à psalmodier le nom : *Adonaï Melekh ha Aretz, En Sof; Adonaï Melekh ha Aretz, En Sof; Adonaï Melekh ha Aretz, En Sof...*

Comme nous l'avions fait les quatre fois précédentes, nous avons chanté le nom 12 fois et l'avons laissé pénétrer dans les profondeurs de notre conscience. Ensuite, Phil m'a regardé.

— Deux choses que j'aimerais te dire. D'abord, je ne veux pas que tu t'éloignes trop de moi, cette fois-ci. Je ne veux pas te faire peur, mais, comme je te l'ai déjà dit, il y a une magie très ancienne qui est à l'œuvre ici, sans doute sous une forme que nous n'avons encore jamais rencontrée. Nous pourrions être surpris.

— Je vais de surprise en surprise depuis que nous avons commencé. Et la deuxième chose ?

— Je veux te suggérer une façon de regarder les hiéroglyphes. C'est une très vieille manière de regarder des signes encodés et de laisser l'âme, plutôt que l'esprit, décrypter les mystères. Je ne sais pas si ça va fonctionner ici, mais ça vaut le coup d'essayer. Il s'agit de la *vision stéréogrammatique*. Tu te rappelles des livres de la série *L'œil magique* qui était en vogue dans les années 1990 ? C'est le même principe. Les livres présentaient des stéréogrammes, qui étaient en fait des images tridimensionnelles dessinées en deux dimensions. C'est apparenté à ce qu'on appelle la *vision stéréoscopique*. Il faut regarder l'image de façon à ce qu'elle devienne floue, en louchant légèrement. Ceux qui ont construit ces temples anciens connaissaient bien ces techniques, tu peux me croire. Regarde les hiéroglyphes en utilisant cette technique, et nous verrons ce qui se produira.

— Et que dois-je faire si je vois quelque chose?

— Viens me chercher. Et si de mon côté je vois quelque chose, je t'en avertis. Ne t'éloigne pas trop de moi.

Nous sommes partis chacun dans une direction jusqu'à nous trouver aux côtés opposés de l'obélisque. Je ne savais pas trop quoi faire et je restais là à observer les motifs complexes, espérant que quelque chose allait me sauter aux yeux. Ça n'a pas eu lieu. J'essayais de me mêler à la foule de touristes et de ne pas trop paraître bizarre. Je me suis mis à regarder l'obélisque comme Phil m'avait suggéré de le faire. Je me sentais idiot. En regardant de l'autre côté du monument, j'ai pu voir Phil qui plissait les yeux et qui inclinait la tête d'un côté puis de l'autre. Une jeune femme a eu un petit rire en passant près de lui. Ça m'a permis de me détendre, et j'ai recommencé à regarder les hiéroglyphes en suivant les indications de Phil.

Je veux voir quelque chose que je puisse comprendre, ai-je murmuré, espérant que les symboles égyptiens allaient soudain prendre vie et se réaligner de façon à devenir lisibles. En louchant très fort, il m'était possible de créer une illusion de mouvement, mais l'inconfort que cela me causait annulait tout ce que l'opération aurait pu apporter de positif. J'ai regardé chaque côté de l'obélisque, espérant que quelque chose se produirait, et ce n'est qu'une fois rendu devant le quatrième côté qu'une sensation m'est apparue. Cela a commencé par une sorte de battement dans mon ventre qui a augmenté jusqu'à toucher ma gorge. J'étais figé sur place, le souffle coupé, attendant de voir la suite. Au bout d'une minute, la sensation s'était accrue, mais je n'y voyais toujours aucun sens.

Après un certain temps, j'ai cessé de fixer l'obélisque et j'ai regardé en direction de mes pieds. J'ai remarqué qu'ils étaient posés sur une image sculptée dans le trottoir. J'ai reculé et j'ai vu une croix des Templiers qui avait été gravée dans le ciment quand il avait été coulé. La sensation étrange semblait se dissiper dès que je n'étais plus directement sur la croix. J'ai replacé mes pieds sur la croix, et le sentiment est revenu. J'ai regardé en direction de Phil jusqu'à ce qu'il me voie, et je lui ai fait signe de me rejoindre.

— Qu'est-ce qui se passe?

— Je crois avoir découvert quelque chose. Quelqu'un a gravé une croix des Templiers dans le ciment, et quand je pose mes pieds à cet endroit, une sensation très étrange monte en moi.

— Laisse-moi essayer.

Phil a posé les pieds sur la croix et a fermé les yeux.

— Je le sens aussi. On dirait que ce sont des courants d'énergie qui entrent par mes pieds, qui traversent mes jambes et se rendent jusqu'à mon plexus solaire.

— Moi aussi, c'était quelque chose du genre. Qu'est-ce que ça peut vouloir dire ?

— Attends un peu...

Phil s'est mis à plisser les yeux et à loucher en regardant l'obélisque. Il est resté sur la croix à regarder le monolithe pendant une bonne minute, puis il a fermé les yeux et s'est retourné vers moi.

— J'ai chanté le nom en regardant l'obélisque, et quelque chose s'est produit. Essaie, et dis-moi ce que tu vois.

Phil m'a laissé prendre sa place sur la croix. J'ai respiré profondément et je me suis mis à chanter, tout doucement, *Adonaï Melekh ha Aretz, En Sof.* D'abord, rien n'a paru se transformer sur l'obélisque, et je me suis demandé si ce n'était pas peine perdue. Puis, j'ai cru voir un mouvement dans le coin de mon œil, comme si les lettres égyptiennes étaient en train de se réorganiser. Pendant un instant, mes yeux se sont replacés normalement, et quand j'ai regardé le monument, il était exactement comme avant. Mais quand j'ai laissé mon regard redevenir flou, j'ai retrouvé la même sensation.

Les symboles semblaient se transformer, et je savais qu'ils tentaient de me communiquer quelque chose ; pas avec des mots, mais plutôt en passant par mon inconscient. Je me suis rappelé le film *Un homme d'exception* dans lequel le personnage, John Nash, voyait des lettres sortir directement des pages des journaux. Je me suis demandé si c'était ce qui se produisait. Il ne m'était pas possible en ce moment de traduire en mots ce que je voyais, mais je comprenais néanmoins qu'une conversation se déroulait quelque part au fond de moi. Pendant que tout cela se déroulait, je me demandais si c'était réel ou le fruit de mon imagination, même si l'idée que j'étais en train de communiquer avec quelque chose qui était attaché à l'obélisque — un esprit ou une entité très ancienne — me paraissait tout à fait plausible.

— *Sentez-vous ma présence ?* a semblé me demander une voix.

— *Je n'en suis pas sûr*, ai-je répondu dans ma tête, me disant que ce qui parlait à travers moi allait sûrement entendre mes paroles. *Je prends les choses comme elles viennent.*

— *Qui estes-vous, et pourquoi me déranger de ci ?*

— *Vous, qui êtes-vous, et que faites-vous ici ?*

— *Vous ne me cognoissez point, mais por quoi je suis de ci, vous commencez à l'entendre, même si vostre cognoissance est d'un esprit bien soliveau.*

Je ne savais pas si je devais me sentir insulté. Mais bon, j'étais quand même en train de parler avec un obélisque.

— *Je suis de ci depuis plus longtemps que ce que vous pouvez l'ymaginer et mon pouvoir, même s'il s'estoit estompé avec le temps, estoit bien grand. J'ai pouvoir de créer ou destruire. Que voulez-vous de moi ?*

J'ai perdu ma concentration pendant un moment et, de nouveau, je me suis demandé si tout ceci n'était pas une création de mon imagination. J'ai regardé Phil.

— Que se passe-t-il ? a-t-il demandé.

— Je n'en suis pas tout à fait sûr. C'est comme si je parlais à quelqu'un, ou à quelque chose, qui est prisonnier de l'obélisque, mais je ne sais pas de quoi il s'agit ni même si tout ça est réel.

— Reste concentré et fais confiance à ton intuition. J'ai le sentiment que tu tiens là quelque chose.

J'ai fermé les yeux pendant quelques instants, puis j'ai levé les yeux vers l'obélisque. Au sommet, il y avait une sorte de couvercle fait de feuilles d'or, qui avait un effet décoratif. La voix s'est fait entendre presque instantanément :

— *Que voulez-vous de moi ?*

— *Rien. Nous sommes ici pour vous apporter notre aide. Nous sommes ici pour chanter le nom de Dieu.*

— *Le nom de Dieu, dictes-vous. Et quel Dieu appelez-vous ?*

— *Nous invoquons le Dieu unique connu sous plusieurs noms.*

Un rire aigu a résonné dans ma tête.

— *Qui appelez-vous donc ?*

D'une voix à peine audible, j'ai dit :

— Nous invoquons Adonaï, le Seigneur de l'Univers. Nous avons été appelés à nous placer ici et à vous parler. Le Seigneur veut que vous sachiez que vous n'avez pas à rester là. Vous êtes attaché à cette structure depuis des milliers d'années ; on vous a conduit en pays étranger, et cela vous a troublé. Mais vous n'avez pas à rester ici. Par le pouvoir du Nom sacré Adonaï, je demande à ce que vous soyez délivré de vos liens, de toute cette magie, et que vous puissiez retourner à votre Source.

J'ai senti une chaleur cuisante me monter au visage, et j'en ai presque perdu l'équilibre. Puis, j'ai entendu Phil parler avec insistance :

— Arrête, Jimmy! Tout ceci est une erreur.

La voix dans ma tête a fait :

— *Qui a parlé?*

— *C'est mon ami, un ami qui comprend tout ceci beaucoup mieux que moi,* ai-je répondu me demandant si c'était une bonne idée d'inclure Phil dans la discussion à ce moment-là. Phil me regardait avec un mélange d'étonnement et de compassion.

— Jimmy, je t'en prie, arrête ça, a-t-il répété, en parlant très doucement tout près de mon oreille. Je te demande de ne pas utiliser les noms de cette façon. Comment peux-tu savoir que ce n'est pas sa place?

— Pas sa place? De quoi parles-tu? ai-je demandé en faisant un effort pour me détourner de l'obélisque.

— Peut-être que c'est bien ici sa place. Comment pouvons-nous le savoir? Ce n'est pas parce que cette chose, quelle qu'elle soit, *est* ici, que cela signifie que ce n'est pas ici sa place... que ça ne fait pas partie du plan.

C'est alors que je me suis rappelé ce que Phil m'avait dit un peu plus tôt : que Paris signifiait «aux pieds d'Isis». J'ai soudain senti un immense soulagement monter en moi et autre chose aussi... de la compréhension. J'ai entendu une voix dans ma tête qui disait *merci*, et j'ai failli m'effondrer au moment où le sang m'est monté à la tête.

Et puis, aussi soudainement que ç'avait commencé, ç'a disparu. Il n'y avait plus de voix. Je ne ressentais plus rien, sauf un certain soulagement. Les symboles et les lettres semblaient avoir repris leur place dans la pierre. Je me suis tourné vers Phil, qui me souriait.

— As-tu ressenti ce qui s'est passé? ai-je fait en retrouvant mes esprits.

— Et que s'est-il passé? Je ne suis pas sûr d'avoir suivi. J'ai vu que tu étais parti très loin, mais je n'ai pas pu te suivre, et quand je t'ai entendu donner un ordre au nom d'Adonaï, j'ai tenté de t'arrêter.

Phil m'a écouté attentivement lui parler de la conversation que j'avais eue et de l'énergie que j'avais ressentie.

— Crois-tu que ce soit vraiment possible? Il est tout à fait plausible que j'invente des choses à cause de tout ce qui s'est passé jusqu'ici, ai-je dit, essayant de me convaincre moi-même autant que je voulais persuader Phil.

— Je ne peux pas te dire si tu as inventé tout ça. Ce n'est pas impossible… rien n'est impossible… mais il se peut que ce qui s'est produit ait un fondement dans la réalité, même s'il ne s'agit pas de la réalité que nous connaissons.

Nous nous sommes assis sur un des murets qui bordent la place.

— Penses-y un peu, a dit Phil. Peu importe ce qu'était cette entité, il nous est impossible de savoir depuis combien de temps elle est là ni d'où elle vient. Peut-être qu'elle a toujours été ici. Dieu seul sait toute la magie dont elle a été témoin et qu'elle a peut-être elle-même commandée. Et puis, il y a la place, qui possède son propre pouvoir. Pense à toutes les choses terribles et merveilleuses qui se sont produites à l'endroit même où nous sommes assis. Pense à la guillotine et aux deux jeunes gens qui s'embrassaient tout à l'heure. Comme je viens de le dire, rien n'est impossible.

— Mais j'ai l'impression qu'il n'y a pas eu de conclusion. Je croyais que nous étions ici pour libérer des entités et les mener vers la lumière.

— Non, Jimmy. Nous sommes ici pour nous libérer et nous mener vers la lumière. Tout ce qui veut nous accompagner dans cette aventure sera tout à fait bienvenu.

— Est-ce que tu crois que c'est encore là ?

— Honnêtement, je ne sais pas. Et je crois que ça n'a plus d'importance. Qu'en penses-tu ?

Phil a fermé les yeux et a levé les bras comme s'il voulait sentir quelque chose que ses sens pourraient rater autrement. Il est resté immobile pendant au moins une minute, puis s'est tourné vers moi.

— Il est temps d'y aller.

— Pourquoi ? Qu'est-ce qui vient de se passer ?

Phil m'a pris par le bras, et nous avons commencé à nous éloigner de la place.

— Parfois, il vaut mieux ne pas changer ce qui est. Tout ce que je peux dire, c'est que peu importe ce qu'était la chose que tu as ressentie, celle-ci ne voulait pas partir ou n'en avait pas besoin, ou peut-être qu'elle ne le pouvait tout simplement pas. Et nous ne pouvons savoir laquelle de ces hypothèses est la vraie.

— J'ai l'impression que tu as peur, ai-je fait, et cette pensée m'a encore plus effrayé.

— Je n'ai pas vraiment peur. J'ai simplement assez d'expérience pour savoir quand il est temps de jeter l'éponge.

— Tu veux dire, d'abandonner?

— Non, Jimmy. De capituler.

Je me suis retourné pour regarder l'obélisque. À ce moment précis, le soleil a disparu derrière un nuage, donnant au monument une allure sombre et menaçante. La petite pluie a recommencé à tomber, et une énergie fantomatique a envahi toute la place. Et pourtant, je me sentais en paix.

— Après tout, c'est la Place de la Concorde, la Place de la Paix. Allez, il est temps de continuer vers notre prochaine étape.

Phil avait parlé en souriant. Nous avons jeté un dernier coup d'œil à l'imposant monument et nous sommes partis en direction de la tour Eiffel.

— Oui, allons-y. Je suis tout à fait d'accord.

✧✧✧✧✧

CHAPITRE 11

Le grand maître final

Élohim Gibor

Nous étions à un coin de rue de l'obélisque de Louxor, dans la rue de Rivoli, et je n'étais pas certain d'avoir envie de continuer. Après avoir vécu cinq expériences paranormales, j'étais presque convaincu que mon imagination s'était jouée de moi. Quand j'y repensais, tout semblait mener à une seule et unique conclusion : j'avais inventé tout cela. En un sens, je me sentais mieux ainsi, comme si j'étais libéré d'une tâche et que je n'avais plus besoin désormais d'exorciser les démons et les esprits de Paris. Cela m'apportait un immense sentiment de soulagement.

— Je me demande si je dois croire ou non à toutes ces choses qui nous arrivent.

— Toi seul peux savoir si tu as imaginé tout ça. Même si moi, je te disais que ce c'est réellement arrivé et que tu as joué un rôle très important à chaque étape de notre petite aventure, c'est toi qui dois voir et décider si c'était réel ou pas.

— C'est tout ce que tu peux me dire?

— Je te dis que le pouvoir que chaque Nom sacré contient est très réel, et que lorsque l'on s'ouvre à ce pouvoir, il peut opérer en nous une transformation véritablement profonde. Le reste demeure un mystère. Je n'ai jamais prétendu que nous voulions faire autre chose avec ces noms...

— Défaire des verrous à l'intérieur de notre cœur et de notre âme afin de permettre à la grâce d'entrer en nous et de nous traverser pour se répandre. Oui, je m'en souviens. Mais tu ne peux pas m'en vouloir de paniquer un peu. À mes yeux, ça sort complètement du cadre de la normalité.

— À mes yeux aussi, a dit Phil au moment où nous nous apprêtions à traverser le Pont Neuf, tout en m'expliquant que ce pont était le plus vieux de Paris.

— Je t'ai dit que je n'avais jamais rien fait de semblable auparavant. Il y a une partie en moi qui, comme toi, n'en revient pas de ce qui nous arrive. Mais je sais que ce n'est pas le fruit de mon imagination. Je suis convaincu que tout ce qui est arrivé était absolument réel.

Nous nous sommes arrêtés devant une statue équestre d'Henri IV. Puis, Phil nous a fait prendre des escaliers de pierre en spirale qui menaient à un parc public, le Square du Vert-Galant. Il y avait une longue et étroite bande de gazon bordée d'arbustes bien taillés et de bancs qui faisait toute la longueur du parc. Nous avons descendu les marches jusqu'en bas, et Phil m'a fait signe de m'arrêter.

— Bienvenue sur l'île de la Cité. Cette île est le centre géographique de Paris. Au Moyen-Âge, c'était le cœur de la ville.

Phil m'a montré du doigt trois piliers en pierres qui se trouvaient derrière moi, entre lesquels se trouvaient des cages d'escalier. Près du sommet du pilier central, environ un mètre au-dessus de notre tête, il y avait une plaque de fer vissée dans le mur sur laquelle on pouvait lire :

À CET ENDROIT
JACQUES DE MOLAY
DERNIER GRAND MAÎTRE
DE L'ORDRE DU TEMPLE
A ÉTÉ BRÛLÉ LE **18** MARS **1314**

L'île de la Cité est une des deux îles naturelles de la Seine dans la ville de Paris. Elle s'appelait auparavant l'île des Javiaux ou l'île aux Juifs, et c'est ici que vivaient les premiers habitants de Paris, les Parisii. C'est à cet endroit que Jacques de Molay, 23ᵉ et dernier grand maître des chevaliers du Temple, ainsi que Geoffroy de Charney ont été brûlés sur le bûcher à l'ombre du couvent de Saint-Augustin. C'est ce que résume la plaque.

J'ai regardé la plaque, puis de nouveau Phil.

— Jacques de Molay... Je savais que ce nom m'était familier.

— À moins d'avoir passé les dernières années cloîtré dans une grotte, tout le monde a déjà entendu parler de Jacques de Molay. La plupart des gens connaissent un peu l'histoire des chevaliers du Temple, surtout depuis la publication du *Da Vinci Code*.

Phil avait raison. La popularité de l'œuvre maîtresse de Dan Brown avait rallumé l'intérêt de gens de partout dans le monde pour les exploits des controversés chevaliers du Temple, tout en offrant à des millions de personnes l'occasion de découvrir ce mystérieux ordre de chevaliers-guerriers monastiques. Le livre *L'Énigme sacrée* en avait fait autant au début des années 1980.

— Pourquoi a-t-on amené de Molay jusqu'ici pour le brûler ?

— Le roi Philippe IV de France, dit Philippe le Bel, a orchestré la chute des Templiers avec l'aide du pape Clément V. À cette époque, le Louvre servait de Palais royal. Son emplacement permettait au roi Philippe d'avoir une excellente vue de la fenêtre du palais. Philippe, vois-tu, a essayé d'être admis au sein de l'Ordre. Il croyait pouvoir un jour devenir Grand Maître et diriger, ou subvertir, l'Ordre de l'intérieur. Quand sa candidature a été refusée, il a commencé à planifier sérieusement de mettre fin à l'organisation. Il avait même choisi Jacques de Molay comme parrain pour son fils afin de s'attirer les bonnes grâces de l'Ordre. Cet épisode n'est pas très connu. Philippe avait emprunté beaucoup d'argent aux Templiers pour financer sa guerre contre l'Angleterre. Jacques de Molay a aussi été un des assistants du croque-mort aux funérailles de la belle-sœur de Philippe qui ont eu lieu le 12 octobre 1307. Le lendemain, le vendredi 13, pratiquement tous les Templiers de France, parmi lesquels Jacques de Molay, étaient arrêtés.

— C'est fascinant.

— Le 22 novembre 1307, le pape Clément a ordonné, par sa bulle *Pastoralis Praeeminentiae,* à tous les princes chrétiens d'Europe d'arrêter les membres de l'Ordre et de saisir leurs biens, qu'ils possédaient en quantité énorme. C'est ce qui a réellement sonné le glas des Templiers. Et, finalement, le coup de grâce a été donné avec la bulle papale du 3 avril 1312, *Vox in Excelso,* qui a ordonné la dissolution de l'Ordre du Temple.

— J'imagine que ç'a effacé la dette du roi Philippe.

— C'est juste. Jacques de Molay, ainsi que Geoffroy de Charney, ont reçu le plus grand châtiment que pouvait infliger le roi, et ceci, après des années à subir d'effroyables tortures au cours desquelles ils ont, comme beaucoup d'autres Templiers, admis malgré eux des actes blasphématoires. À propos, sache que lorsqu'on se retrouve sur le bûcher, il faut espérer que le feu soit très gros afin de pouvoir mourir asphyxié par le monoxyde de carbone contenu dans la fumée avant d'être atteint par les flammes. Si le feu est petit, comme ça a été le cas pour les Templiers, on peut littéralement griller pendant très longtemps. On peut dire que Molay et Charney sont morts en martyres, même s'ils ne sont pas morts sur le champ de bataille, ce qui représentait, pour les Templiers, un grand honneur et leur garantissait une place au Ciel.

— N'a-t-on pas retrouvé des documents qui ont disculpé les Templiers ?

— Oui, en 2001 ou en 2002, je crois. Barbara Frale, une médiéviste travaillant aux archives secrètes du Vatican, a trouvé ce qu'on appelle le parchemin de Chinon. Elle l'a retrouvé grâce à une erreur de classement... n'est-ce pas incroyable ? On y apprend que le pape Clément avait secrètement absous l'Ordre en 1314.

— D'où tiens-tu toutes ces informations ?

— Disons que ma demande pour avoir accès aux archives secrètes est en train de s'étouffer dans les formalités administratives... Je n'y compte plus vraiment.

— Je n'ose même pas t'imaginer te promenant librement dans les Archives du Vatican, ai-je fait à la blague. Les Templiers n'étaient donc pas les hérétiques qu'on a prétendu qu'ils étaient ?

— En fait, il n'y pas de réponse simple à cette question. Selon les dogmes de l'Église, leurs croyances sont certainement hérétiques. Pour ce qui est de leurs pratiques, c'est une autre paire de manches. On dit qu'ils crachaient sur la croix, qu'ils reniaient la crucifixion et qu'ils étaient coupables de nombreux autres « actes abominables », mais tout cela fait toujours l'objet de débats passionnés dans certains cercles. Beaucoup des mystères entourant les Templiers sont emmêlés dans les intrigues et liés à la poursuite d'intérêts personnels. Plusieurs de ces mystères ne seront jamais élucidés. La vérité peut sembler une hérésie aux yeux de ceux qui ont peur de la vérité, si tu vois ce que je veux dire.

— Toute cette histoire est fantastique, mais j'aimerais savoir pourquoi tu considères que cet endroit est approprié pour travailler avec les Noms divins.

— J'ai choisi ce lieu pour deux raisons. Premièrement, parce que cette île représente le cœur de Paris, que c'est un vortex très puissant ainsi que l'endroit où vivaient les Parisii. Ça me paraît suffisant en soi.

— Et la deuxième raison?

— La deuxième raison, c'est que le Nom sacré que je veux utiliser maintenant est particulièrement approprié pour ce lieu. Il s'agit d'*Élohim Gibor,* qui signifie «Guerrier céleste» ou «Dieu des batailles».

— D'habitude, nous n'aimons pas voir Dieu comme un guerrier, ou l'imaginer conduisant des armées célestes vers la bataille, mais selon moi, c'est un aspect important de Dieu, ai-je ajouté. Quand on parle de Dieu, on ne parle pas d'une personne ou d'une entité possédant certaines caractéristiques, mais exemptes de certaines autres. On parle de la somme de tout ce qui existe, ce qui inclut plusieurs aspects de nous-mêmes que nous préférons ignorer. Dieu est tout à la fois aimant et guerrier, et possède toutes les autres qualités.

— Effectivement, on peut dire qu'*Élohim Gibor* représente l'aspect guerrier de Dieu. Ce nom correspond à la Geburah dans l'Arbre de Vie kabbalistique : la sévérité, le jugement, la justice, les actes violents et, tiens-toi bien, la défense de l'innocence, m'a expliqué Phil en souriant, conscient qu'il venait de faire mouche. Sur le bûcher, Molay est revenu sur ses aveux forcés, il a réitéré son innocence et a demandé qu'on lui délie les mains afin qu'il puisse prier la Vierge Marie. Il a demandé d'être attaché de manière à faire face à la cathédrale Notre-Dame, qui se trouve de l'autre côté de l'île de la Cité. Il a prié pendant que les flammes le dévoraient, et ses cendres ont été jetées dans la Seine.

» D'ailleurs, la Geburah est aussi associée au feu, lorsqu'on fait brûler quelque chose de manière cérémonielle dans un but de purification. Et, comme si cela ne suffisait pas, les images qu'on associe souvent à la Geburah sont l'épée et la flamme. Ne trouves-tu pas que c'est parfaitement approprié ?

— C'est très différent des autres endroits que nous avons visités jusqu'ici, ai-je ajouté. Je n'ai pas le sentiment que de Molay soit ici. Qu'en penses-tu ?

— Je crois qu'il y a quelque chose ici qui pourrait nous intéresser, et que le nom nous le révélera. Dans tous les lieux que nous avons visités, nous avons cherché des signes et des symboles pour confirmer que nous étions sur la bonne voie. Jusqu'ici, ce sont des croix des Templiers, des images de la Divinité féminine et le Tétragramme qui nous ont guidés.

— Tu dis que cet endroit représente un vortex d'énergie. Peut-être que nous arriverons à trouver ici une sorte de signature énergétique qui bloque la circulation. C'est ce qui arrive quand une maison ou un endroit est hanté, n'est-ce pas? Quelque chose emprisonne l'énergie de manière à ce qu'elle ne puisse plus aller de l'avant. Si c'est le cas ici, nous pourrons utiliser les noms pour réparer la cassure et libérer ce qui retient l'énergie.

— Comment peux-tu être certain qu'il y ait ici quelque chose qu'il faille libérer? a demandé Phil. Qu'est-ce qui te fait penser que cet endroit est hanté?

— Et pourquoi serions-nous ici? Je ne pense pas que tu m'aies amené ici dans un but touristique. Comment devrions-nous procéder?

— Comme les fois précédentes, nous allons commencer par psalmodier le nom et nous laisserons ensuite l'Esprit nous guider. Si j'ai raison, quelque chose va se produire. Que ce soit subtil ou évident, ce sera là.

Nous avons examiné un des coins du parc et avons remarqué quelques bancs placés tout près de l'eau. Nous nous sommes assis. J'ai pris ma main gauche et j'ai cherché la première jointure. Une fois bien installés, nous nous sommes préparés à commencer notre chant.

— J'espère que nos prières sauront traverser la Porte des Larmes, a fait Phil.

— La Porte des Larmes?

— À mon avis, il y a toujours quelqu'un qui écoute. Allons-y.

Il n'avait pas répondu à ma question, mais j'ai décidé de ne pas en faire de cas.

— *Élohim Gibor, En Sof; Élohim Gibor, En Sof; Élohim Gibor, En Sof...*

Après notre chant, je m'attendais à ressentir un changement dans l'air, un vent soudain qui se lèverait ou une grosse vague qui déferlerait sur le rivage, se répandant sur le gazon et le trottoir. Mais il ne s'est rien produit. J'ai regardé Phil, mais il avait toujours les yeux fermés, et je me suis demandé ce que je devais faire. J'ai fini par me lever et marcher doucement vers l'extrémité de l'île, un endroit entouré d'une balustrade en acier qui empêchait les visiteurs de marcher sur les roches et d'aller jusqu'à l'eau. Je suis demeuré là quelque temps à regarder passer un bateau recouvert d'un toit vitré et chargé d'une foule bigarrée de touristes qui n'avaient aucune idée de la tragédie qui s'était produite sur ce petit bout de terre, il y a de cela 700 ans. Pourquoi se soucieraient-ils du fait que deux hommes innocents avaient été torturés de la pire des manières avant d'être brûlés vifs? De me trouver à l'endroit précis où Jacques de Molay avait été tué rendait tout ceci très réel, et je voulais m'imprégner entièrement de ce lieu.

Je suis reparti en direction du banc sur lequel Phil était encore assis. Tout en marchant, je regardais la pelouse et les parterres fleuris à la recherche d'un signe ou d'un symbole qui ajouterait une justification à notre présence ici. Si quelque chose avait été placé ici il y a quelques centaines d'années, ce pourrait être recouvert maintenant et se trouver caché sous un buisson ou dans tout autre endroit où il serait difficile de le percevoir. J'espérais trouver une croix des Templiers, qui aurait pu être placée là dans le but d'honorer les Templiers martyrs. J'ai regardé pendant au moins 15 minutes, sans que rien n'attire mon attention. J'ai finalement décidé de rejoindre Phil.

— Il n'y a rien d'intéressant, lui ai-je dit.

— Que veux-tu dire?

— Il n'y a aucun signe ni rien qui ressemble à ce que nous avons trouvé dans les autres lieux. Je pensais qu'il y aurait quelque chose, mais ce n'est pas le cas.

— C'est ici. Tu n'as pas cherché au bon endroit.

— Que tu veux dire?

Phil s'est levé et s'est dirigé vers les piliers en pierre et la plaque dédiée au dernier Grand Maître des Templiers.

— Je veux que tu essaies d'imaginer de Molay, ce à quoi il pouvait ressembler, avec sa longue robe blanche par-dessus son armure. Qu'est-ce qui ressortirait dans ce tableau? As-tu une petite idée?

J'ai réfléchi, fouillant ma mémoire à la recherche d'images des Chevaliers du Temple aperçues dans des livres ou des films. Et ça m'est finalement apparu.

— La croix. Sur sa tunique, il y aurait la croix rouge.

— C'est ça! La croix pattée. Le sacrifice du sang de l'Agneau de Dieu et le mystère éternel du sang de Jésus.

Dans son *Dialogue avec Tryphon,* Justin le Martyr parle de l'agneau, qui devait être rôti en entier selon la loi. Tu vois, la croix de Jacques de Molay est notre croix. Tu as cherché des symboles des Templiers partout dans la pelouse, dans les fleurs, dans les arbustes, mais ils se trouvent tout autour de nous.

— Tu parles de l'esprit de Jacques de Molay...

— C'est ça. Son esprit est partout ici, et c'est pour-quoi nous sommes venus ici, pour honorer les vérita-bles gardiens du Graal et tous ceux qui cherchent la vérité, ainsi que ceux qui sont morts en tentant de protéger et de préserver la vérité. Nous sommes les enfants du Graal, Jimmy. Le véritable Graal est à l'intérieur de chacun. La quête du Graal est la plus grande aventure spirituelle qui soit, c'est la quête de l'éternel en soi et d'une relation profonde avec la Source de toute création. Nous ne sommes pas ici pour libérer ou exorciser quoi que ce soit. Il s'agit plutôt de notre retour à l'innocence. Il s'agit des confessions que nous avons faites sous la contrainte et comment nous avons été purifiés par la grâce.

— Oui, je peux le sentir. Je ne m'en étais pas rendu compte, mais maintenant que tu en parles... oui.

— Et c'est tout ce qui compte réellement. Les saints Noms de Dieu ne servent qu'à nous faire retrouver la sainteté présente en nous. Quand cela se produit, tous les drames et les fictions que nous tissons autour de nos vies perdent de leur importance. Je suis sûr que les portes du Ciel se sont ouvertes toute grandes pour laisser entrer Jacques de Molay en ce jour fatidique.

Phil a commencé à monter les marches qui menaient à la rue. Je l'ai suivi, mais je me suis arrêté en chemin pour jeter un dernier coup d'œil à la plaque... et pour la première fois depuis le matin, je me suis senti léger et pleinement satisfait.

❍❍❍❍❍

CHAPITRE 12

La cathédrale de Notre-Dame

Élohim Tzabaoth

J'ai visité la cathédrale une fois dans ma vie, il y a de nombreuses années de cela, mais le seul fait d'apercevoir Notre-Dame au loin a provoqué en moi une montée d'énergie et d'émotions. Des histoires de Victor Hugo, du bossu et de la Révolution française me sont revenues. Les deux immenses clochers de la cathédrale m'ont donné une irrépressible envie de m'arrêter et de me laisser pénétrer par sa beauté au pouvoir transformateur. Sur le parvis, on pouvait voir une foule de touristes et d'artistes de rue des quatre coins du monde que les saints surplombant les portes anciennes semblaient regarder avec plaisir. C'est un spectacle unique qu'on ne peut voir nulle part ailleurs à Paris — ni dans le monde — et, pendant un instant, j'en ai oublié ce

que je faisais ici, tellement je prenais plaisir à m'émer-
veiller de la majesté de l'endroit.

— C'est grandiose, non ? a dit Phil.

— C'est fantastique. J'en viens à me demander
comment il pourrait y avoir ici quoi que ce soit de
sinistre.

— La cathédrale n'a rien de sinistre. Aucun des
endroits que nous avons visités n'est sinistre en soi.
On n'y trouve rien qui soit tapi à attendre le passage
de pauvres âmes innocentes. D'un autre côté, il arrive
qu'on attire ces énergies par le choix que l'on fait de *ne
pas* les reconnaître. Ce peut être conscient ou inconscient. Même qu'en fait, c'est souvent pour cette raison
précise qu'on les attire. Plusieurs de ces énergies sont
comme des orphelins perdus... et leurs sentiments
ressemblent en tous points à ce que beaucoup de gens
ressentent. Elles ont été attirées dans un monde
qu'elles n'ont pas choisi... dans bien des cas, à cause
d'une intention magique malavisée, et souvent, par
consentement. Elles ne sont ni maléfiques ni mauvaises, elles ne sont tout simplement pas à leur place.

» Comprends-moi bien. Je ne dis pas qu'il n'existe
pas d'énergies qui soient sinistres. De toute façon, la
seule chose qu'on puisse faire, c'est de les aimer et de
s'aimer soi-même suffisamment pour les laisser aller.
Parfois, il faut démontrer son amour par la méthode
forte. Si nous entrons ici en nous préparant à nous
engager dans une bataille, nous allons en provoquer
une. Tu peux me croire là-dessus, nous n'avons aucune
envie de nous battre contre ces forces ni de nous en

prendre à elles. Ce serait une bataille perdue d'avance. Mais si nous arrivons le cœur ouvert, avec un désir d'aider et entouré d'une protection, alors la réception à laquelle on aura droit ici, et dans d'autres endroits du genre, sera tout à fait différente.

Les gargouilles qui bordaient presque tout le toit de la cathédrale présentaient une image intéressante compte tenu des paroles de Phil. Mais je ne pouvais qu'être d'accord avec lui. Après avoir visité six lieux différents et avoir rencontré plusieurs énergies bizarres et étranges, je voyais bien qu'elles n'étaient ni démoniaques ni maléfiques. Comme le disait Phil, elles semblaient prisonnières d'un monde qu'elles ne savaient comment quitter, et nous étions venus avec une réponse, une réponse à *leurs* prières.

Habituellement, nous demandons aux anges qu'ils nous guident et nous aident quand nous en avons besoin, mais j'imagine que cela peut tout aussi bien fonctionner à l'inverse. Peut-être qu'ils ont autant besoin de nous que nous avons besoin d'eux. Après tout, ils sont une part de nous, tout comme nous sommes une part de chacun. Je sentais que cette mission, de même que ma vie, avait de plus en plus de sens. Les saints Noms que nous avions utilisés semblaient contenir des énergies puissantes qui avaient un pouvoir transformateur. Et, comme le répétait sans cesse Phil, la seule personne dont je devais me préoccuper, c'était moi. Ma propre transformation allait permettre à tout ce qui m'entourait de se transformer. C'était une affaire de choix individuel.

— J'aimerais connaître le nom que nous allons utiliser avant d'entrer dans la cathédrale, ai-je dit à Phil. Je ne sais pas vraiment pourquoi. Peut-être parce qu'il y aura trop de gens à l'intérieur... je ne sais pas. Nous pouvons quand même le chanter à l'intérieur, qu'en penses-tu?

— Je me disais justement la même chose... content de voir que nous sommes sur la même longueur d'onde. Il y a énormément de gens à l'intérieur. Il vaut mieux discuter ici, puis chanter quand nous serons dans la cathédrale.

Trois marches bordaient le parvis qui partait des portes principales de Notre-Dame, et nous nous y sommes assis pour être à l'écart de la foule. La pluie ressemblait à une légère brume recouvrant les gens et les choses comme pour les baptiser, et j'ai senti l'humidité du ciment des marches en m'assoyant. Notre présence ici ne me paraissait pas étrange, comme si la foule bigarrée se mêlait aux diverses émotions présentes en moi.

— Bon, a fait Phil en ouvrant son carnet de notes. Nous allons utiliser ici le nom *Élohim Tzabaoth,* qui signifie le «Dieu des hôtes» ou «Dieu des armées». Il est lié au Hod dans l'Arbre de Vie, qu'on associe à *Din,* le mot hébreu qui désigne l'aspect divin de la justice. Ce nom est aussi associé à l'archange Michel, au *B'nai Élohim,* aux «fils et filles de la lumière» et à ceux qui donnent «la douleur et le plaisir».

— Je crois avoir déjà entendu ce nom, et il me semble que c'était dans un contexte de magie.

— Ici, il n'est pas question de magie, a répondu Phil en cherchant une nouvelle façon de s'asseoir, davantage pour créer un effet que pour son confort. En fait, nous sommes tous, au fond de nous, des magiciens. Aleister Crowley avait raison quand il disait que la magie est la science et l'art d'obtenir des changements en accord avec la volonté. Quand on y pense, c'est un des principaux thèmes du *Code de Moïse*. À mon avis, c'est ça le message et le pouvoir que nous donne le Code : la possibilité de provoquer un changement en utilisant sa volonté, en l'utilisant d'une manière qui soit correcte et juste. Prenons le nom JE SUIS CE QUE JE SUIS : il serait plus approprié de le traduire par «Je serai ce que je serai» ou mieux encore, par «Je travaille à devenir ce que je désire être ». Tout est une question de choix et d'exercice de sa volonté.

— Je vois, ai-je fait.

— J'en suis ravi. Comme je l'ai déjà mentionné, le but de toute pratique spirituelle, y compris la magie, est d'approfondir sa relation avec la Source de toutes choses, Dieu. Dans le cadre d'une véritable pratique spirituelle, on dédie sa vie à la compréhension de la véritable nature du Divin, ce qui mène, évidemment, à la compréhension de son propre mystère.

» Selon la plupart des Kabbalistes, il nous est encore impossible de comprendre le caractère infini de Dieu. Nous ne pouvons comprendre l'incompréhensible qu'au travers de Sa création. En apprenant à nous connaître, nous apprenons à connaître Dieu. Nous apprenons à connaître Dieu par notre expérience de

Dieu. À travers les époques, des systèmes de magie nous ont été légués, ce qui nous permet d'invoquer des énergies spirituelles extrêmement puissantes. Des énergies qu'on peut utiliser, et dont on peut aussi abuser, selon la volonté de celui qui les manie. Tu as sûrement déjà entendu parler de la magie énochienne.

— Oui, mais j'aimerais en savoir plus.

— La magie énochienne est un système permettant d'invoquer et de maîtriser des énergies spirituelles (qui se présentent principalement sous forme «d'énergies angéliques») qui date de la fin du XVIe siècle. Ce système utilise un langage appelé l'énochien qui avait été enseigné au patriarche Énoch par une classe d'anges.

— Que veux-tu dire par *classe* d'anges?

— Ce sont des anges déchus, pour être plus précis, ou du moins, c'est ce que l'on croit, m'a répondu Phil avec un petit sourire en coin. On dit de ces anges qu'ils surveillaient l'humanité à partir des quatre Tours de guet de la création. La magie énochienne a pour but d'ouvrir les portes verrouillées de ces grandes Tours de guet qui, raconte-t-on, servent à monter la garde contre le chaos qui se trouve aux extrémités de notre Univers.

— N'y a-t-il pas un lien avec l'astronome John Dee? Je me rappelle avoir lu quelque chose sur le sujet. C'était un proche confident d'Élizabeth Ire, et certains croient qu'il a eu quelque chose à voir avec la tempête qui a détruit l'armada espagnole.

— Effectivement, a répondu Phil, paraissant surpris que je sois au courant de tout cela.

— Et quel était le but des appels énochiens?

— C'est de ces Tours que l'on peut invoquer les anges dans notre monde en utilisant les systèmes énochiens. Il existe de nombreuses hiérarchies et ordres d'intelligence spirituelle dans l'Univers qui peuvent répondre à nos demandes, bien qu'il y ait habituellement un prix à payer.

— Tu parles de notre âme?

— Peut-être, si on en croit les histoires de la Bible. Ce qu'il faut savoir, c'est que ce n'est pas la magie qui est coupable ici. Ce n'est pas le système en soi qui est fautif, mais plutôt la manière dont il est utilisé. Tout est affaire de conscience et d'intention. Je parle d'âmes malavisées qui, dans une quête pour obtenir un pouvoir personnel, libèrent sur notre planète des énergies spirituelles qui n'étaient pas destinées à errer librement sur Terre. Plusieurs de ces cathédrales ont été construites dans le but d'attirer et d'emprisonner ces énergies jusqu'à ce que vienne le temps où elles pourront retrouver le chemin pour rentrer chez elles. Toutes sortes d'énergies peuvent se retrouver prisonnières en de tels lieux. Nous en parlerons plus longuement à notre prochaine étape. Une bonne partie des conflits et de la douleur qui existent aujourd'hui est liée à la présence de ces énergies.

— Je ne comprends pas, Phil. Il y a une question que je veux te poser depuis que nous avons commencé. Aussi bien le faire maintenant. Comment se fait-il que des énergies spirituelles puissent être négatives ou maléfiques? ai-je demandé un peu confus.

— Un esprit est un esprit, Jimmy, m'a-t-il répondu comme s'il donnait un cours magistral. Tout est constitué d'esprit, de particules, d'unités de conscience divine. C'est comme un individu qui se dit «guérisseur énergétique», comme s'il était possible de guérir avec autre chose. Tout est énergie. Et c'est l'intention qui lui donne son orientation. Aleister Crowley a dit que tout acte intentionnel est un acte de magie. Tout est esprit, tout est conscience, tout est Dieu.

J'ai pensé à ce que venait de dire Phil et j'ai senti que j'avais une compréhension de plus en plus approfondie de ses paroles. Je me suis mis à penser à tout ce que j'avais vécu, à toutes les leçons que j'avais apprises au cours de mes aventures et qui commençaient à prendre tout leur sens en lien avec notre mission. Je pensais au monde en général et à la paix qui semblait si difficile à atteindre. Était-il possible que ces énergies contribuent réellement à la haine et à la négativité présentes dans le monde de nos jours?

D'un autre côté, je me rappelais ce qui est écrit dans *Un cours en miracles* : que tout acte est soit un appel à l'amour soit un geste d'amour. Phil a semblé deviner ce que je pensais et ressentais. Il s'est mis à parler plus doucement et d'un ton mesuré.

— Quand nous répétons les noms, nous nous ouvrons et laissons la grâce entrer en nous et nous traverser. Ce *champ de grâce* agit tel un phare en éclairant les portails de manière à permettre à ces énergies de retourner à l'endroit d'où elles viennent. Le temps de la prophétie est arrivé, Jimmy. Les dimensions s'unissent et les portes s'ouvrent comme jamais auparavant. C'est le moment parfait pour éclairer le chemin du retour. Même les systèmes de dévotion de saint François d'Assise sont censés contenir des secrets alchimiques cryptés. Que penses-tu de ça ?

— Ça me paraît difficile à croire, mais continue.

— Pourquoi est-ce que ça te paraît si difficile à croire ? Ça te paraît impossible que saint François d'Assise ait eu accès à des codes et à des secrets, ou que ses pratiques de dévotion et ses méditations lui aient permis de lever le voile ?

— Je ne veux pas vraiment m'aventurer dans une discussion sur saint François d'Assise. Revenons plutôt à la magie énochienne.

— À ta guise, a répondu Phil, paraissant presque déçu que je ne veuille pas croiser le fer avec lui. L'énochien est un système de magie très complexe et raffiné. Il en existe d'autres qui ont rapport au travail que nous accomplissons ici. Je pourrais t'en dresser une liste, mais ça ne ferait que t'ensevelir sous une montagne d'informations. Je vais quand même en mentionner quelques-uns.

Je voulais en savoir plus, mais j'étais aussi conscient du temps qui filait. Nous avions encore beaucoup de travail devant nous, et il nous fallait entrer dans la cathédrale.

Phil a remarqué mon impatience.

— Nous y allons dans un instant. Je veux juste aller au bout de ma pensée. Voici quelques-unes des autres formes de magie : il y a *La Petite clé de Salomon*, *L'Heptaméron*, *Le Necronomicon*, *La Magie sacrée d'Abramelin le mage*, et bien d'autres encore. Il y a aussi les grimoires, ces livres de magie qui ont été écrits à l'intension des prêtres catholiques.

— Des prêtres catholiques ? ai-je demandé, surpris et intéressé à nouveau.

— Oui, mais c'est quelque chose qu'il nous faudra laisser de côté pour l'instant, car, comme tu l'as dit, le temps presse.

— Je veux bien, mais pourquoi alors m'avoir dit tout ça ? En quoi ces énergies égarées peuvent-elles représenter un danger pour nous ?

— La première chose qui me vient à l'esprit, c'est l'équilibre électromagnétique de la planète. Tout particulièrement aujourd'hui, en ce moment décisif... avec les grands changements qui s'effectuent, des changements sans précédent dans l'histoire de l'humanité. Je parle des bouleversements qui se produisent en ce moment même. Mais, je continuerai plus tard. Pour l'instant, entrons dans la cathédrale.

— Mais quel lien y a-t-il entre l'équilibre électromagnétique de la planète et les systèmes de magie ?

Avant même que j'aie terminé ma question, Phil était debout et s'éloignait de moi. Je l'ai rejoint et nous nous sommes placés dans la file qui serpentait devant l'entrée principale.

— Peux-tu me parler de l'histoire de Notre-Dame ? ai-je demandé pendant que nous avancions lentement vers la porte.

— Il y aurait tant à dire que je ne sais pas par où commencer. La plupart des historiens croient que, pendant des centaines, voire des milliers d'années, on a construit des églises et des temples païens sur cette île. Ensuite, le christianisme s'est installé ici. Puis, à peu près au IVe siècle, on y a construit une immense basilique avec cinq nefs qui devait ressembler aux anciennes basiliques romaines. Cet édifice était dédié à saint Étienne, et sa façade ouest se trouvait à une quarantaine de mètres plus à l'ouest que la cathédrale actuelle.

Elle est restée en place pendant des centaines d'années, jusqu'au XIIe siècle, quand, pendant le règne de Louis VII, on a voulu construire une nouvelle cathédrale, plus grande et conforme au style gothique de plus en plus populaire à l'époque. Le pape a assisté à la pose de la première pierre en 1163. La première phase de sa construction s'est terminée vers l'an 1270. Puis, pendant la Révolution, l'édifice a été attaqué et une bonne partie a été détruite, plus particulièrement les statues de la galerie des rois. La seule statue importante à avoir été épargnée est une statue de la Vierge Marie datant du XVe siècle. Après tout, cette église a été construite en son nom. Du moins, c'est ce que l'on dit. Finalement, au début du XIXe siècle, l'église a été restaurée et redonnée à l'Église catholique. C'est une des premières cathédrales de ce genre à avoir été construite, avec ses plafonds en voûte et ses arcs-boutants qui semblent défier les lois de la gravité... c'est un véritable joyau de l'art gothique. Une chose est sûre, c'est que cette église possède une longue histoire haute en couleurs.

Nous étions rendus à la porte, et j'ai retrouvé cette sensation qui m'accompagnait chaque fois que je passais de la lumière du jour à l'obscurité d'une église. Mes sens ont instantanément été envahis par les odeurs et les sons, et j'ai été ému par l'histoire et l'importance de cette église, qui était une des plus grandes de la planète. Des gens et des groupes guidés visitaient les lieux, moins intéressés par le caractère sacré de l'endroit qu'occupés à prendre des photos et à parler. Ça me rendait triste de voir comment ces incroyables structures dédiées à la prière et à la grâce étaient considérées de nos jours. Il n'y avait personne ici pour demander le silence, alors, le silence n'existait pas.

Si seulement les murs pouvaient parler... et soudain, ça m'est revenu : ils parlaient réellement ! Phil m'avait dit que Notre-Dame était un texte alchimique en pierre, et les bas-reliefs qu'il me montrait en étaient une preuve évidente. Cela ressemblait davantage à un musée qu'à une église, et je pouvais sentir que ça touchait à quelque chose de profond et d'oublié à l'intérieur de nous.

— Suis-moi, a dit Phil en me conduisant vers un coin isolé de l'énorme caverne. Nous pouvons chanter les noms ici, à l'écart de la foule.

Ce coin semblait être l'endroit le plus sûr, mais nous avons quand même préféré tourner le dos à l'espace ouvert dans le but d'éviter d'éveiller les soupçons. Faisant face au coin, nous avons fermé les yeux et nous avons respiré profondément quelques fois. Puis, comme les fois précédentes, nous avons commencé : *Élohim Tzabaoth, En Sof; Élohim Tzabaoth, En Sof; Élohim Tzabaoth, En Sof ...*

Au moment où nous terminions notre psalmodie, j'ai eu l'impression que quelque chose dans cet immense édifice venait de respirer avec nous. Nous avons ouvert les yeux et nous nous sommes demandé tout haut ce que nous devions faire maintenant. Une partie de moi aurait voulu ne pas bouger, préférant rester immobile et espérant qu'il ne se passerait rien. Nous avions déjà vécu des expériences étranges et d'autres agréables, nous avions ressenti la présence d'anges de lumières et d'anges de la nuit ainsi que celle d'esprits maléfiques. Je me demandais encore si tout ceci était bien réel, même si cette notion me paraissait désormais moins définie. Quelque chose se produisait en nous et tout autour de nous. Je ne pouvais le définir avec précision, mais l'heure du déni semblait révolue.

J'ai regardé en direction de la sortie et j'ai aperçu une vieille religieuse assise sur une chaise, un panier dans les mains. Elle semblait amasser de l'argent pour un couvent ou une œuvre de charité qui lui tenait à cœur. Elle faisait un signe de tête et souriait aux gens qui passaient devant elle, et la puissance de sa grâce semblait suffire à éveiller la charité des gens. Sans en être tout à fait sûr, j'avais l'impression qu'elle avait regardé dans ma direction et qu'elle m'avait souri, ce qui m'a donné la chair de poule. J'ai repensé à la basilique du Sacré-Cœur... à l'homme étrange vêtu de noir qui semblait possédé par une entité présente dans l'église, un esprit qui paraissait avoir été attiré à nous par le pouvoir contenu dans le Tétragramme.

Cette religieuse était-elle vraiment elle-même, ou était-elle habitée par un fantôme errant et oisif qui avait peur d'aller vers la lumière ? Peut-être qu'il n'arrivait pas à trouver la lumière et qu'il avait besoin d'aide. J'ai pensé à ces navires qui seraient perdus en mer si ce n'était de la lumière éclatante du phare. Peut-être que c'était ainsi que fonctionnaient les Noms sacrés, qu'ils étaient comme des phares qui guidaient les navires perdus vers le port.

Je me suis rappelé que Phil avait dit que nous étions tous habités, et peut-être même possédés, par nos croyances, par ce que nous considérons comme la vérité. J'ai tenté de chasser la sensation que j'avais pendant que la religieuse regardait de nouveau les touristes qui se dirigeaient vers la sortie. Mon imagination était en train de me jouer des tours, et je le savais. J'ai finalement décidé de marcher un peu et de me détendre. J'ai fait un signe de tête à Phil et j'ai marché en direction de l'autel.

J'ai dû passer devant au moins trois autels latéraux avant de me rendre compte que je me forçais à regarder devant moi, espérant qu'aucune anomalie métaphysique ne puisse attirer mon attention. Il m'était difficile de dire si j'avais simplement atteint la limite de ce que je pouvais vivre en une journée ou s'il y avait quelque chose qui cherchait à m'attirer dans une autre direction... vers l'arrière de l'église, peut-être pour que j'y découvre la raison véritable de notre présence ici. Quoi qu'il en soit, je me sentais déchiré entre l'envie de continuer à marcher vers l'autel et celle de courir dans l'autre direction.

En arrivant devant l'autel principal, j'ai été impressionné par les bas-reliefs finement sculptés dans la longue cloison qui séparait l'allée du tabernacle. Des saints et des scènes de la vie de Jésus ornaient le bois ancien. On y voyait aussi des images illustrant l'histoire sacrée des doctrines et des canons de l'église les plus contestés. Le regard de certains des personnages semblait sortir du bois pour traverser mon âme et, encore une fois, je me suis imaginé qu'il y avait ici quelque chose qui attendait de pouvoir étendre ses mains éthérées afin de toucher ma vie et de me livrer un message. Je suis demeuré là quelque temps, espérant que quelque chose viendrait à moi, une entité quelconque me suppliant de l'aider à se libérer de sa captivité. J'ai observé le mur, mais je n'ai rien ressenti de particulier. Quoi que la cathédrale ait pu contenir comme promesse, ce n'était pas ici que j'allais le découvrir.

Je me suis dirigé vers l'arrière de l'église, me frayant un chemin entre les touristes et les groupes de voyageurs. Je suis arrivé devant un autel où une barrière en fer protégeait une grande statue représentant saint

Georges sur le point de transpercer le dragon de son épée. Une foule de gens regardaient à travers les barreaux pour voir les autres sculptures et tableaux, mais moi, c'était saint Georges qui m'intéressait. Il avait un corps puissant avec une carrure athlétique, et il semblait déterminé et sans peur. J'étais fasciné par son regard et, pendant que la foule se déplaçait d'une alcôve à l'autre, je restais là, comme hypnotisé, incapable de m'en éloigner. Mon regard était complètement fixe, ce qui permettait au visage du saint de paraître en vie. Je ne savais pas si c'était réel et si c'était dû à la fixité de mon regard. Peu importe, je ne me sentais pas capable de m'en détourner et de m'éloigner. J'ai pris une profonde inspiration et j'ai attendu que quelque chose se révèle à moi.

Ce n'est qu'à ce moment-là que mon attention s'est dirigée vers le mur situé derrière la statue. Il était entièrement décoré d'écus ornés de la croix des Templiers qui formaient une sorte de cadre autour de l'épée de saint Georges et dont se dégageait une énergie qui aurait pu transpercer n'importe quel dragon ou, comme dirait Phil, tout vestige de notre cerveau reptilien sous domination draconienne. Quand cette pensée m'a traversé l'esprit, j'ai senti une vive douleur me transpercer la poitrine. Cela m'a fait reculer de quelques pas, et j'ai dû faire un effort pour ne pas perdre l'équilibre. La douleur est disparue, puis est revenue et, pendant un instant, j'ai pensé que j'étais en train de faire un infarctus, même si je savais bien que la douleur aurait été beaucoup plus intense. Quelques secondes plus tard, cela m'a traversé encore une fois, et je suis tombé à genoux tout en m'accrochant à la balustrade pour éviter de m'étendre de tout mon long sur le sol. Si quelqu'un s'était trouvé là, il aurait certainement cru que j'étais pris d'une soudaine ferveur religieuse, mais l'expression de mon visage lui aurait fait comprendre que ce n'était pas le cas. Par chance, cette troisième décharge était la dernière, mais je suis resté agenouillé au cas où il y en aurait une autre.

Mon cœur battait à tout rompre, et j'ai attendu d'être certain que l'incident était bel et bien terminé. Quand je me suis senti assez sûr de moi pour me relever, je me suis redressé, puis je me suis appuyé sur les barreaux, sans jamais quitter saint Georges des yeux, sauf pour regarder les croix des Templiers derrière lui. Je m'attendais à ce qu'il se produise quelque chose, qu'une phrase ou un mot soit prononcé à voix haute ou dans mon esprit de manière à me fournir des détails qui me permettraient de comprendre ce qui se passait... mais rien n'est arrivé. Le nom que nous venions de chanter m'a traversé l'esprit, et j'ai décidé de le réciter encore et encore jusqu'à ce qu'autre chose monte en moi : *Élohim Tzabaoth, En Sof; Élohim Tzabaoth, En Sof; Élohim Tzabaoth, En Sof...*

Pendant que je prononçais ces mots, je sentais quelque chose monter en moi. Cela commençait dans mon ventre, puis montait vers ma poitrine et, finalement, vers mon cou et ma tête. C'était une énergie pesante, pas forcément déplaisante, mais que je n'avais pas vraiment envie de garder en moi. Je continuais à réciter le nom, conscient que l'énergie qui semblait se dégager de la statue était, d'une manière ou d'une autre, liée à ce qui se passait en moi. Encore une fois, j'ai eu l'impression d'être prisonnier d'une sorte de filet ou de toile. Le poids me tirait vers le sol, et j'ai cru être sur le point de tomber encore une fois à genoux, mais, aussi vite qu'elle avait commencé, la sensation a disparu. J'ai regardé la statue et elle m'a paru différente, même si je ne pouvais dire en quoi. Mon côté logique savait que c'était impossible, mais le visage de saint Georges me semblait plus serein et son épée, moins tranchante. Je me suis forcé à m'éloigner de la barrière, craignant que la douleur revienne. Elle n'est pas revenue, alors j'ai reculé et j'ai commencé à m'éloigner de l'autel.

J'ai marché avec un groupe de touristes japonais, puis je les ai dépassés quand ils se sont arrêtés pour regarder un très grand tableau accroché dans une autre chapelle. J'étais presque rendu à la porte quand j'ai vu Phil, qui semblait prêt à quitter les lieux. Il a souri, et je lui ai fait comprendre que c'était terminé de mon côté. Mon air a dû en révéler plus que je ne l'aurais voulu, car son sourire a disparu et a fait place à un air préoccupé. J'ai mis mon chapeau en arrivant près de la porte et je me suis rendu compte combien j'étais soulagé de quitter cet endroit.

Quelques mètres avant d'arriver à la sortie, je me suis retrouvé près de la religieuse et, au moment où je suis passé devant elle, elle a mis ses mains derrière le dos comme pour me signifier qu'elle ne voulait rien de moi. Ses yeux m'ont attiré et, quand nos regards se sont croisés, elle a souri et sa bouche s'est ouverte :

— Merci, a-t-elle dit, merci.

Je me suis arrêté devant elle à peine un instant, puis je suis sorti.

✿✿✿✿✿

CHAPITRE 13

Le centre hérétique

E1

En sortant de la cathédrale, j'ai raconté à Phil l'histoire de la statue de saint Georges et de l'étrange énergie que j'avais ressentie, et j'ai conclu en lui répétant les paroles de la religieuse. On aurait dit qu'elle était parfaitement consciente de ce qui s'était déroulé dans un coin de l'église qu'elle ne pouvait pas voir. Je me demandais ce qui venait de m'arriver.

— J'aimerais que tu m'en dises plus sur la douleur que tu as ressentie. C'est arrivé au moment où tu as pensé à saint Georges en train de transpercer le dragon, c'est ça ? s'est enquis Phil.

— Oui, j'ai pensé à saint Georges qui, selon la légende, aurait terrassé le dragon, puis j'ai pensé à l'archange Michel, dont l'histoire ressemble à celle de saint Georges sauf que c'est Satan, le démon, que l'archange a terrassé. C'est alors que ça m'a frappé.

— Qu'est-ce qui t'a frappé au juste ? As-tu vu ou ressenti autre chose juste avant l'arrivée de la douleur ? As-tu entendu quelque chose ?

— Ce qui est bizarre, c'est que je n'aie *pas* vu ou entendu quoi que ce soit. Je sais que ça peut paraître étrange, mais à ce stade-ci, l'étrangeté est la norme ; c'est déconcertant quand rien d'insolite ne se produit. Au moment où le mot démon a traversé mon esprit et où une douleur m'a transpercé la poitrine, j'ai pensé que j'étais entré en contact avec un esprit en colère prisonnier de l'autel. Quand j'ai compris que ce n'était pas le cas, j'ai commencé à douter de toute cette histoire... sauf que j'étais certain que la douleur était bien réelle.

Nous nous sommes éloignés de la place et de son animation et avons pris une rue bordée de boutiques et de restaurants accueillant les millions de touristes qui passent ici chaque année. La petite bruine qui nous avait accompagnés toute la journée s'est arrêtée pour un moment, et Phil a sorti son carnet de notes pour y inscrire quelques pensées tout en marchant.

— J'aimerais pouvoir t'expliquer ce qui s'est passé ici, a-t-il fait, mais si tu ne m'en dis pas plus sur tes pensées ou tes sentiments du moment, je ne pourrai pas t'éclairer. Je sais qu'il existe beaucoup de similitudes entre saint Georges et l'archange Michel. Ce qu'on sait de saint Georges nous vient principalement de la *Légende dorée*, qui nous a été rapportée de la Terre sainte par les Croisés.

— Vois-tu un lien avec les Templiers?

— Il est possible qu'il y en ait un. Après tout, saint Georges a utilisé le signe de croix pour se protéger. D'un autre côté, il y a l'archange Michel, le prince de la Lumière, qui dirige les forces du bien contre les forces de la noirceur.

— Ne dit-on pas de l'archange Michel qu'il est le bon ange de la Mort?

— Effectivement. Par opposition à Samaël, qui est l'ange maléfique de la Mort. L'archange Michel est aussi considéré comme le chef des armées de Dieu, ce qui fait d'*Élohim Tzabaoth* un choix d'autant plus inspiré pour Notre-Dame. Certains l'appellent aussi *Sabazios*, ou Père céleste. Tu remarques la ressemblance avec le mot *Tzabaoth*? N'oublie pas que les Juifs considèrent l'archange Michel comme le gardien des douze tribus d'Israël, ce qui peut paraître étrange étant donné la position des Juifs sur ce genre d'intervention. D'un autre côté, certains croient que Michel a été l'enseignant de Moïse. Dans le livre des Jubilés, Michel est l'ange qui fait des révélations à Moïse sur la montagne et lui donne les tables de la Loi. Michel appelle Satan le serpent primitif. Tu vois maintenant le lien avec le dragon de Georges? Il s'agit de l'adversaire au-dessus duquel nous devons nous élever ou que nous devons terrasser. En ce qui concerne la religieuse... c'est la partie la plus intéressante de l'histoire.

— Je suis d'accord. Qu'est-ce que ça peut signifier, selon toi?

— Tu as vraiment eu l'impression que son merci était lié à ce que tu as vécu au fond de la cathédrale, n'est-ce pas? Penses-tu vraiment qu'elle savait ce qui s'y est passé?

— J'en suis presque certain! ai-je répondu avec plus d'entrain que je ne l'aurais voulu. Elle a retiré sa main quand elle m'a parlé. Même si j'avais voulu, je n'aurais pas pu lui donner de l'argent. Et elle m'a parlé en anglais. Penses-tu qu'elle a vu que je n'étais pas français? Ou qu'elle parle en anglais à tout le monde?

— Eh bien, pour être franc, tu as plus l'air d'un gars de Chicago que d'un Parisien. Mais, sérieusement, je pense que ce qu'elle a dit n'était destiné qu'à toi, qu'à tes oreilles.

— C'est aussi mon avis. Je pense qu'elle savait ce qui était en train de se passer, qu'elle en faisait peut-être même partie, même si je ne saurais dire comment.

— Je suis sûr que nous allons comprendre un peu plus tard quel était son rôle. J'ai toutefois ma théorie là-dessus. J'ai vraiment l'impression que rabbi Éléazar a quelque chose à voir avec tout ça. Connais-tu le concept de l'*ibbur*?

— Oui. C'est quand l'esprit d'un grand enseignant s'unit avec celui d'une autre personne, non?

— C'est exactement ça. L'âme d'un grand sage — dans ce cas-ci, rabbi Éléazar — lie son esprit avec le tien. Et ça devrait durer pendant tout notre périple dans Paris. Le but est habituellement d'apporter un surplus de sagesse et de foi. D'ailleurs, ces aventures n'ont-elles pas constitué une sorte de test pour ta foi et ta confiance ? Je crois que ce que tu as ressenti à Notre-Dame, et peut-être à d'autres moments de notre périple, était un *dibbuk*, c'est-à-dire un esprit maléfique. Dans un conte folklorique juif intitulé *Un baiser du Maître*, l'esprit du grand kabbaliste Siméon Bar Yohaï apparaît en rêve à quelqu'un. Cette personne ne s'y connaît pas en étude approfondie de la Torah... ça te fait penser à quelque chose ? L'âme de rabbi Éléazar s'est unie à la tienne pour te guider. Il t'est apparu en rêve. D'une certaine façon, il a mis en marche notre périple, et moi, je ne fais que te donner les informations qui te manquent.

— Il s'agit de l'homme qui a obtenu la grâce après toute une vie de pécheur, ai-je ajouté. Pourquoi voudrait-il m'aider ? Surtout dans une aventure aussi étrange que la nôtre ?

— Il y a des parallèles entre certaines choses que tu vis et des éléments de sa vie et de ses enseignements. Tu comprends ? Tu as fait une fixation sur la statue de saint Georges. Il a tué le dragon, qui pourrait être une représentation de notre nature inférieure et immorale ou de notre conscience répressive reptilienne. Qu'importe ce qui est entré en contact avec toi, cela répond à quelque chose en toi comme dans l'exemple d'Éléazar. Rappelle-toi qu'il nous a montré qu'il n'existait pas de péché qui ne puisse être pardonné ni d'âme qui ne puisse être rachetée.

— Je ne suis pas sûr de comprendre. Tout ça me paraît fou.

— C'est peut-être fou d'un certain point de vue, mais il y a longtemps que nous avons quitté le monde de la raison. Tout ce que je sais, c'est que ton rêve nous indique qu'il existe un lien psychique entre vous, une connexion entre vos âmes. C'est un cadeau fantastique. Ta fusion avec Éléazar te permet de vivre quelque chose qui ressemble à un feu purificateur, et cela ne sert pas qu'à toi. Je crois fermement que ce qui nous arrive ici sera utile à beaucoup de gens... peut-être même au monde entier. Et ce sont nos méditations sur les Noms sacrés qui ont déclenché ça.

— Et la religieuse dans tout ça ?

— J'imagine qu'elle est tellement liée à la spiritualité qu'elle a parfaitement compris ce qui se passait... ou du moins, ce qui avait à se passer. Elle te remerciait d'avoir rendu ça possible. On n'en connaît ni les détails ni ce que ça donnera au bout du compte, mais tu as libéré en toi quelque chose de très puissant. Elle t'en était reconnaissante et t'a remercié pour cela.

Nous sommes entrés dans le métro en silence et sommes descendus, encore une fois, dans les entrailles de Paris. Je tentais de saisir ce qui s'était produit ainsi que les explications de Phil. Même si une bonne partie de ma peur s'était dissipée, notre mission me rendait encore un peu craintif. S'il est vrai que l'âme de Rabbi Éléazar s'était en quelque sorte unie à la mienne, et que nous partagions nos expériences et nos leçons, alors, les pièces du puzzle commençaient à se mettre en place. Phil m'avait expliqué qu'Éléazar n'était devenu rabbin qu'après sa mort parce que c'était sa vie en soi qui constituait un enseignement, mais aussi que son nom signifiait « qui a l'appui de Dieu ». Il nous a enseigné que personne n'était indigne de la grâce salutaire de Dieu.

— Éléazar a demandé la clémence divine, a jouté Phil. Il a demandé au soleil, à la lune, aux étoiles... et surtout au Ciel d'avoir pitié de lui, mais on lui a répondu qu'il fallait qu'il se pardonne à lui-même avant de demander le pardon des autres. C'est une très grande leçon.

J'ai pensé aux conséquences possibles si on appliquait cette idée au monde moderne. Aux dires de plusieurs, l'humanité a déjà atteint le point de non-retour et il n'est plus possible de changer le cours des choses et d'aller vers la guérison. Et pourtant, s'il y a une leçon qu'on peut tirer de l'histoire d'Éléazar, c'est qu'il n'est jamais trop tard. L'humanité est peut-être prête à le comprendre et, par le fait même, à commencer à aider la Terre au lieu de la détruire.

Nous sommes sortis à la station Louvre-Rivoli et avons retrouvé la lumière du jour. La bruine tombait à nouveau, et nous nous sommes arrêtés pour admirer la magnifique vue qui s'offrait à nous. Nous étions à l'extrémité orientale du complexe du Louvre, le plus célèbre musée du monde. À l'intérieur de cette immense construction de brique et de marbre, de grandes œuvres d'art ont trouvé leur demeure permanente, et je n'étais pas surpris que notre aventure nous mène en ces lieux.

— Je pensais bien que nous allions passer par ici.

— Nous n'allons pas au Louvre, a répondu Phil, mais dans une église qui est située juste en face : Saint-Germain l'Auxerrois, l'église du Louvre... le centre hérétique.

— Le centre hérétique?

— Oui. Cette église abritait autrefois une collection impressionnante de reliques, ainsi que de nombreuses références, voilées ou pas, à des vérités que l'Église catholique préférerait garder secrètes. Je t'en dirai plus quand nous serons à l'intérieur.

À son sourire en coin, j'ai compris que cette visite n'allait pas être de tout repos. Nous nous sommes arrêtés avant d'entrer dans l'église, et j'ai eu l'impression de ressentir une émotion particulière avant même de me retrouver à l'intérieur. L'entrée était ornée d'immenses arcades, et le vitrail de la façade avant faisait miroiter de grandes promesses. Phil m'a immédiatement fait remarquer une image de Marie-Madeleine au sein du statuaire à l'extérieur de l'église. La sainte avait de longs cheveux flottants et portait trois pains. *Le centre hérétique, pas de doute là-dessus*, ai-je pensé.

— Parle-moi de cet endroit, ai-je dit à Phil.

— À l'époque où le Louvre était encore le Palais royal, avant Versailles, Saint-Germain l'Auxerrois était l'église du palais. Fondé au VIIe siècle, ce lieu est considéré comme sacré depuis bien plus longtemps que ça, tu peux me croire. La première église d'importance érigée ici a été construite au début du XIIᵉ siècle et portait le nom de Saint-Germain-le-Rond. L'église actuelle présente un mélange intéressant de style roman, gothique et renaissance. Le clocher, qu'on appelle la *Marie*, est l'unique élément qui reste du bâtiment original. Ce qu'on voit aujourd'hui a été en majeure partie construit au XIIIᵉ siècle. Le 24 août 1572, on a sonné les cloches de l'église pour lancer le massacre de milliers de protestants huguenots qui avaient été invités à célébrer le mariage d'Henri de Navarre avec Marguerite de Valois... C'est ce qu'on appelle le massacre de la Saint-Barthélemy.

— Le mariage a servi à attirer des milliers de personnes dans le but de les assassiner?

— C'est tout à fait ça, a répondu Phil d'un air consterné.

— Quel lieu triste.

— Il y a beaucoup de lieux tristes à Paris. C'est une des raisons de notre présence ici.

Nous sommes entrés dans l'église, et j'ai instantanément ressenti ce que j'appellerais une immense appréhension. Je ne voulais plus être ici, mais je ne savais pas si c'était à cause d'un véritable danger ou de l'histoire que Phil venait de me raconter. L'idée de ce qui s'était déroulé entre ces murs des siècles plus tôt me remplissait d'effroi, comme si les murs pouvaient se souvenir des cris entendus et de la douleur dont ils avaient été témoins. J'ai fermé les yeux afin qu'ils puissent s'ajuster rapidement à l'éclairage tamisé et aussi pour apaiser les sensations accablantes qui m'envahissaient.

L'église Saint-Germain était vide à notre arrivée. Il nous a été facile de trouver un banc à l'arrière où nous nous sentions à l'aise pour exécuter notre rituel. Une fois assis, nous avons commencé.

Phil a ouvert son carnet de notes.

— Le Nom sacré que nous allons invoquer ici est simplement *El,* qui vient d'un radical qui signifie «puissance», «force» ou «pouvoir». Il sert communément à désigner Dieu, comme tu le sais déjà. Si l'on parle des anges ou des humains, alors ce mot signifie pouvoir. Il apparaît 250 fois dans le Tanakh et environ 200 fois dans l'Ancien Testament. Tu sais, Jimmy, si Moïse voulait publier l'Ancien Testament aujourd'hui, il lui faudrait sans doute le publier à compte d'auteur. Il…

— Phil, restes-en au fait.

— Désolé. Pour les Cananéens, *El* faisait référence à Dieu le Père. On l'utilise souvent en combinaison avec un autre mot comme *Echad,* ce qui donne *El Echad,* dont la signification est «le Dieu unique», ou encore *El Deot,* qui signifie «le Dieu de la connaissance», ce dont tu te souviens sûrement à cause de notre expérience à Saint-Roch. Ces exemples te montrent bien que si tout ça est simple sur le plan formel, c'est très profond dans son essence. *El* est la clé de la Porte céleste qui permet à la clémence absolue de se répandre dans le monde. *El* est, en fait, la véritable essence de Dieu. Et c'est pourquoi nous allons utiliser ce nom ici.

Nous avons fermé les yeux et avons commencé : «*El, En Sof; El, En Sof; El, En Sof…*»

Comme les fois précédentes, j'ai récité les mots sacrés tout en comptant sur les jointures de ma main gauche. Le nom de Dieu se répercutait contre les murs et nous revenait comme s'il était prononcé par des âmes oubliées qui avaient prié en ces lieux au cours des siècles passés. Je sentais l'énergie monter en moi pendant que nous chantions et, quand nous nous sommes tus, le silence s'est élevé avec autant de force que l'avaient fait les mots. Nous sommes restés quelques instants assis avant de commencer notre exploration.

— Je ne sais pas pourquoi, mais cet endroit m'effraie un peu, ai-je avoué. Je pense que les histoires que tu m'as racontées ont fait naître trop d'images en moi.

— Tu as déjà accompli ce rite plusieurs fois et rien de terrible n'est encore arrivé, n'est-ce pas? Tu n'as qu'à penser à garder ton cœur ouvert. Le nom, ta foi et ton amour te protègent. Il n'y a rien ici qui puisse te faire du mal.

Phil a récité sa prière de protection comme les fois précédentes. Je croyais en ses paroles, et pourtant, l'inquiétude et la peur ne me quittaient toujours pas. Je me suis levé et j'ai marché vers l'arrière de l'église, comme je l'avais fait de nombreuses fois déjà, espérant tomber sur une âme bienveillante comme celle de la religieuse de Notre-Dame. Je n'avais pas une idée précise du genre d'expérience que je désirais vivre, mais j'avais peur de rencontrer une assemblée d'esprits perdus et incapables de quitter l'endroit où ils avaient été massacrés. J'ai tenté d'imaginer comment je me serais senti si, après avoir revêtu mes plus beaux atours pour me rendre à un des mariages les plus en vue de Paris, je m'étais trouvé enfermé, puis massacré simplement à cause de mon appartenance à une église. Plus j'avançais, plus ma peur grandissait et quand je suis arrivé au fond de l'église, j'avais envie de quitter les lieux.

Quelque chose, qui a presque instantanément éveillé mon intérêt, m'a poussé à continuer mon exploration. J'ai remarqué des douzaines de croix des Templiers sur les murs qui séparaient les autels latéraux, et un de ces autels a plus particulièrement attiré mon attention. Je m'y suis dirigé et j'ai vu qu'il ne contenait presque rien, sauf un tabernacle ancien avec deux portes ornées d'une petite croix des Templiers. Je me suis rappelé que Phil m'avait dit de toujours suivre les signes, surtout quand il s'agissait de croix de ce style.

Comme je m'approchais de l'autel, j'ai vu autre chose qui me confirmait que j'étais au bon endroit : il s'agissait d'un magnifique vitrail en quatre parties qui se trouvait juste au-dessus du tabernacle. Dans l'image centrale, on pouvait voir Jésus et Marie (cela me paraissait être Marie-Madeleine) portant des couronnes en or avec, de chaque côté du couple, un ange. Ce qui rendait le tableau encore plus intéressant, c'étaient les douzaines de Yod — la lettre hébraïque à l'origine de notre aventure — qui ornaient toute la scène. Le fait que tous ces signes se trouvaient si près les uns des autres me confirmait que j'avais bel et bien trouvé la source d'énergie que je cherchais.

Les portes du tabernacle attiraient mon attention plus que tout le reste. Une corde empêchait les touristes d'entrer dans la chapelle, mais plus je restais là à regarder, plus je sentais qu'il me fallait défier les règles. J'ai jeté un coup d'œil pour vérifier si quelqu'un pouvait me voir et je me suis rendu compte que j'étais seul. Je suis passé par-dessus la corde et j'ai fait quelques pas jusqu'à l'autel. J'ai tendu mes bras tremblants, persuadé que ce que je cherchais, la réponse, se trouvait derrière ces portes. À ma grande surprise, elles n'étaient pas fermées à clé ni même avec un loquet. Je n'ai pas eu de difficulté à les ouvrir et je me suis penché pour voir à l'intérieur.

J'ai d'abord pensé que c'était vide, mais l'ombre était trop épaisse pour je puisse bien voir. Il m'aurait fallu regarder de très près ou même y entrer la main. À cette pensée, une sensation de peur m'a traversé le corps, accentuant ce que je ressentais déjà. Si j'y entrais la main, cela signifiait que je faisais confiance à mon intuition, mais cela n'avait aucun sens si mon intuition me guidait vers un danger. Je flirtais avec le danger depuis le début de notre aventure et, jusqu'à maintenant, j'avais réussi à y échapper. Mais j'étais en quelque sorte sur le point de franchir le Rubicon, et j'étais à la fois effrayé et excité par les effets possibles de mon geste.

J'ai pris une profonde inspiration et j'ai étiré mes doigts lentement, comme si je tentais d'attraper un serpent dont la morsure pouvait m'être mortelle. Mes doigts ont finalement passé l'ouverture de la porte, puis ont disparu, centimètre par centimètre, dans la pénombre. Toute ma main a fini par disparaître à l'intérieur et j'ai cherché à tâtons, espérant trouver quelque chose qui justifierait mon infraction. J'ai senti, sous mon index, quelque chose de rugueux, comme un parchemin ou un bout de tissu. J'essayais de saisir l'objet entre mes doigts pour l'exposer à la lumière quand j'ai entendu une voix forte.

— Excusez-moi!*

Je me suis retourné rapidement et j'ai aperçu un concierge debout à quelques mètres de moi qui brandissait un balai d'un air menaçant.

— Que faites-vous?*

J'ai rapidement ressorti ma main et je me suis mis à reculer.

— Je suis désolé, je voulais juste…

— Sortez!* a-t-il crié.

Il s'est précipité vers moi en secouant le balai au-dessus de sa tête. Il était si pressé de m'expulser de l'église qu'il n'a pas pensé à la corde qui protégeait l'autel et a trébuché. Le temps qu'il retrouve son équilibre, je courais déjà vers la porte de l'église.

---

* N.d.T. : En français dans le texte.

— Sortez!* a-t-il crié encore une fois.

Phil a entendu le vacarme et est ressorti d'une chapelle latérale juste à temps pour nous voir. Je l'ai attrapé par le bras en passant à côté de lui.

— Viens-t'en, partons d'ici! ai-je crié en courant.

Quelques instants plus tard, nous étions à l'extérieur et courions en direction de la place du Louvre. Une fois rendus loin de l'église, nous nous sommes arrêtés pour reprendre notre souffle.

— Qu'est-ce qui s'est passé? a demandé Phil.

— J'aimerais te répondre, mais je dois faire autre chose d'abord.

J'ai ouvert le poing, et une petite feuille de papier, déchirée et très usée, qui semblait avoir été oubliée pendant de nombreuses décennies, est apparue.

— Qu'est-ce que c'est que ça?

J'ai expliqué à Phil l'histoire du tabernacle avec les deux croix des Templiers, à l'intérieur duquel j'étais en train de fouiller quand le concierge est arrivé.

— Je ne sais pas ce que c'est, mais j'ai l'impression que si nous sommes allés dans cette église, c'était justement pour trouver ce papier.

J'ai tendu le bras pour que nous puissions bien observer le parchemin. Il n'y avait que deux mots d'inscrits, en français.

— Je ne sais pas ce que ça veut dire.

— Moi je sais! s'est exclamé Phil. C'est écrit «médaille miraculeuse». Je comprends très bien ce que ça signifie.

---

* N.d.T. : En français dans le texte.

La lumière dans ses yeux était plus éloquente qu'aucun mot n'aurait pu l'être. Une médaille miraculeuse ? J'ai eu soudain l'impression de me retrouver chez moi.

✧✧✧✧✧

CHAPITRE 14

La sainte incorruptible

Yahvé Tzabaoth

J'avais 14 ans quand madame Meyer m'a donné un cadeau qui a changé ma vie de bien des manières. C'était la mère d'une de mes amies et camarades d'école, et elle avait sans doute remarqué quelque chose en moi, un penchant ou une inclination pour l'aspect mystique de la spiritualité, quelque chose au-delà des rituels et des dogmes auxquels la plupart des gens s'accrochent. Mon amie m'avait parlé de sa mère et m'avait invité à passer chez elle pour la rencontrer. Après avoir discuté pendant environ une heure de saints et d'autres sujets de nature religieuse, madame Meyer a tendu le bras et a placé un petit objet dans la paume de ma main… c'était une médaille miraculeuse.

— Je pense que mes parents m'en ont donné une lors de ma confirmation, il y a quelques années, lui ai-je dit. Mais je n'ai jamais compris tout à fait sa signification.

— C'est un symbole de dévotion à la Sainte Mère, m'a-t-elle répondu. Tous les grands saints lui vouaient dévotion, et si tu veux suivre leur exemple, tu devras en faire autant.

— Vous pensez que je suis destiné à suivre l'exemple des saints? ai-je demandé, incrédule.

Cette idée me semblait si étrangère et inatteignable que je ne voulais même pas la considérer.

Elle me souriait.

— Je ne crois pas que tu vas suivre leur exemple. Je crois que tu seras toi-même un exemple à suivre... et si c'est ton désir, tu pourrais toi-même être un saint. Je peux voir dans tes yeux ta grande fidélité et ta dévotion. Mais tu auras besoin d'aide pour rester pur. Cette médaille pourra t'aider. Tu peux t'en remettre à ses soins, et une fois que tu lui appartiens, elle ne te laissera jamais tomber. Garde-la toujours près de toi, et tout finira toujours par s'arranger.

Je n'ai jamais oublié cette conversation. En quelques secondes, je m'étais attaché à une chaîne que j'ai portée autour du cou et qui m'a accompagné pendant des années. Malheureusement, quelque part en cours de route, j'ai perdu ma médaille, ainsi que l'enthousiasme que madame Meyer avait participé à créer. Mais c'était toujours là, caché au fond de mon esprit.

Tout ce qu'il me fallait, c'était un peu d'encouragement, et peut-être un bout de parchemin ancien...

✧✧✧

— Ce bout de papier change tout, a dit Phil, me tirant de ma rêverie, pendant que nous marchions en direction du métro.

— Vraiment? Qu'est-ce que ça change?

— Tout d'abord, notre prochaine destination. J'ai choisi dix lieux en fonction de leur importance et en suivant mon intuition. J'avais prévu un endroit pour notre neuvième destination, mais le fait que tu aies trouvé ce papier m'indique qu'il nous faut aller à un tout autre endroit, un lieu auquel j'avais tout d'abord pensé, mais que j'avais ensuite écarté.

— De quel lieu s'agit-il?

— Avant de te le révéler, je voudrais te parler de quelque chose. Ne trouves-tu pas étrange qu'il y ait eu autant de symboles et d'indices présents à Saint-Germain? Cela me fait croire qu'il nous fallait trouver ce parchemin. La seule question qui demeure, c'est qui l'a placé à cet endroit. Et pourquoi. Était-ce pour que nous le trouvions et qu'il puisse nous guider vers notre prochaine destination? Je t'avais dit que nous avions des alliés à nos côtés pour cette mission. Ce parchemin est très vieux, mais il est difficile de savoir de quand il date. Et les mots « médaille miraculeuse »... Ils ne peuvent avoir qu'une seule signification, et c'est ce qui m'indique qu'il nous faut changer notre itinéraire.

— Changer notre itinéraire ?

— As-tu déjà entendu parler de la médaille miraculeuse ?

— Mais bien sûr. Tous les catholiques savent ce que c'est. On les distribuait comme des bonbons.

— Et que sais-tu de son histoire et de son origine ?

— J'en savais un peu sur le sujet, mais il y a longtemps.

Phil et moi attendions sur le quai du métro. C'était la fin de l'après-midi, et le métro était plus achalandé qu'un peu plus tôt. Nous nous sommes donc rendus à l'extrémité du quai où il y avait moins de monde.

— Il y avait ici, à Paris, une nonne du nom de Catherine Labouré, qui faisait partie des Filles de la Charité. En 1830, elle a été réveillée une nuit par la voix d'un jeune enfant qui lui demandait de se rendre à la chapelle des sœurs. Ça s'est passé tout près d'ici. La Sainte Vierge est alors apparue à Catherine et lui a dit qu'elle la chargeait d'une mission. Un peu plus tard, au cours de la même année, Catherine a vu une nouvelle apparition de Marie. Elle se trouvait à l'intérieur d'une forme ovale et avait les pieds posés sur un globe terrestre. Catherine a aussi vu ces paroles écrites dans une auréole autour de la tête de la Vierge : « Ô Marie, conçue sans péché, priez pour nous qui avons recours à vous. » Marie lui a alors demandé de faire frapper une médaille qui représenterait ce qu'elle venait de voir et lui a dit que les grâces combleront tous ceux qui la porteront. Cette médaille a d'abord été appelée la « médaille de l'Immaculée Conception », puis c'est devenu la « médaille miraculeuse ».

— Oui, cette histoire me dit quelque chose.

— Et sais-tu ce qui est arrivé à Catherine après cette histoire ? a demandé Phil.

— Non, je ne crois pas. Qu'est-ce que c'est ?

— Son confesseur était le seul à savoir que Catherine était à l'origine de la médaille miraculeuse. Elle a été, la majeure partie de sa vie, une simple religieuse et a travaillé comme garde-malade. Elle est morte en 1876. Son corps a été exhumé en 1933, et on a alors découvert qu'il était parfaitement conservé.

— Oui, ça me revient maintenant. C'est une des incorruptibles. Il y a de nombreux saints, un peu partout en Europe, qui sont exposés dans des églises et des cathédrales et dont le corps est parfaitement conservé.

— C'est bien ça. Ainsi, pour Catherine, après presque 60 ans, son corps était dans un état de parfaite conservation. On a considéré que c'était un miracle, une des grâces que Marie avait promis d'accorder. Depuis ce temps, Catherine repose dans un cercueil de verre dans une église située au 140, rue du Bac, à l'intérieur de la chapelle de la Maison-Mère où lui était apparue la Sainte Mère. Comme je te l'ai déjà dit, je n'avais pas prévu visiter cet endroit, mais étant donné la découverte que tu viens de faire, je sens que je devrais l'ajouter à ma liste. Nous nous rendons donc à la chapelle Notre-Dame de la Médaille Miraculeuse.

J'ai regardé le bout de papier dans ma main. Est-ce que je l'avais trouvé parce qu'il nous fallait nous rendre dans cette église où se trouve le corps parfaitement conservé d'une sainte? Si c'était le cas, quel lien y avait-il avec notre affaire? Le métro est entré dans la station au moment où je me posais ces questions, et nous sommes entrés dans une voiture déjà bondée. Phil s'est fait pousser dans une direction, et moi, dans l'autre, et nous nous sommes accrochés à des barres de métal quand la rame a été projetée vers l'avant, nous rapprochant de notre prochaine étape. Mais vers quoi allions-nous? C'était la première fois que je me posais la question, sentant soudain le besoin d'avoir un but qui apporterait une réelle signification à toutes nos expériences. Chaque endroit que nous avions visité et tous les Noms sacrés que nous avions récités m'avaient permis de prendre conscience de la force contenue dans les noms. Mais il devait y avoir une raison plus importante à toute cette aventure, et le bout de papier que j'avais trouvé allait nous permettre de nous en approcher.

J'ai pensé à madame Meyer et à la médaille miraculeuse qu'elle m'avait donnée. Ce cadeau avait constitué une étape et m'avait guidé vers de nombreuses occasions et possibilités qui, au bout du compte, m'avaient mené à ce moment où je me faisais balloter dans le métro parisien. Après ma discussion avec la mère de mon amie, ma vie s'était trouvée rapidement transformée. J'étais devenu plus dévoué dans mes prières et ma foi, et mon cœur s'était ouvert à une plus grande intimité avec Dieu, un changement qui était depuis au centre de ma vie. Grâce à madame Meyer, j'avais découvert une source sacrée de fidélité et de grâce que je ne connaissais pas. Ma vie spirituelle, qui auparavant consistait à remplir mes obligations dominicales, s'était transformée, et j'ai commencé à fréquenter l'église tous les jours et à réciter mon rosaire tous les matins avant l'école. C'était un début juvénile, mais ma dévotion n'a fait que gagner en profondeur par la suite, plus je vieillissais.

Des années plus tard, quand j'ai ressenti le besoin d'étendre mon cheminement et de sortir du cadre étroit dans lequel j'avais été élevé, cette dévotion ne m'a jamais quitté. Et je ne me reconnaissais pas dans ces gens qui se disaient écorchés par leur éducation et qui se considéraient comme des « catholiques repentis ». Dans mon cas, la foi a été une source constante de force, comme une mère qui, tout en habitant loin de son enfant, continue d'exercer une énorme influence.

Nous nous sommes arrêtés à la station Saint-Placide. Une fois dans la rue, j'ai remarqué que nous nous trouvions dans un quartier branché avec des boutiques de vêtements griffés et des marchés d'alimentation haut de gamme desservant une clientèle chic. Nous avons fait quelques coins de rue et avons pris la rue du Bac. Je pouvais voir de loin des gens groupés devant un grand édifice qui ressemblait à une église. Près d'une allée séparant deux immeubles, j'ai aperçu un jeune franciscain barbu que j'ai identifié comme faisant partie d'une communauté en plein essor installée dans le Bronx, à New York : les Franciscains de la Réconciliation.

J'ai lu plusieurs articles où on parlait de leur façon de revenir à l'essentiel en ce qui a trait à la vie religieuse. Le jeune homme avait une longue barbe, ce qui me portait à croire (s'il est vrai que ces frères n'ont pas le droit de se raser le visage) que ce jeune homme était membre de la communauté depuis plusieurs années. Sa présence conférait une ambiance traditionaliste à ce lieu de pèlerinage qui attirait des catholiques plutôt conservateurs, à l'image de la communauté dans laquelle j'avais été élevé. Les souvenirs montaient en moi à mesure que nous nous approchions de l'édifice, et je tenais le parchemin dans ma main gauche comme si je risquais à tout moment de me le faire voler.

Nous avons tourné dans l'entrée, qui n'était pas protégée du vent et de la pluie, et avons marché vers une porte située au bout de l'allée et derrière laquelle nous allions sûrement passer aux choses sérieuses. À notre droite, une porte menait vers une petite librairie où de vieilles religieuses vendaient de grands sacs remplis de médailles qui devaient être distribuées à des membres de différentes églises ou à des groupes de prières une fois les touristes repartis.

— C'est amusant que le destin nous ait conduits ici, a dit Phil. Quand je faisais des recherches pour choisir les lieux que nous allions visiter, cette église faisait partie de ma liste. Mais, comme je te l'ai déjà dit, j'ai changé d'idée.

— Qu'est-ce qui t'a fait changer d'idée?

— Je ne sais pas trop, a-t-il répondu devant les portes menant à l'église principale. Sur le coup, ça ne semblait pas le bon choix, mais maintenant, ça paraît tout à fait logique.

Ça m'a d'abord paru étrange d'entrer dans une église si petite par comparaison aux autres que nous avions visitées. Une lumière brillante semblait émaner de l'autel et, même si les lampes qui éclairaient la statue centrale de Marie avaient une lumière un peu trop vive, je sentais qu'il y avait ici quelque chose que mes yeux ne pouvaient voir et qui inspirait l'émerveillement. Au-dessus de l'autel, un superbe tableau qui commémorait les apparitions de Marie à Catherine attirait tous les regards, et les anges qui entouraient les deux femmes paraissaient réels, même si je savais qu'ils ne pouvaient l'être. La statue de Marie représentait ce que Catherine avait vu dans ses apparitions, avec un halo brillant, un cercle de 12 étoiles et les bras étendus de la Vierge. Des anges de pierre l'entouraient, comme des sentinelles gardant une place sacrée et surveillant le pont qui sépare le Ciel de la Terre.

J'ai ensuite vu quelque chose qui m'a d'abord surpris. Il y avait, de chaque côté de l'autel principal, un cercueil de verre qui semblait contenir la dépouille d'une nonne. Phil m'avait parlé d'une seule sainte incorruptible, Catherine, mais il semblait y avoir ici le corps d'une autre sainte. Je me suis tourné vers Phil, qui paraissait partager mon étonnement.

— Je ne sais pas. Je n'ai pas entendu parler d'une autre sainte incorruptible dont le corps aurait été ici. Approchons-nous pour voir s'il n'y a pas des explications.

Nous nous sommes rendus à l'autre bout de la chapelle, et je me suis surpris à m'agenouiller, de manière instinctive, en passant devant le tabernacle où se trouvait le Saint-Sacrement — c'est une pratique que j'avais apprise dans mon enfance, mais qui, selon moi, n'existait plus. J'ai fait le signe de croix, puis me suis relevé pour suivre Phil. Il s'est retourné vers moi et a souri, se demandant sans doute pourquoi je choisissais d'observer ces rituels ici, mais pas ailleurs. J'ai haussé les épaules, comme pour dire que je ne pouvais pas répondre à cette question, ni pour lui, ni pour moi.

Cette église me rappelait des dévotions, comme la prière du rosaire et le port de la médaille miraculeuse, qui avaient eu une grande place dans ma jeunesse, mais qui étaient ensuite devenues moins importantes. À l'époque, l'église représentait tout mon monde spirituel, et ce n'est qu'après avoir quitté l'université que j'ai découvert un nouveau monde dans lequel les leçons que j'avais apprises pouvaient prendre différentes formes d'expression. Des années plus tard, j'avais mis en musique les prières de paix des 12 principales religions, ce qui m'avait permis de découvrir l'essence de la paix telle qu'elle existait dans chaque voie spirituelle. Mais quand je visitais des lieux comme celui-ci — des églises où les anciennes pratiques étaient perpétuées et où la dévotion envers la Sainte Vierge était encore en vogue — quelque chose reprenait vie en moi, et je retrouvais automatiquement les pratiques de ma jeunesse.

Nous étions maintenant devant le cercueil de verre situé à la gauche de l'autel, dans lequel reposait le corps d'une nonne revêtu d'un habit ancien. On pouvait y lire une inscription qui révélait l'identité de la religieuse.

— Sainte Louise de Marillac, a prononcé Phil d'une voix basse. Juste au-dessus d'elle, se trouvait une mosaïque aux couleurs vives représentant deux anges en prière, le regard dirigé vers son corps, ainsi qu'un cygne, symbole du Saint-Esprit, qui répandait ses rayons de lumière sur le cercueil.

— Je pense que c'est la fondatrice de l'ordre.

— Une des fondatrices, a précisé quelqu'un en anglais, mais avec un très fort accent français.

Nous nous sommes retournés et avons vu une petite religieuse, qui devait avoir 70 ans ou plus, et qui nous souriait.

— Elle a aidé saint Vincent de Paul dans la fondation de l'ordre. Et son histoire est tout à fait fascinante.

— Pouvez-vous nous en dire plus à son sujet ? ai-je demandé en essayant de parler très doucement.

— Elle est née en 1591. C'était une enfant illégitime, ce qui la rendait méprisable aux yeux de beaucoup de gens. Elle voulait entrer en religion, mais elle s'est mariée et a eu un fils, Michel. Quand son mari est mort, elle a décidé de donner sa vie au service des autres, et c'est alors qu'elle a rencontré saint Vincent. Ils se rendaient ensemble visiter les pauvres et, plus tard, elle a travaillé avec lui à la fondation de l'ordre. Elle était très sainte, et c'est pourquoi elle repose ici, près de l'autel.

— Mais ma sœur, je ne savais pas qu'il y avait ici une deuxième sainte incorruptible. Je croyais qu'il n'y avait que sainte Catherine, a répliqué Phil.

— C'est bien le cas. Ce n'est pas véritablement sainte Louise qui repose ici, mais une statue de cire à son image. Il n'y a que le corps de sainte Catherine qui ait résisté aux ravages du temps.

Nous étions tous les deux surpris par les paroles de la nonne. Le corps dans le cercueil semblait si réel et naturel. Il était facile de croire que le miracle s'était produit deux fois.

— Qu'est-ce que ça signifie ? ai-je demandé. Il doit y avoir une raison qui explique pourquoi le corps de sainte Catherine est demeuré intact.

— Il y a une raison, a-t-elle répondu, c'est la grâce. Elle a été complètement remplie de la grâce de Marie en récompense de son humilité et de son dévouement. Catherine était l'exemple parfait de ce que Marie représentait. Elle ne cherchait pas à attirer l'attention vers elle, mais plutôt vers la beauté et la sainteté dont elle avait été témoin. Même si elle est morte, son corps est demeuré entier et son âme est restée libre. Venez, je veux vous montrer quelque chose.

Elle a fait le signe de croix et s'est agenouillée en passant devant l'autel, puis s'est dirigée vers le corps de sainte Catherine. Tout comme elle, je me suis agenouillé devant l'autel, et Phil en a fait tout autant. Puis, nous nous sommes arrêtés devant le cercueil de verre. Catherine était vêtue du même genre d'habit qu'elle devait porter quand on l'a inhumée, mais il m'était impossible de savoir si c'était réellement le même. J'ai supposé que c'était le cas, puisqu'il avait été soit enfermé dans le cercueil de verre, soit sous terre, mais toujours tenu à l'abri des éléments.

— Venez plus près, que nous puissions parler doucement, a chuchoté la religieuse en montrant le corps. Tout semble parfaitement normal, mais il y a pourtant une chose inhabituelle. Dites-moi si vous voyez de quoi il s'agit.

J'ai observé le corps à travers le verre, mais je n'arrivais pas à voir ce qui *n'était pas* inhabituel. Sa cornette paraissait aussi propre et bien amidonnée que le jour de sa profession de foi, et le célèbre symbole qui figure sur toutes les médailles miraculeuses était gravé en or sur le mur derrière elle, au niveau de sa taille. Dans ses mains, qui pointaient vers le plafond, elle tenait les perles d'un chapelet noir placé entre ses doigts comme si elle était en train de prier avec une grande dévotion. Mais nous avions beau regarder, nous n'arrivions pas à voir ce qui pouvait paraître totalement déplacé.

— Ne cherchez pas ce qui manque, mais ce qu'on trouve en abondance.

Je tentais de me laisser inspirer par ses mots, mais je n'arrivais toujours pas à voir ce qui serait anormal si on tenait compte des circonstances particulières.

— Le rosaire. Elle a deux rosaires, un dans sa main et l'autre à côté d'elle, a fini par dire Phil.

Il avait raison. Il y avait un deuxième rosaire attaché à son vêtement, comme en portent généralement les religieuses.

— C'est bien cela, a-t-elle répondu. Très bien. Alors, quand vous trouverez pourquoi elle a deux rosaires, vous aurez résolu le mystère.

— Le mystère? ai-je fait, ayant l'impression qu'elle avait lu dans nos pensées. Quel mystère?

— Le mystère de la médaille et de l'incorruptibilité du corps de sainte Catherine. Tout cela est lié, vous savez. Quand on en comprend un, on comprend l'autre.

Elle s'est éloignée en souriant et s'est dirigée vers l'arrière de l'église. J'ai regardé Phil.

— Est-ce une coïncidence si elle a parlé d'un mystère entourant la médaille?

— Il n'y a pas de hasard, a-t-il répondu en regardant à travers le verre le corps pâle et presque vivant de la nonne. Nous sommes venus ici à cause d'un petit bout de parchemin sur lequel est écrit « médaille miraculeuse », et maintenant, on nous dit qu'il y a un mystère qui entoure ces deux rosaires. Pourquoi? Ce n'est certainement pas une simple coïncidence.

— Et qu'est-ce que ça peut bien signifier?

Phil est resté quelques instants sans parler. Il semblait scruter chaque détail du corps et des vêtements de la nonne. Son regard inspectait chaque détail tel un rayon laser, et je me demandais s'il percevait quelque chose qui m'était invisible. Puis, il a pris une bonne inspiration et s'est détendu.

— Je ne sais pas ce que ça peut signifier. Pas encore. Mais je pense que nous avons été conduits jusqu'ici et que tout cela fait partie d'un grand puzzle. Je suggère que nous nous assoyions pour chanter le prochain nom. Chaque fois que nous l'avons fait, ç'a donné naissance à une sorte de réaction en chaîne qui nous a dirigés vers le bon endroit ou nous a fait vivre une expérience. Je suis sûr que ce sera pareil ici.

— Mais ce lieu n'est pas comme les autres. Ce n'est pas une cathédrale gothique ornée de symboles des Templiers et avec des formules anciennes gravées dans ses murs. Cette église est relativement neuve et ne possède sans doute pas la même énergie que les autres.

— Tu as peut-être raison, mais il y a quelque chose ici... il y a, pour le moins, une leçon pour nous ici. Quand nous étions à Saint-Germain l'Auxerrois, tu t'es senti attiré par la chapelle latérale où tu as vu le tabernacle orné des croix des Templiers, c'est bien ça ?

— Oui, c'est ça, ai-je fait.

— Et il s'est trouvé que le tabernacle était ouvert et qu'il y avait à l'intérieur un bout de papier avec les mots « médaille miraculeuse » inscrits. Tout ça me paraît trop opportun, trop facile, ne trouves-tu pas ?

— Je ne m'étais pas posé la question… mais peut-être as-tu raison. Et qu'est-ce que ça pourrait vouloir dire ?

— Ça me donne l'impression qu'on pourrait l'avoir placé là pour nous, mais qui ?

— Qui aurait pu faire ça ? ai-je dit, incrédule. Personne ne sait que nous sommes ici, et même si quelqu'un était au courant, comment aurait-il pu savoir que j'allais regarder à cet endroit ?

— Ne sois pas si naïf. Notre présence ici n'est pas un secret. Depuis le début de notre périple, nous ne sommes pas seuls. Nous nous sommes fait remarquer, et ce, de manière très théâtrale, et pas seulement par des personnes.

— Bon, tu me fais peur, maintenant.

— Je ne voulais pas nécessairement dire ce que tu as compris.

Phil m'a pris par le bras et m'a dirigé vers le côté de l'église. Il y avait deux femmes d'un certain âge qui essayaient de se rapprocher du corps de Catherine, et j'ai eu l'impression que nous avions un peu haussé le ton.

— Tout ce que je voulais dire, c'est que nous ne sommes pas seuls. C'est peut-être ce qui explique la présence du parchemin. Il a peut-être pour but de nous rappeler que nous accomplissons ici un travail important et qu'il nous faut continuer.

— Et pourquoi tout ce mystère, alors ? D'abord, le papier, ensuite, la religieuse. Qu'a-t-elle dit au sujet des rosaires ?

— Elle a dit que si nous arrivons à comprendre pourquoi il y a deux rosaires, nous saurons pourquoi le corps de Catherine est incorruptible. Et je crois connaître la réponse, ou du moins, une partie de la réponse.

Il s'est déplacé un peu vers la gauche de manière à ce que nous puissions voir le cercueil de verre où reposait Catherine.

— Un des rosaires est attaché à sa taille, mais concentrons-nous sur celui qu'elle a dans les mains. Peut-être que ce qui importe, ce n'est pas tant le rosaire que les mains qui le tiennent. Remarque comment elles sont placées, en position de prière. Ses doigts pointent vers le haut, comme s'ils indiquaient quelque chose. Le vois-tu?

J'ai compris que Phil tenait là quelque chose. Effectivement, on aurait dit que ses doigts indiquaient quelque chose. Mais quoi? J'ai regardé au-dessus du cercueil de verre et j'ai vu une statue de la Sainte Vierge d'un blanc éclatant juste au-dessus de Catherine, directement au-dessus des mains en prière. Je me suis approché d'un pas pour voir s'il n'y avait pas quelque chose sur la statue qui pouvait servir d'indice, un symbole ou un signe familier. Il n'y avait rien d'évident, et pourtant, je n'arrivais pas à me défaire de l'idée qu'il y avait quelque chose que je ne remarquais pas.

— Retournons sur le côté, a fait Phil en me tirant vers un banc. Il est temps de réciter le nom. Je suis sûr qu'il se produira quelque chose après que nous nous soyons concentrés sur le nom que j'ai choisi.

— De quel nom s'agit-il?

— Le Nom sacré que nous allons utiliser ici est *Yahvé Tzabaoth*, ce qui signifie le «Seigneur des hôtes».

J'ai remarqué que nous allions répéter le même nom qu'à notre première station.

— Nous revenons au Tétragramme. Allons-nous prononcer autre chose, comme au Sacré-Cœur?

— Non. Cette fois-ci, nous allons dire le mot *Yahvé* et simplement ajouter *Tzabaoth*.

— Attends un peu. Tu m'as fait tout un discours au sujet du plus sacré des Noms qui ne pouvait être prononcé. Je suis un peu perdu. Alors, qu'est-ce qui est vrai?

— Fais comme il te semble juste. Laissons-nous transporter par l'Esprit, étant donné que cet endroit est si différent des précédents. Nous sommes dans un lieu où un miracle s'est produit il y a un peu plus de cent ans. Les autres lieux sont plus vieux et leur histoire est beaucoup plus longue. J'allais proposer que nous utilisions un autre nom à la place de Yahvé, comme nous l'avons fait précédemment, mais je sens que je tiens quelque chose ici. Et je propose que nous nous laissions transporter.

— Ce n'est pas moi que ça dérangeait au départ, alors, ça ne me dérange pas plus maintenant. Je ne me sens toutefois pas tout à fait prêt. Me permets-tu de me promener encore un peu?

— J'allais justement proposer que nous visitions la chapelle encore un peu afin que l'endroit parfait nous trouve. Cette église contient énormément d'énergie ce qui nous permet d'entrer sans effort dans une expérience d'une grande profondeur. Nous commencerons notre chant quand nous aurons trouvé l'endroit idéal.

Je me sentais entouré d'une énergie très puissante, comme si j'étais enveloppé dans un sentiment de grâce que je n'avais encore jamais connu. Mon instinct m'a d'abord poussé à retourner vers le corps de sainte Catherine afin d'y chercher des indices, mais au moment où j'ai mis le pied dans l'allée, j'ai ressenti une sensation étrange, comme si quelque chose me tirait vers l'arrière. J'ai choisi de ne pas résister à cette envie et de me diriger vers l'arrière de la chapelle. La sensation était subtile, mais je ne pouvais pas ne pas en tenir compte. J'ai marché vers le fond de l'église et je me suis placé près de la porte, faisant un pas de côté chaque fois que quelqu'un entrait ou sortait. De cet endroit, j'avais une très bonne vue de l'autel et des deux cercueils, celui avec le corps de sainte Catherine et l'autre, avec l'effigie en cire de sainte Louise.

Pendant que je me trouvais là, une idée à laquelle je ne m'attendais pas m'est venue à l'esprit. J'ai pensé à l'obélisque et à la vision stéréogrammatique que m'avait enseignée Phil. Sans savoir pourquoi, j'avais soudain envie de regarder en direction de Catherine et de la statue de Marie en laissant aller mon regard de façon à ce que ma vision devienne floue. J'espérais que personne ne me regardait, car ça devait paraître très étrange. Pendant une minute ou deux, rien ne s'est produit, et ce n'est que lorsque je me suis dit que tout cela ne menait à rien que j'ai vu quelque chose d'extraordinaire.

La statue de Marie qui se trouvait au-dessus de sainte Catherine tenait dans les mains un globe doré avec une toute petite croix dessinée tout en haut. J'ai eu l'impression que le globe se mettait à bouger, qu'il s'élevait des mains de la statue. J'ai fermé les yeux un instant, car je voulais vérifier si c'était réel. Quand je les ai rouverts, tout était redevenu comme avant, mais après quelques secondes, le globe a paru de nouveau s'élever de quelques centimètres au-dessus des mains de Marie. J'ai continué à regarder en louchant légèrement, et le globe a poursuivi son élévation, puis s'est dirigé vers le bas, en direction du cercueil de verre. J'ai regardé sans perdre ma concentration, et le globe a continué à descendre jusqu'à s'arrêter au niveau du bout des doigts de Catherine. J'ai cligné des yeux, mais la vision n'est pas disparue. Je ne voulais pas détourner le regard, car j'étais convaincu qu'il y avait ici un message qui m'était destiné, comme si je voyais quelque chose que personne d'autre ne pouvait voir et qui était d'une grande importance.

J'ai alors entendu une douce voix féminine parler dans mon esprit. Au début, ce n'était qu'un murmure, mais la phrase a pris de l'ampleur jusqu'à pénétrer tout mon être.

— *Priez pour le monde entier. Priez pour le monde entier.*

Était-ce *sa* voix, celle de Marie, la mère de Jésus? Le son de la voix me remplissait d'allégresse, et j'ai eu l'impression que mon âme s'élevait au-dessus de mon corps, comme le globe s'était élevé au-dessus des mains de la statue.

— *Servez-vous du nom et prier pour le monde entier.*

Une grande exaltation m'a traversé, et j'ai eu l'impression que j'allais perdre connaissance. J'étais à peine conscient de la présence de Phil quand il m'a touché le bras, ce qui m'a ramené à la surface juste assez pour que je puisse entendre ce qu'il me disait.

— Je ne sais pas ce que tu vis en ce moment, mais il me semble qu'il est temps d'utiliser le nom que nous avons choisi.

J'ai acquiescé de la tête, ce qui était le plus que je pouvais faire à ce moment-là, et nous avons commencé : « *Yahvé Tzabaoth, En Sof; Yahvé Tzabaoth, En Sof; Yahvé Tzabaoth, En Sof ...* »

J'ai eu l'impression qu'une clé venait de trouver la bonne serrure, et que toutes les pièces se mettaient en place. Je ne sais pas comment au juste, mais le Nom sacré a semblé déclencher quelque chose dans le globe qui flottait toujours près du bout des doigts de Catherine. Il a commencé à briller et une lumière d'un or argenté s'est mise à en émaner jusqu'à englober tout le corps de la sainte. Elle semblait l'envelopper — je ne vois pas d'autre façon de le décrire — comme si cette énergie la gardait dans un état d'hibernation. Étais-je en train d'assister au miracle de son incorruptibilité? Était-ce ce qui avait permis à sa peau de garder la même apparence que lors de sa mort, il y a de cela 120 ans?

Derrière la sainte, dans le cercueil, la médaille qui l'avait rendue célèbre reflétait la lumière qui émanait du globe et, à cet instant précis, j'ai su pourquoi nous avions été attirés vers cet endroit. Il était impossible de savoir si quelqu'un avait placé le parchemin exprès pour que nous le trouvions ou s'il ne contenait que des mots sans lien avec ce qui se passait maintenant. Qu'il s'agisse ou non d'une coïncidence, ces mots nous avaient attirés ici, dans cette église où un formidable miracle était en train de se produire. La sainteté et la grâce descendaient du Ciel par cette statue, imprégnant le corps de la fidèle religieuse d'une énergie surnaturelle qui défiait les lois du temps. C'était manifestement une médaille miraculeuse et, grâce au Nom sacré, j'avais le bonheur d'être le témoin de son œuvre.

— C'est tellement beau, ai-je murmuré.

— Je ne t'ai pas entendu. Qu'as-tu dit?

J'avais beau avoir une grande envie de parler à Phil, je n'y arrivais pas. Tout ce que je pouvais faire, c'était m'accrocher à l'exaltation et à la grâce qui m'emplissaient en entier. Des larmes coulaient le long de mes joues, et c'est à peine si j'ai senti la présence de la religieuse qui nous avait parlé un peu plus tôt.

— Maintenant, vous comprenez. C'est agréable quand quelqu'un comprend ce qui se passe ici, m'a-t-elle dit en souriant.

✧✧✧✧✧

CHAPITRE 15

La cathédrale de Chartres

Ehyeh Asher Ehyeh

Nous sommes rentrés à notre appartement en début de soirée, et la seule chose dont j'avais envie, c'était de m'asseoir, de rester parfaitement immobile et de ne plus penser aux événements de cette journée déconcertante. En montant les escaliers, nous sommes passés devant l'étrange portrait de Rhett Butler et Scarlett O'Hara ainsi que les tableaux terrifiants montrant des démons et des humains soumis à d'horribles tortures. *C'est exactement ce qu'il me faut*, ai-je pensé. Notre journée avait été remplie de moments de supplice et de moments de pure extase… et maintenant, je revenais dans un lieu qui ressemblait davantage à une salle d'attente de l'enfer qu'à une auberge.

— Que faisons-nous ce soir ? m'a demandé Phil, comme s'il était possible que j'aie envie d'une sortie.

Que dirais-tu du Moulin Rouge ? Ce serait fascinant après tout ce que nous avons vu aujourd'hui.

— Je pense que je préférerais qu'on me transperce les paupières avec des cure-dents, ai-je fait en me laissant tomber sur le sofa. Tu fais comme tu veux, mais moi, je ne vais nulle part. Juste à penser qu'il reste une étape à notre tournée kabbalistique de Paris, je me sens encore plus épuisé. Pourquoi ne me dis-tu pas où nous irons demain ?

— J'aimerais que ce soit une surprise, la cerise sur le gâteau ! a dit Phil avec beaucoup trop d'enthousiasme à mon goût.

— J'ai eu mon lot de surprises. S'il n'y a aucune raison d'ordre ésotérique de me le cacher, j'aimerais que tu abrèges mes souffrances et que tu craches le morceau.

— D'accord, a répondu Phil en s'assoyant en face de moi dans une grande chaise rembourrée. Nous allons visiter une des églises les plus impressionnantes du monde : la cathédrale de Chartres. Tu as sans doute entendu parler du célèbre labyrinthe de Chartres, et aussi de certaines reliques que nous y trouverons et qui t'intéresseront sûrement.

Je me suis redressé sur mon siège.

— Mais bien sûr ! J'ai toujours voulu voir la cathédrale de Chartres. C'est une excellente nouvelle... mais ce n'est pas à Paris. Est-ce que c'est loin ?

— C'est à 80 kilomètres de Paris, un tout petit voyage. J'ai pensé que nous pourrions prendre un petit-déjeuner, puis passer une bonne partie de la journée à Chartres. Comme nous nous sommes acquittés d'une grosse partie de notre tâche aujourd'hui, nous aurons tout notre temps demain.

— Que peux-tu me dire au sujet de la cathédrale?

— Eh bien, tout d'abord, son véritable nom est la cathédrale Notre-Dame de Chartres. Elle a été construite en l'honneur de Marie, la mère de Jésus, et on l'appelle aussi le «siège de la Vierge Marie». Avant même la construction de la cathédrale, c'était une importante destination de pèlerinage marial, et on y organisait de grandes fêtes en l'honneur de Marie.

— Il y a une distinction qu'il faut faire, ici, en France, car Marie-Madeleine finit toujours par apparaître quelque part dans le portrait.

— Marie-Madeleine finit toujours par s'insinuer quelque part, surtout dans cette partie du monde, que ce soit ouvertement ou furtivement. La vénération de Madeleine a souvent été remplacée par celle de la Sainte Mère parce que l'Église catholique a toujours entretenu une relation difficile avec *l'autre Marie*. Quoi qu'il en soit, étant donné son histoire, il était normal qu'on choisisse ce lieu, en 876, pour y garder la tunique de Notre-Dame, qu'on appelle la *Sancta Camisia*. On raconte que c'est Charlemagne qui l'aurait reçu en cadeau au cours d'une croisade à Jérusalem et qui en aurait fait don à la cathédrale. Mais rien de tout cela n'est vrai... tu sais comment se construisent les légendes. C'est plutôt un certain Charles le Chauve qui l'aurait offerte, et il semblerait que le tissu vienne de la Syrie. Selon des datations au carbone 14, il aurait été tissé au Ier siècle. C'est très intéressant, n'est-ce pas?

— Je trouve intéressant qu'on l'ait appelé Charles le Chauve, ai-je répondu en me frottant le crâne.

— J'ai bien pensé que ça te plairait. Et voici quelque chose d'encore plus intéressant : en 1194, un incendie a quasiment détruit toute l'église. Comme tu peux l'imaginer, les habitants de la ville sont devenus complètement fous. Il semblait impossible que la tunique ait pu résister à l'incendie. C'était l'une des plus importantes reliques de la chrétienté, et elle avait disparu. Ils ignoraient toutefois que des prêtres s'étaient cachés sous l'église dans une voûte souterraine (dans la crypte que nous visiterons demain) avec la relique. Trois jours plus tard, quand tout est redevenu calme, ils en sont ressortis avec la relique. Peux-tu imaginer ce que ça représentait? Toute la ville pleurait la perte de ce qu'elle avait de plus précieux et, trois jours plus tard, les prêtres sont sortis des décombres fumants avec la précieuse tunique.

— Elle est donc toujours là... la tunique?

— Bien sûr... la tunique, la crypte et même la Vierge noire de Chartres. C'est pourquoi nous nous y rendons demain... pour toutes ces raisons, et d'autres, que tu découvriras bientôt.

Je me suis levé et j'ai commencé à faire les cent pas dans la pièce.

— Te rends-tu compte de la signification de tout ceci? Nous nous sommes trouvés à la chapelle Notre-Dame de la Médaille Miraculeuse par ce qui semblait être une sorte de coïncidence, et c'est pendant que nous étions là que j'ai cru voir comment Marie arrivait à garder intact le corps de sainte Catherine. Et maintenant, nous nous rendons à la cathédrale où est gardée la tunique de Marie. Ce ne peut être une simple coïncidence. J'ai le sentiment que c'est elle qui nous a guidés, d'une manière ou d'une autre, pendant une bonne partie de notre périple. Penses-tu que c'est possible ?

— Je ne peux en être sûr, mais c'est tout à fait plausible. Nous nous sommes servis des différents noms de Dieu liés à la Kabbale afin d'ouvrir les portes de notre âme, sachant que cela nous aiderait à libérer d'autres formes de la conscience sensible prisonnières des lieux que nous avons visités, tant sur le plan physique que non physique. Et Marie finit toujours, d'une manière ou d'une autre, par s'inscrire dans l'équation.

— On dit de Marie qu'elle est la réflexion parfaite de la grâce de Dieu, un peu comme la lune qui reflète le soleil. Il paraît donc logique qu'elle nous soutienne dans notre mission.

— Tu as peut-être bien raison.

— Et qu'en est-il du nom ? ai-je demandé. Il me semble qu'il y en a un que nous n'avons pas utilisé.

— J'ai bien pensé que tu allais t'en rendre compte. Il est à la base du Code de Moïse : *Ehyeh Asher Ehyeh*, «Je suis ceci, je suis». Je l'avais gardé pour la cathédrale de Chartres, car je croyais que c'est ici qu'il aurait le plus d'effet, mais ce n'est que maintenant que je me rends compte à quel point c'est vrai. Tout ce que nous avons vécu jusqu'ici semble nous mener à cet endroit, jusqu'à la Mère.

— C'est un endroit où je me sens très bien, ai-je fait.

— Que veux-tu dire?

— Je ne sais plus ce que je t'ai raconté de mon histoire, mais j'ai passé toute ma jeunesse à réciter mon rosaire, à porter ma médaille miraculeuse et à m'offrir à la Vierge Marie. C'est pour cette raison que j'ai joint les rangs des Franciscains à l'âge de 18 ans. J'ai été dans différentes directions depuis cette époque, mais ma dévotion à Marie a toujours constitué le pivot de ma spiritualité.

— Ravi d'entendre ça. Et tu devrais peut-être t'y accrocher, car à voir comment les choses se déroulent jusqu'ici, impossible de savoir ce qui nous attend.

✡✡✡

J'étais de nouveau à Jérusalem, mais c'était très différent de ce dont je me souvenais. Les gens marchaient dans la rue en se parlant, en se tenant par la main, et une odeur d'encens flottait dans l'air. Il m'a fallu quelques secondes pour me rappeler ma rencontre avec rabbi Éléazar, au café, quand il m'en avait appris davantage sur la mission que Phil et moi nous apprêtions à accomplir. Depuis cette conversation, nous avions vécu beaucoup de choses, beaucoup plus que tout ce que j'aurais pu imaginer. J'espérais retrouver le rabbin ici, qu'il me parle de ma journée à Paris et m'explique ce que tout cela signifiait.

Tout en marchant, j'ai remarqué une femme assise, avec un petit garçon sur les genoux, qui regardait fixement devant elle. Cela m'a paru étrange. Soudain, pendant que je les regardais, le petit garçon a bondi des genoux de la femme et m'a attrapé par la main. Il m'a tiré à travers la foule, se faufilant entre les gens. Ce n'est qu'à ce moment que j'ai vu qu'il s'agissait du garçon qui était apparu dans mon rêve la nuit précédente — celui qui m'avait conduit à la femme enceinte — même s'il paraissait plus jeune cette fois-ci. Quand nous nous sommes finalement arrêtés, je me suis rendu compte que nous étions rendus au café où j'avais discuté avec Éléazar. Le garçon a lâché ma main et a grimpé sur les genoux d'une autre femme, au teint olivâtre. Ce n'était pas la même que plus tôt, mais elle aussi restait silencieuse, à fixer devant elle. Et j'ai alors entendu une voix familière.

— Venez vous asseoir, mon fils. Vous savez où vous êtes, n'est-ce pas ?

Je me suis retourné et j'ai vu Éléazar assis à une table. Cette table ressemblait à celle de notre première rencontre, mais elle était plus haute et la nappe qui la recouvrait était beaucoup plus colorée. J'ai marché vers lui et je me suis assis.

— Je suis revenu à Jérusalem, c'est ça ? Et nous sommes au même endroit que la nuit dernière ?

— Regardez autour de vous et dites-moi ce que vous voyez.

Il agitait ses immenses mains dans les airs en disant ces mots, et ce n'est alors que j'ai remarqué que tout était très différent. Les gens étaient vêtus de façon moderne, et les tables des marchands étaient recouvertes de jeans, de téléphones cellulaires, de CD et des copies pirates de DVD.

— Nous sommes à Jérusalem, ai-je répondu, mais c'est la Jérusalem moderne, nous ne sommes plus dans l'ancien temps comme la nuit dernière.

— La semaine dernière ou il y a 2000 ans... le temps n'a pas beaucoup d'importance dans ce monde, a fait Éléazar avant de prendre une gorgée de son thé. C'est le même endroit, mais tout est différent, comme vous pouvez le voir. Mais vous êtes toujours la même personne, et moi aussi. Ce qui signifie que Dieu aussi est le même. Comprenez-vous?

— Oui, je crois comprendre. Les époques et les lieux peuvent changer, mais la vérité et Dieu sont immuables. Ils restent pareils d'une époque à l'autre.

Éléazar a acquiescé et souri.

— Très bien. Et qu'en est-il de cette musique... qui pourrait rendre n'importe qui *meshuga*. La musique sacrée de mon époque fait naître un sentiment de nostalgie, la nostalgie du vase de l'âme pour la lumière et la nostalgie de l'état de *Devekut*, qui est l'état d'union spirituelle avec le Créateur.

Ce n'est qu'à ce moment que j'ai remarqué que du rap à plein volume se déversait d'une fenêtre située tout près de nous. Éléazar s'est bouché les oreilles en souriant, s'obligeant ainsi à parler plus fort.

— Je vois ce que vous dites, mais pouvez-vous me parler davantage de l'âme et de sa nostalgie pour la lumière?

— Comme vous voulez, mon fils. Cela vient des enseignements du Bien-aimé Ari, béni soit-il. Il a parlé des vases originaux qui ne pouvaient contenir toute la puissance de la lumière spirituelle qui se répandait en eux et qui, par conséquent, ont volé en éclats. Les vases étaient faits de manière à pouvoir contenir la lumière, mais ils n'étaient plus en état de le faire. Avant le commencement, tout était rempli de la lumière du *En Sof.*

— C'est ce qui arrive quand nous recevons plus de lumière que nous pouvons en contenir? Il me semble que beaucoup de gens se trouvent dans cette situation en ce moment sur cette planète.

— Tout ceci est d'une grande importance, et je veux que vous essayiez de bien comprendre, a fait Éléazar en se penchant vers moi, plongeant son regard dans le mien avec une intensité que je n'avais jamais vue. Quand cela arrive, quand l'âme n'est plus capable de contenir la lumière, il y a une contraction qui s'opère, une contraction qui permet à une nouvelle création de prendre place. Tout cela est lié au concept du *Tsimtsoum,* par lequel un vide a été créé dans lequel la *Lumière de l'Existence* est apparue. La question qu'il vous faut vous poser est : êtes-vous prêt à créer de l'espace dans votre vie — dans votre cœur — pour votre nouvelle création? Comme vous le verrez, c'est cela l'essence de votre mission.

— Oui, rabbi, je pense l'être. C'est pourquoi nous sommes ici, et c'est pourquoi je suis assis en ce moment avec vous.

— Oui, mais il faut d'abord écarter les rideaux ou les voiles qui cachent la lumière.

— Est-ce que c'est ce que nous avons fait, Phil et moi, avec les noms ?

— Vous vous êtes servis des Noms sacrés pour vous connecter au moment continu de la création, a-t-il répondu en s'adossant contre sa chaise. Les noms constituent des programmes mathématiques. Voici une manière de mieux le comprendre : quand il vous faut obtenir de l'information dans ces machines inventées qui font tant de choses et qui sont si puissantes...

— Vous parlez des ordinateurs ?

— Oui, c'est tout à fait cela. Quand vous cherchez de l'information avec votre ordinateur, c'est ce qu'il vous faut en premier lieu. Voyez-vous de quoi je parle ? Cela vous permet de commencer.

— Oui, il faut un mot de passe ou un code.

— C'est cela. Et c'est ce que les noms représentent : des mots de passe. Ce sont des clés qui permettent d'ouvrir des portes de lumière à l'intérieur des gens... des portes célestes. Elles ouvrent le cœur et permettent à la lumière de briller. Elles donnent accès aux chambres du cœur les plus secrètes, à l'intelligence du cœur. Elles ouvrent sur l'avenir et le passé, leur permettant de se mêler au moment présent.

— Et quand nous arrivons à ouvrir notre cœur de cette façon, que trouvons-nous?

— Ce que l'on trouve? Ah, c'est la grande question, n'est-ce pas? Tout ce que je peux vous dire, c'est que nous vivons des temps bien particuliers, mon fils. Le temps de la réparation du monde est venu, le *Tikoun Olam*. Même chez les Juifs non mystiques, il y a le concept du *Tikoun Halev* qui parle de la réparation du cœur et de l'âme afin qu'ils retrouvent un état primitif d'unité et d'harmonie qui existait avant ce qu'on appelle la «brisure des vases». Nous sommes tous des étincelles sacrées qui rêvent de retrouver l'état d'unité que nous avons connu avant la création du monde, avant la chute. La Création, votre monde, est endommagée en ce moment, dans un état d'imperfection, et des âmes spéciales sont venues en ce temps de réparation pour restaurer et revigorer l'humanité.

— J'ai l'impression que la divinité féminine a une grande importance dans tout cela. Au cours de notre périple, il semble que nous en revenions souvent au rôle joué par Marie, que ce soit Marie la mère de Jésus ou Marie-Madeleine. Est-ce que je suis sur la bonne voie? Est-ce que c'est l'aspect féminin de la divinité qui va redonner son équilibre au monde?

— Vous êtes plus près de la vérité que vous ne le croyez, a-t-il répondu en souriant. C'est elle qui écrasera la tête du serpent, qui symbolise le monde égoïste qui règne en ce moment. C'est la Chékhina qui rentre d'exil. Quand elle reviendra, toutes les ombres disparaîtront et un nouveau monde couronné de gloire naîtra. Savez-vous à quoi je fais référence en ce moment ?

Une scène de l'Apocalypse de saint Jean m'est instantanément venue à l'esprit : une femme avec le soleil et la lune à ses pieds et une couronne de 12 étoiles sur la tête. Elle porte l'enfant... le fils qui régnera sur le monde à venir.

— Oui, je crois savoir. C'est un des signes de la fin des temps. Est-ce que c'est ce que vous voulez me dire, qu'elle indique la fin du monde ?

— Tout ce que je peux dire pour l'instant, c'est que vous êtes arrivé tout près, a répondu Éléazar. Continuez à suivre les signes, et laissez-vous guider par les Noms sacrés. Vous découvrirez bientôt que cela va bien au-delà de ce que vous pensiez. Il existe une Torah qui est invisible à l'œil humain et qui vous montrera comment le début et la fin se rejoignent.

✡✡✡

Je me suis réveillé au son de la musique qui jouait dans la chambre voisine, une sorte de jazz-rock fusion, c'était loin d'être ce que j'avais envie d'entendre à une heure aussi matinale. J'ai regardé l'horloge : 7 h 30. Je n'avais plus envie de me rendormir et je me suis dit que ce devait être la manière qu'avait trouvée Phil de démarrer la journée. J'ai sorti mes jambes du lit et je me suis traîné jusqu'à la salle de bains.

— Qu'en penses-tu ? a demandé Phil en entrant dans ma chambre quelques minutes plus tard. J'ai trouvé quelques CD. C'est une belle façon de revigorer le sang quand on se trouve à Paris!

Il avait l'air très content et emballé par la dernière journée de notre aventure. Je ne croyais pas pouvoir partager son enthousiasme avant d'avoir avalé un bon café et peut-être même de rendre visite à notre crêperie préférée.

— C'est un peu trop pour moi en ce moment. Un peu moins fort, peut-être?

— Je ne voulais pas que tu dormes trop longtemps alors que Chartres nous attend. J'ai un bon pressentiment en ce qui concerne cette dernière étape. Comment ça va? m'a-t-il demandé en éteignant le lecteur CD.

Je me suis demandé si je devais parler à Phil de mon dernier rêve avec Éléazar. J'ai choisi d'attendre et de voir un peu ce qui allait se passer. Il y avait déjà tant de choses qui s'étaient révélées à nous, et je savais que tout allait se dérouler tel que prévu, quelles que soient mes interventions.

— Je me sens prêt à bouger et à prendre le train, ai-je fait. As-tu jeté un coup d'œil à l'horaire?

— Il y a un train qui part toutes les heures de la Gare Montparnasse, alors, il n'y a pas de problème. Je suis d'accord pour dire que nous n'avons pas de temps à perdre. Tout va bientôt se mettre en place, et je suis très curieux de voir à quoi ça va ressembler.

Le train traversait la campagne française, et le soleil commençait à se frayer un chemin au milieu des nuages sombres. C'était un soulagement de savoir que nous n'aurions plus à lutter contre la pluie comme la veille. Les éléments étaient enfin de notre côté. C'était peut-être un signe de ce qui s'en venait, peut-être que nous étions sur le point de découvrir de toutes nouvelles possibilités, d'apprendre comment les différents noms de Dieu pouvaient s'assembler de façon à former un tout cohérent.

C'était la vérité, peu importe comment on choisissait de la nommer : Dieu est un, et nous sommes un en Dieu. Nous avions lutté avec les différentes énergies rencontrées, nous avions été bénis par elles, mais au bout du compte, tout cela nous ramenait au même endroit… à *moi*. Ce que je ressentais, ce n'était pas un « moi » personnalisé, mais plutôt la vérité qui existe en chacun. Qui que nous soyons et quoi que nous vivions, la grâce de Dieu est personnelle et intimement liée à notre vie. Nous avions choisi de vivre une aventure qui allait nous mener au fin fond de qui nous sommes — Phil, moi, et chacun de nous. Cette leçon peut paraître simple lorsqu'on l'aborde avec l'intellect, mais quand on choisit de la vivre avec le cœur, c'est une expérience qui peut changer le monde.

Le train a tourné, et j'ai vu une ville apparaître au loin. Au beau milieu de la ville, deux immenses flèches s'élançaient au-dessus des toits et des arbres, comme deux ailes d'anges déployées au-dessus de tous les habitants de Chartres. Depuis plus de mille ans, la cathédrale observait en silence la ville grossir et murir, pendant qu'elle restait la même, symbolisant une constance rare et rafraîchissante en ces temps modernes.

— On peut se rendre facilement à pied de la gare à la cathédrale, a dit Phil comme le train s'approchait de la ville. Je suggère que nous nous y rendions et que nous fassions ce que nous avons à faire. S'il nous reste du temps, nous pourrons visiter un peu la ville.

— À quoi t'attends-tu, ici ? ai-je demandé, espérant qu'il m'offrirait au moins une supposition.

— Aucune idée, a-t-il répondu sans détourner son regard de la fenêtre du train. Hier, nous avons permis à des canaux d'énergie de s'ouvrir en nous et dans ces constructions où ils étaient bloqués depuis des siècles. Cela aura sûrement des répercussions que nous ne pouvons même pas imaginer. Je ne tente pas d'être mystérieux ou d'éviter de répondre, mais tout nous mène à Chartres et au nom *Ehyeh Asher Ehyeh*. Dis-moi ce que tu sais de ce Nom sacré.

La question m'a surpris, surtout que nous étions presque arrivés à Chartres. *Il doit y avoir une raison à cela*, ai-je pensé. Je me suis concentré et j'ai tenté de parler davantage avec mon cœur qu'avec ma tête.

— Moïse a posé une des questions les plus importantes de toute l'histoire de l'humanité. Il a demandé à Dieu un nom, mais pas *n'importe quel* nom. Le nom que Moïse a reçu de Dieu lui a permis de comprendre la nature de la présence divine. Les Israélites n'avaient pas encore de nom pour Dieu, à part des appellations qui représentaient des qualités ou des attributs, ou encore des termes de révérence. Dieu était toujours à une certaine distance des gens, séparé d'eux.

» Moïse a découvert que *Ehyeh Asher Ehyeh* (JE SUIS CECI, JE SUIS) était une clé qui permettait d'accomplir des miracles, pas seulement pour soi, mais pour le monde entier. Moïse a réclamé la liberté dont rêvaient les Israélites et, maintenant qu'il connaissait le saint nom de Dieu, plus rien ne pouvait l'arrêter. Cette leçon a été ignorée pendant 3500 ans, mais je crois qu'il est temps pour nous tous de voir que nous ne sommes pas différents de Moïse, que nous avons en nous le pouvoir d'accomplir des miracles. Le nom de Dieu est, d'une certaine façon, notre nom puisque nous ne formons qu'un avec Dieu. Le Code de Moïse nous enseigne que ce n'est que dans notre esprit que nous sommes séparés de la vérité. Si on se défait de l'idée de la séparation, des miracles commencent à se produire.

— Et les autres Noms divins, quel est leur lien avec tout cela ?

— Tous les aspects de Dieu, représentés par les différents noms de Dieu, existent aussi en chacun de nous. Cet enseignement nous rappelle qui nous sommes quand nous sommes alignés avec notre nature divine. Si nous vivons selon notre égo, nous vivons notre vie en opposition avec les attributs divins, mais si nous vivons selon notre âme, ces mêmes attributs nous imprègnent et nous résonnons avec eux au plus profond de nous. Je crois que c'est ce que tous les grands mystiques et les sauveurs ont compris et qu'ils ont basé leur vie là-dessus, comme Jésus quand il a si bien utilisé le «JE SUIS». À présent, il est temps pour nous de faire comme eux, de vivre avec un cœur complètement éveillé et une âme totalement libérée, ce qui représente la source de notre vie et notre nature la plus élevée.

Les mots sont sortis si vite de ma bouche que mon esprit n'a pas pu suivre. Il m'a fallu m'arrêter et prendre une grande respiration pour comprendre ce que je venais de dire et combien cela me semblait juste.

— D'accord, a dit Phil en souriant. Je crois que nous sommes prêts.

Ce n'est qu'à ce moment que je me suis rendu compte que le train s'était arrêté, et que les gens se dirigeaient vers la sortie.

— Est-ce que ça avait du sens, ce que je viens de dire?

— Ce n'est pas seulement toi qui as parlé. C'était aussi Éléazar, m'a répondu Phil en se tournant vers moi.

— Qu'est-ce que tu veux dire?

— C'est ce que je dis depuis le début. Éléazar s'est lié à ta conscience, du moins pour le temps de notre mission. Je l'ai ressenti hier quand tu m'as raconté ton premier rêve.

— Mon *premier* rêve?

— Oui, le premier, car tu en as eu un autre la nuit dernière. Je le sais, je t'observais, tout comme la nuit précédente. Et cela me confirme une chose : nous sommes prêts. De bien des manières, tout nous a conduits vers ce moment précis. Je ne sais pas ce qui va se produire ici, mais je sais que ce sera parfait.

Un coup de sifflet a retenti, nous indiquant que nous devions nous dépêcher. Nous avons attrapé nos sacs à dos et sommes descendus du train.

— C'est pas vrai! me suis-je exclamé en sortant de l'enceinte recouverte. En quelques minutes, le ciel bleu s'était recouvert de nuages sombres et la pluie avait recommencé à tomber. Le vent balayait maintenant la gare et il est devenu encore plus fort quand nous sommes sortis pour nous retrouver dans une rue étroite. Nous avons ouvert nos parapluies et il nous a fallu nous pencher face au vent pour éviter qu'ils ne soient mis en pièces.

— C'est incroyable, ai-je fait. La journée s'annonçait magnifique, et maintenant, cette pluie qui semble venir de nulle part.

J'ai jeté un coup d'œil à Phil, mais il n'a pas répondu. Il avait l'air préoccupé et ne semblait pas surpris du changement météorologique. Mais il semblait inquiet, comme s'il avait espéré que cela ne se produirait pas, comme si c'était un signe ou un présage qui lui annonçait quelque chose.

— Me caches-tu quelque chose? ai-je demandé pendant que nous marchions difficilement en direction de la cathédrale.

— Non, je ne te cache rien, a-t-il répondu, me regardant enfin. Je dois toutefois avouer que ce soudain changement me préoccupe. Ce pourrait n'être qu'une question météorologique, mais ce pourrait aussi être autre chose. Je suis étonné que le ciel se soit assombri si rapidement, surtout qu'il a fait un temps magnifique pendant tout notre voyage. Il n'y avait aucun nuage à l'horizon, et on prévoyait un très beau temps pour toute la journée. Allez, rendons-nous à la cathédrale et accomplissons ce que nous sommes venus faire ici.

— C'est-à-dire... ?

— Chanter le dernier nom et voir ce qui va se passer, comme hier. Je ne voudrais pas que nous nous convainquions qu'il y a quelque chose ici qui en fait n'existe pas, si tu vois ce que je veux dire. Je veux d'abord repérer ce qui *est* là, et ensuite, accomplir notre mission.

Je voyais de loin les aiguilles et, quelques instants plus tard, m'est apparu l'impressionnant édifice. Nous étions encore à une certaine distance de l'église, mais déjà, c'était à couper le souffle. Tant d'événements s'étaient déroulés ici au cours des siècles... des naissances et des morts, des guerres et des fêtes, des papes et des paysans qui avaient descendu cette même rue en pensant aux merveilles que pouvait leur offrir ce géant architectural. Et maintenant, nous étions là, nous raccrochant au dernier nom comme si c'était une relique. *Au moins, il ne sera pas tout seul*, ai-je pensé. *Une des reliques les plus célèbres au monde se trouve en ces lieux.*

— Il y a une boutique là-bas, tout près de la cathédrale, a fait Phil, où on vend des souvenirs et d'autres trucs du genre. Pour entrer dans la crypte, il faut participer à une visite guidée C'est là qu'on peut acheter un billet. J'ai l'impression qu'il y a de quoi nous intéresser dans la crypte.

— C'est là que se trouve la tunique de Marie ?

— Non, elle est dans l'église principale, où nous pourrons aller après avoir visité la crypte.

— Au fait, ai-je dit comme nous arrivions à la boutique, le labyrinthe est dans l'église, non ? J'ai entendu dire que les gens venaient ici juste pour pouvoir marcher...

— Oui, c'est vrai, a dit Phil en m'interrompant. Malheureusement, comme le labyrinthe est tracé sur le plancher de l'église, généralement il est recouvert de chaises et ce n'est pas aisé de demander à un responsable de les enlever. Je pense que les gens ne comprennent pas le pouvoir qu'il y a à parcourir un labyrinthe.

— Est-ce qu'il y a un lien avec notre travail ?

— C'est possible. La cathédrale de Chartres présente de nombreuses possibilités, nous devrons attendre pour voir ce qui nous sautera aux yeux.

— C'est juste une image, n'est-ce pas ?

— Effectivement. Je ne pense pas que nous ayons à avoir peur que quelque chose nous saute dessus... du moins, pas aujourd'hui, a fait Phil en esquissant un sourire.

Puis il est entré dans la boutique et je l'ai suivi. Comme on pouvait s'y attendre, elle était pleine de souvenirs et de cadeaux pour les touristes. J'ai fait le tour de l'endroit pendant que Phil essayait de parler en français avec la dame derrière le comptoir. Ils ont conclu qu'il leur serait plus facile de s'entendre en anglais.

— Nous sommes chanceux, a-t-il dit en marchant vers moi. Il y a une visite qui commence dans cinq minutes, et il y a seulement une autre personne d'inscrite. C'est une Française, ce qui signifie que le guide devra passer du français à l'anglais pour donner ses explications.

— C'est bon. Quand pourrons-nous voir la tunique?

Je me sentais comme un enfant trop excité pour attendre. Phil m'a lancé un regard qui en disait bien plus qu'aucune parole ne l'aurait fait. *Détends-toi et sois patient*, m'ont fait ses yeux. J'ai pris une profonde inspiration et j'ai attendu le guide.

✧✧✧

La femme a inséré un passe-partout qui paraissait très vieux dans le trou d'une serrure à l'allure encore plus ancienne. La rouille et la saleté accumulées au cours des siècles l'ont obligée à utiliser davantage de force que nécessaire et, quelques secondes plus tard, l'immense porte s'est ouverte vers l'intérieur de la crypte sombre. La guide a étiré son bras à l'intérieur pour trouver l'interrupteur, et une lumière électrique a illuminé les murs en pierre froide. J'ai pensé aux temps où l'électricité n'existait pas et où un guide devait offrir à chaque personne une torche avec une flamme. Ces pensées, et bien d'autres, occupaient mon esprit au moment où nous sommes tous les quatre entrés : Phil, la guide, la touriste française dont j'ignorais le nom, et moi. La guide a alors refermé la porte médiévale, qui nous séparait du monde moderne, avec un bruit sourd. Soudain, mon esprit est devenu tout à fait calme, et j'étais entièrement présent à ce qui nous attendait.

— La cathédrale de Chartres, dans sa version actuelle, a été achevée en 1220, mais n'a été officiellement consacrée qu'en 1223, le 8 septembre, pour l'anniversaire de la Sainte Vierge, nous a expliqué notre guide en français, puis en anglais. C'est un magnifique exemple d'art gothique rayonnant. Cette partie de la région de la Beauce — qui était une forêt — est considérée comme sacrée depuis des temps très anciens, avant même l'époque des druides. Un peu plus tard au cours de notre visite, nous allons visiter un lieu qui s'appelle Notre-Dame Sous-Terre.

— Notre-Dame Sous-Terre? ai-je dit, alors que ces mots éveillaient mon intérêt et mon attention.

— Oui, la *Virgini Pariturae*, ou la Vierge qui va enfanter. Si vous voulez bien, je vais continuer... Il y a eu au moins trois cathédrales d'érigées à cet endroit avant celle-ci. Mais le Moyen-âge a connu des temps difficiles, et chacune de ces cathédrales a succombé à un fléau de cette ère. D'autres désastres ont détruit la cathédrale à différents degrés jusqu'à ce qu'un évêque de la région décide de construire une des églises les plus glorieuses de toute l'Europe… celle où nous nous trouvons en ce moment. L'incendie de 1194, qui a été déclenché par un éclair, et la Révolution française ont failli en avoir raison. Mais la grâce de Dieu était avec elle, et la cathédrale est toujours là, aussi grande et fière que jamais.

Nous avons traversé des couloirs sombres et de minuscules chapelles au son de la voix monotone de notre guide qui nous décrivait chaque détail de la construction et chaque fait historique. Elle a parlé des druides, des anciennes sources, des eaux curatives et des images de vierges et d'enfants, mais comme elle faisait la majeure partie de ses descriptions en français, il m'était très difficile de rester concentré. Même Phil commençait à paraître impatient et agité. Je suis resté à la traîne derrière les autres assez longtemps pour qu'on finisse par m'oublier. Je suis alors parti faire ma propre exploration.

Les vieux couloirs étaient très faiblement éclairés, et les ombres donnaient à d'innocentes sculptures des airs de démons. Je suis passé sous une arche qui menait à un étroit vestibule. Le plafond y était plus bas qu'ailleurs et la pièce ne faisait qu'une douzaine de mètres. Au bout, il y avait encore une arche qui menait à une autre salle, sans doute une chapelle. J'ai été très étonné de voir que des croix des Templiers, des images de la Vierge et toutes sortes de symboles étranges ornaient presque tout le plafond. J'ai commencé à ressentir quelque chose qui m'était familier, comme si j'étais observé, comme si quelqu'un ou quelque chose qui dormait dans la crypte venait de bouger et était soudain tout à fait éveillé.

J'ai continué à marcher, je suis passé sous la deuxième arche, et là, je me suis retrouvé dans une petite chapelle où il y avait deux vitraux derrière l'autel. Sur le premier vitrail, on pouvait voir la *Sancta Camisia* (la tunique de Marie) et, sur l'autre, une immense croix des Templiers. J'ai eu envie d'appeler Phil pour qu'il puisse voir ces vitraux, mais je me suis retenu. Je ne voulais pas attirer l'attention du groupe ni qu'on remarque que je m'étais éloigné. Mais cela confirmait que nous étions au bon endroit et qu'il y avait quelque chose, peut-être au-dessus de nous dans l'église principale, qui nous attendait patiemment.

— Ohé! Où êtes-vous?

C'était la voix de notre guide. Mon absence venait d'être remarquée et il me fallait rejoindre le groupe.

Une fois la visite terminée, Phil et moi sommes restés devant une des entrées sud de la cathédrale.

— Des croix des Templiers à côté de la *Sancta Camisia*, ai-je dit à Phil après lui avoir parlé de ce que j'avais vu. Cela a une grande signification. Il y a donc eu quelqu'un qui, à un moment donné, a fait le lien entre les deux choses ou, du moins, a vu l'influence que l'une pouvait avoir sur l'autre.

— Qu'est-ce que ça signifie, selon toi? m'a demandé Phil.

— Je n'en ai pas la moindre idée, mais la réponse doit se trouver à l'intérieur de la cathédrale. Allons-y.

Nous sommes entrés dans la cathédrale par la façade occidentale, via le Portail royal. Dans le tympan de la porte de droite, il y avait une superbe sculpture d'une Vierge à l'enfant assise sur le trône de la sagesse et entourée d'anges. Phil m'a dit que les sculptures de l'entrée nord représentaient le couronnement de la Vierge ainsi que sa mort et son assomption. Il m'a ensuite fait remarquer le deuxième vitrail du déambulatoire sud, qui est considéré comme le plus beau vitrail au monde, le célèbre vitrail de la Vierge bleue : *Notre-Dame de la Belle Verrière*. On y voit Marie et son fils, dans des teintes de bleu, assis sur le trône de la sagesse devant un fond rouge. Le vitrail a survécu à l'incendie de 1194, et sa lumière d'un bleu alchimique a fasciné des millions de gens à travers les siècles. J'étais ébloui par la beauté et la magnificence de la cathédrale, comme je ne l'avais été dans aucun autre des lieux visités à Paris, pas même à Notre-Dame.

Phil m'a pointé du doigt le centre de la nef et, exactement comme il me l'avait décrit, j'y ai vu le célèbre labyrinthe que personne ne remarquait, car il était caché par de nombreuses rangées de chaises. Je suis allé me placer sur ce dessin et n'ai pu faire que quelques pas sur le tracé circulaire avant qu'une chaise ne me bloque le chemin. Cela me semblait honteux, mais c'est alors que j'ai repensé à ce qu'avait dit Phil, que parfois, la difficulté était d'arriver à entrer dans le labyrinthe autant que d'en sortir. Nous étions ici pour accomplir notre mission en prononçant le dernier Nom sacré. Tout ce qu'il nous restait à faire, c'était de trouver un endroit approprié, de chanter le nom et, ensuite, d'attendre. Impossible de savoir ce qui allait se produire par la suite.

Mon attention a été attirée par l'une des chapelles latérales situées à notre droite, dans la première travée du déambulatoire nord. Un groupe de gens agenouillés priaient pendant que d'autres prenaient des photos. Je me suis demandé si c'était là que se trouvait la célèbre relique que tant de gens révéraient, la tunique qui avait un jour appartenu à la Vierge Mère. Je m'y suis rendu avec Phil, marchant un peu derrière lui, mais quand nous sommes arrivés, j'ai vu qu'il y avait là tout à fait autre chose, mais que c'était tout aussi intéressant.

— C'est Notre-Dame du Pilier, la Vierge noire de Chartres, a fait remarquer Phil.

— Que peux-tu me raconter au sujet de la Vierge noire ? J'ai lu des choses là-dessus, mais je n'ai jamais compris exactement de quoi il s'agissait.

Une jeune femme aux longs cheveux roux, qui se trouvait à côté de nous, nous a sans doute entendus parler.

— On croit toujours qu'il s'agit d'une statue de Marie, a-t-elle dit en anglais avec un fort accent français, la mère de Jésus, mais par ici, nous voyons les choses différemment. La couleur noire fait référence à celle qui a été laissée à l'arrière-plan, dans l'ombre : Marie-Madeleine. Comme vous le savez sans doute, l'Église, à ses débuts, n'a jamais compris son rôle ni sa relation avec Jésus, et ça n'a rien à voir avec le fait qu'elle soit ou non son épouse. Elle était tout au moins sa confidente, si ce n'est sa plus proche confidente ; encore aujourd'hui, certains l'appellent « l'Apôtre des apôtres ».

Mais l'Église ne voulait pas qu'elle reçoive trop d'attention, alors on l'a présentée comme une prostituée et une pécheresse, ce qui était faux. La plupart des gens ne savent même pas qu'il y a un certain nombre d'années, le Pape a changé la position de l'Église sur le sujet en proclamant qu'il n'y avait aucun lien entre Marie-Madeleine et la femme adultère dont on parle dans l'Évangile. Quoi qu'il en soit, en France, on ne l'a jamais oubliée, mais on l'a déguisée. Ce que vous voyez ici, c'est le masque qu'elle a porté pendant 2000 ans, le masque de la noirceur.

— Est-ce qu'il y a un lien avec les Templiers ? ai-je demandé.

— Les Templiers ?

Elle semblait surprise par ma question. Mais j'ai été encore plus surpris par sa réponse.

— C'est étrange que vous me posiez cette question. En fait, oui, il y en a un. On croit que saint Bernard de Clairvaux avait une relation particulière avec la Vierge noire. D'ailleurs, selon un historien du nom d'Ean Begg, il y aurait eu une branche ésotérique chez les Templiers dont les membres révéraient Marie-Madeleine sous sa forme sombre. Une chose est sûre, c'est que les Templiers étaient très puissants en France et qu'il est peu probable qu'il n'y ait eu aucun lien entre les deux. De plus, compte tenu de leurs rituels et pratiques plus ou moins orthodoxes, il y a de bonnes chances que ce lien ait même été très fort. Est-ce que ça répond à votre question?

Avant que j'aie le temps de répondre, elle s'était déjà éloignée. Phil et moi nous sommes regardés.

— Est-ce que c'est vraiment arrivé ou était-ce le fruit de mon imagination? ai-je fait en bredouillant.

— Vaut mieux ne pas poser ce genre de question ici. Il y a des mystères qu'il ne faut pas chercher à résoudre.

— Tout à fait d'accord. Oublions ça pour l'instant.

— As-tu déjà entendu parler du concept de *Théotokos*? a demandé Phil.

— Il me semble bien. C'est la doctrine qui déclare que Marie était la mère de Dieu.

— Oui. Cela a été proclamé au Concile d'Éphèse, en 431. Tu n'es peut-être pas au courant, mais la première phase d'un procédé alchimique est appelée *negrido* ou « œuvre au noir ». Le but est de libérer la lumière contenue dans la matière noire, ce que les alchimistes appellent la *materia prima*. On dit qu'au moment du retour de la Chékhina, la matière sera enfin libérée. Elle est l'ange libérateur et la somme de tous les Noms divins. Elle est Marie, la Mère du Monde. C'est la meilleure façon que j'ai de décrire ce concept.

La Vierge noire tenait le petit Jésus dans ses bras, et ils étaient vêtus d'habits magnifiques couverts de pierres précieuses. Ils portaient également une couronne et avaient tous deux une main tendue avec un doigt allongé à la manière de saint Jean Baptiste. On aurait dit qu'ils pointaient le Ciel, ou peut-être qu'ils montraient le chiffre un, ce qui semblait plus plausible.

— Penses-tu que c'est ici que nous devrions chanter le dernier nom? ai-je demandé.

— En fait, non. Allons un peu plus loin. Je veux te montrer quelque chose.

J'ai regardé dans la direction qu'il m'indiquait et j'y ai vu un grand groupe de gens près d'un autre autel latéral. Nous nous sommes dirigés vers eux, et j'ai commencé à sentir un mouvement familier dans mon cœur, une émotion que je désirais et que j'accueillais avec joie. Cela me rappelait ce que j'avais ressenti quand j'ai rencontré la belle religieuse prisonnière de l'église de l'Assomption et l'extase que j'avais goûtée à la chapelle de la Médaille Miraculeuse quand j'ai vu une lumière céleste envelopper le corps de sainte Catherine. Plus j'avançais, plus l'émotion devenait forte et j'ai su, avant d'arriver devant l'autel, ce que cela signifiait.

— C'est la chapelle de saint Piat et le voile ou la tunique de la Sainte Mère, m'a expliqué Phil en se tournant vers moi.

Le tissu était conservé dans une petite vitrine de verre enfermée dans une châsse dorée ayant la forme d'une église, avec un ange en or placé de chaque côté. Le vêtement était étalé à l'intérieur et n'avait pas du tout l'air d'une tunique vieille de 2000 ans. La vitrine de verre se trouvait sur un autel de pierre et j'ai presque immédiatement remarqué un motif gravé dans la pierre qui se trouvait parfaitement aligné sur la relique.

— Est-ce que tu as vu ça? Il y a une croix des Templiers sous le vêtement, ai-je fait en donnant un coup de coude à Phil.

— Mais oui, bien sûr... je ne l'avais pas remarquée.

— Partout où nous allons... on dirait des miettes de pain nous guidant quelque part.

— Je pense qu'elles nous ont menés jusqu'ici, à Notre-Dame de Chartres. Elles nous conduisent aussi au dernier Nom sacré que nous allons chanter. Notre aventure a commencé par le Code de Moïse et « JE SUIS CECI, JE SUIS », et elle se termine ici avec *Ehyeh Asher Ehyeh*. Partout, nous avons trouvé des symboles et des signes nous confirmant que nous étions au bon endroit. Je ne sais pas si tu le vois comme ça, mais pour moi, il s'agit de la dernière et de la plus importante étape.

— Devrions-nous psalmodier le nom juste ici, devant la Sancta Camisia?

Phil a regardé autour de nous comme s'il voulait prendre la bonne décision.

— Oui, je crois que c'est ce que nous devrions faire. Si nous allons ici, sur le côté, nous devrions pouvoir éviter la foule.

Nous nous sommes installés près d'un mur. Je me suis placé face au mur, la tête appuyée contre la pierre froide. Phil s'est installé environ un demi-mètre plus loin, juste assez près pour que je puisse entendre sa voix. J'ai respiré trois fois profondément, avec la sensation que nous approchions du moment crucial de notre aventure, même si je ne savais pas ce que cela signifiait. Allais-je enfin comprendre pourquoi Phil considérait qu'il était si important d'utiliser les saints Noms de cette façon? Allais-je pouvoir me reposer, sachant que j'avais fait tout mon possible pour comprendre ce qui avait commencé par une simple virgule, mais qui nous avait menés tellement plus loin? Il y avait tant de fils qui semblaient s'entrecroiser. J'espérais arriver à voir la tapisserie qu'ils formaient et à saisir la signification de tout cela.

Phil a commencé à parler.

— Nous allons maintenant activer le premier nom que Dieu a donné à Moïse au buisson ardent par la voix de l'Ange de la Lumière. C'est le nom qui, comme tu le dis toi-même, nous montre que nous ne formons qu'un avec Dieu et toute la création. Il contient aussi le secret qui permet de créer des miracles pour soi et pour le monde. Quand nous comprenons que Dieu nous réclame et nous accueille à chaque instant, et que nous sommes dignes de l'abondance de l'Univers, tout vient à nous avec grâce et facilité. As-tu déjà remarqué à quel point le mot *Ehyeh* ressemble à *Ah, yeah**? C'est une partie du secret que tu as découvert : quand on dit *oui*, on invoque toute la force créatrice de l'Univers. C'est ce que nous a enseigné *Ehyeh Asher*

---

* N.d.T. : C'est le «ah, ouais» familier en anglais.

Ehyeh, le Code de Moïse, et c'est la leçon que nous apprenons aujourd'hui.

Puis nous avons commencé notre dernier chant : «*Ehyeh Asher Ehyeh, En Sof; Ehyeh Asher Ehyeh, En Sof; Ehyeh Asher Ehyeh, En Sof...*»

Mon front était appuyé contre le mur et j'ai essayé de m'en éloigner, mais quelque chose semblait m'en empêcher. J'ai voulu lever les bras pour me pousser, mais j'avais beau essayer de toutes mes forces, je n'arrivais pas à bouger. L'ambiance sonore de la cathédrale a paru s'estomper, et j'ai eu l'impression qu'il y avait quelqu'un juste derrière moi, mais ce n'était pas Phil. J'ai aperçu sa silhouette qui se dirigeait vers la Sancta Camisia, et pourtant, je continuais à sentir une présence... j'avais même l'impression de sentir un souffle dans mon cou. Je voulais me retourner pour faire disparaître l'illusion, mais j'étais encore paralysé. J'ai alors entendu le bruit que font des lèvres en s'entrouvrant, comme si quelqu'un s'apprêtait à parler. Et puis, les mots sont venus : *Un grand signe dans le Ciel; une femme vêtue du Soleil, avec la Lune à ses pieds et, sur sa tête, une couronne de douze étoiles. Elle était enceinte et criait dans la détresse de la délivrance.*

Le souvenir de mon rêve de la première nuit à Paris m'est revenu, la scène m'est apparue comme si je la voyais en film. Tous les détails étaient là et, tout en étant parfaitement conscient de mon corps appuyé sur le mur, j'étais présent à ce qui se déroulait dans mon souvenir. J'ai regardé devant moi et j'ai vu la femme en train d'accoucher, étendue dans son lit, entourée de femmes inquiètes. Elle criait de douleur, et je me suis senti m'avancer comme je l'avais fait en rêve.

Une des femmes présentes m'a parlé.

— Aidez-nous, s'il vous plaît. Elle va mourir et le bébé aussi. Faites quelque chose pour qu'elle vive.

La femme enceinte m'a regardé jusqu'au fond des yeux et m'a dit :

— Vous savez quoi faire. Il est presque temps, mais je ne peux y arriver sans vous.

— Mais pourquoi moi ? Pourquoi avez-vous besoin de moi pour accoucher ?

— Vous semblez être un seul homme, mais il y en a beaucoup plus. Et ils sont tous là avec vous. Chaque nom représente un aspect différent non seulement de Dieu, mais aussi de l'humanité. Et c'est pourquoi vous les avez apportés ici, tous ces noms que vous avez psalmodiés, car ils portent en eux le monde entier. Et quand vous serez tous là et que vous pourrez maintenir l'énergie avec moi, je serai capable de mettre l'enfant au monde.

— Qui est cet enfant ? ai-je demandé. Est-ce qu'il s'agit d'un véritable bébé ou d'une image plus ésotérique ?

Avant d'avoir pu répondre, elle s'est détournée de moi alors qu'une contraction lui traversait le corps.

— Faites ce que vous savez faire, a dit la femme qui se trouvait à ses côtés. Il est presque trop tard.

J'ai mis mon visage contre son ventre comme je l'avais déjà fait et j'ai chanté le dernier Nom sacré :

«*Ehyeh Asher Ehyeh, En Sof; Ehyeh Asher Ehyeh, En Sof; Ehyeh Asher Ehyeh, En Sof...*»

J'avais les yeux fermés tout en chantant et j'entendais le bruit des femmes et leurs sanglots éplorés. Quand j'ai rouvert les yeux, je me suis rendu compte que je n'étais plus dans la même pièce, mais de nouveau dans les rues de la Jérusalem d'autrefois. Je me suis demandé ce qui se passait et je me suis mis à courir à la recherche d'Éléazar. Quelques instants plus tard, j'ai vu des marches de pierre et j'ai compris qu'il me fallait monter au sommet du mur qui encerclait la ville. J'ai couru le plus vite possible, m'élevant au-dessus de la cohue et du brouhaha du marché. Quand je suis arrivé au sommet, j'ai abrité mes yeux du soleil et j'ai scruté la foule.

— Qui cherchez-vous, mon fils?

Je me suis retourné et j'ai vu, à ma gauche, le rabbin.

— Rabbi, qu'est-ce qui m'arrive?

J'étais haletant à cause de ma course, et il m'a fallu quelques secondes pour reprendre mon souffle.

— Tout commence à prendre sens, mais en même temps, ça n'a aucun sens.

— Ah oui, mais qu'est-ce qui peut avoir du sens dans un monde de paradoxes apparents, mon fils? La vérité pourrait être la chose la plus éphémère et la plus impermanente. Vous ressentez la vérité, vous connaissez la vérité, mais l'esprit n'arrive pas à en saisir toute la signification. C'est comme l'eau, qui est toujours à la recherche de sa source. Plus on essaie et plus on s'y accroche, plus on en perd l'essence. Mais ce qui nous échappe n'échappe pas au monde. Cette nourriture permettra une nouvelle naissance dans un autre endroit du jardin, une naissance qui ne serait peut-être pas advenue sans tout cela. Comprenez-vous ce que je vous dis? Même quand on a l'impression de reculer, il demeure un *aspect* de nous qui continue à avancer.

— Il y a tellement de choses qui ont à voir avec les aspects, ai-je répondu. Les *aspects* de Dieu et les *aspects* de l'humanité. Je comprends maintenant que tout cela représente une seule et même chose. Les noms de Dieu ne concernent pas seulement Dieu. Ce sont également nos noms. Ils permettent d'invoquer la présence de Dieu à l'intérieur de chacun de nous. Ce doit être le sens de mes rêves. La femme en train de donner vie a dit que les Noms sacrés représentaient toute l'humanité. Est-ce que c'était l'objectif de notre aventure depuis le commencement?

— Vous aviez un rôle à jouer dans la restauration du monde, mais il vous fallait commencer par vous-même. Chacun de nous a un rôle à jouer, et ça, c'était le vôtre. Depuis le tout début, Phil vous dit que l'utilisation du pouvoir contenu dans les noms ne concerne que *vous*. Cela a à voir avec votre relation personnelle avec Dieu — ou la façon que vous choisissez de définir le Tout-Puissant — même si parfois, vous avez eu l'impression qu'il s'agissait du monde entier. Il existe des prières d'unification : ce sont les *Yihudim*. Ce que vous avez fait tous les deux y ressemble dans son essence, c'est une sanctification du nom. Je suis heureux de voir que vous commencez à comprendre.

— En effet, je commence à fort bien comprendre. Tout ce que j'ai vécu et appris m'a conduit vers elle, la Mère.

— Et qui est la Mère ?

— C'est la Mère de nous tous, partout et sous toutes ses formes. C'est la sainte Mère et Marie-Madeleine. C'est Amaterasu, Kuan Yin et Déméter. C'est l'aspect féminin de Dieu, la Chékhina.

— Oui, la présence divine de Dieu dans le monde. Et qu'est-ce qu'elle essaie de nous dire à tous ?

— Je crois qu'elle essaie de donner naissance à un monde nouveau. Elle est en train d'accoucher, et c'est très difficile. Elle a besoin de notre aide... sinon, le monde risque de connaître de grandes souffrances. Le but de notre périple semble être d'aider à la naissance d'un monde nouveau, que vous pourriez appeler le *monde à venir*.

— Et où naîtra ce monde nouveau ? m'a demandé le rabbin.

— Où il naîtra ? En chacun de nous, j'imagine.

— Oui, c'est vrai. Mais il y a autre chose, un autre aspect comme vous dites, et c'est tout autour de vous en ce moment. Alors, je pose une deuxième fois ma question. Où naîtra ce monde nouveau ?

J'ai regardé autour de moi et j'ai vu des gens qui marchaient et des chevaux qui tiraient des charrettes. Il y avait des kiosques partout le long de la route où des marchands vendaient toutes sortes de légumes, de fruits, d'encens et d'épices ; on pouvait voir des gens de toutes les races, de toutes les couleurs. C'est à cet instant que j'ai senti un déclic à l'intérieur de moi, comme si toutes les pièces du puzzle prenaient place, et j'ai soudain vu ce qui avait toujours été devant mes yeux.

— Elle va accoucher à Jérusalem. C'est pourquoi je reviens toujours ici, c'était juste ici depuis le début.

— Dans votre Apocalypse, n'y a-t-il pas la description d'une femme en train d'accoucher ? Elle est vêtue du soleil avec la lune sous ses pieds et elle a un cercle de 12 étoiles autour de la tête. Je crois que vous l'avez déjà vue, non ?

— Je pense même l'avoir entendue. Tout de suite après notre dernière psalmodie, j'ai entendu une voix me citer un verset de l'Apocalypse à l'oreille. Mais qu'est-ce que ça signifie ? me suis-je demandé.

— Vous savez déjà ce que ça signifie. Vous l'avez vous-même dit. La naissance a lieu ici, à Jérusalem, la Cité de la Paix. Alors, la question est : qui est cette femme ? Et la réponse est…

Encore une fois, mon esprit s'est mis à la recherche de la réponse, en repassant toutes les expériences vécues avec Phil, toutes les entités rencontrées, et toutes les leçons apprises. Nous avions activé les noms hébreux de Dieu, ouvrant ainsi les portes en moi, et le temps était venu qu'ils se coagulent pour former une leçon ou un tout, quelque chose que je pourrais comprendre et communiquer aux autres — quelque chose qui pourrait influencer le cours du monde. J'étais de nouveau à Jérusalem, une ville que j'avais souvent visitée et où vivent et travaillent certains des plus puissants artisans de la paix que j'avais rencontrés. Mais qui donc était cette femme qui accouchait ici, et pourquoi est-ce qu'elle...

— Israël! me suis-je exclamé au moment précis où l'idée m'est apparue. Cette femme est sûrement Israël, et Jérusalem est le cœur d'Israël. C'est bien ça?

— Le cœur de l'Israël spirituel bat dans toute l'assemblée, ou ecclésia, de cette Terre sainte. Vous pensez qu'Israël est cette femme à laquelle fait référence l'Apocalypse? Si c'est bien le cas, alors quelle est la signification des deux derniers jours et des noms de Dieu que vous et votre ami avez répétés?

— Il y a un lien parce que... eh bien, parce que si les noms représentent les qualités ou aspects de Dieu, et que nous sommes tous unis en Dieu, alors, l'intégration des noms active *notre* potentiel supérieur. C'est depuis toujours ce que représentent Jérusalem et Israël : l'endroit où la paix finira par prévaloir. Israël est donc la Mère, et Jérusalem est son enfant. Est-ce que j'ai finalement saisi?

— Quand la Chékhina rentrera de son exil dans les mondes inférieurs, a ajouté Éléazar, et quand la tête du serpent sera piétinée, alors, la fiancée retrouvera sa blancheur éclatante et la paix règnera. C'est le mariage des jeunes fiancés à Jérusalem, la Cité de la Paix. Vous savez sûrement que c'est ce que signifie le mot *Jérusalem*, n'est-ce pas? Et vous croyez que le temps est venu, et que c'est ici l'endroit?

Je ne voulais pas répondre trop rapidement, comme si tout dépendait de ce que j'allais dire. Mais cela me semblait si juste, si parfait, et je savais que tout menait à cette révélation.

— Oui, je le pense. Je me suis souvent rendu à Jérusalem et j'ai toujours eu l'impression que c'était l'endroit où une véritable paix durable pouvait naître, et ce, malgré toute la violence et la haine présentes. J'ai toujours senti que la paix se trouvait juste sous la surface, et que tout ce qu'il lui fallait, c'était un catalyseur qui pouvait lui donner vie.

— Et maintenant, vous avez apporté votre catalyseur, a fait Éléazar en souriant. Ou bien, c'est lui qui vous a apporté. Quoi qu'il en soit, vous comprenez à présent que si les noms de Dieu sont si importants, c'est qu'ils sont les noms de chacun d'entre nous. Nous portons tous les Noms sacrés de Dieu en nous, qu'ils soient en hébreu, en arabe ou en sanskrit. Ils nous disent que par notre nature, nous sommes des créations divines, indépendamment de nos origines et croyances. Et c'est ici que tout se produira. De plus en plus de gens, libérés de leur part d'ombre, reviendront ici en Terre sainte, dans cette ville, et ajouteront leur lumière à une flamme qui brûle déjà de tous ses feux. Et quand elle deviendra si forte qu'on ne pourra plus l'étouffer, alors la paix prévaudra, ici et partout dans le monde.

— Y a-t-il autre chose qu'il me faut savoir, rabbi? Maintenant que nous voilà rendus à notre dixième étape, me reste-t-il quelque chose à comprendre?

— Il reste une chose, a-t-il répondu en posant doucement la main sur mon épaule. C'est l'amour. Ceci n'est pas une affaire d'esprit ou d'intellect. C'est une affaire de cœur, de cœur s'ouvrant à l'amour qui est notre fondation même, ainsi qu'à la grâce et à l'amour infinis de Dieu, qui constituent notre droit de naissance en tant qu'enfants parfaits de Dieu. Quand vous y arriverez, alors tout ce que vous avez appris se manifestera naturellement. Il ne vous restera plus qu'à regarder avec émerveillement.

— Je suis émerveillé. Je suis stupéfait de voir que c'est à la fois si simple et si gracieux…, ai-je fait en fermant les yeux pour mieux m'imprégner de ses mots.

✧✧✧

— Qu'est-ce qui est si simple ?

J'avais encore les yeux fermés et la question m'a ébranlé.

— Jimmy, qu'est-ce qui est si simple ?

J'ai ouvert les yeux et j'ai vu que j'étais toujours dans la cathédrale, et que Phil se trouvait à côté de moi. Il avait posé une main sur mon épaule et semblait inquiet.

— Simple ? ai-je dit en hochant la tête pour me donner une contenance. Est-ce que ça fait longtemps que je suis ici ?

— Nous venons juste de terminer notre chant. Je me suis éloigné pendant environ une minute, et puis j'ai vu que tu parlais tout seul, alors j'ai pensé qu'il valait mieux que je ne m'éloigne pas trop. Tu parlais de plus en plus fort, et les gens commençaient à te regarder. J'ai pensé qu'il était temps d'intervenir.

— Je parlais tout seul ? ai-je demandé, encore un peu ébranlé par la transition. Non, j'étais avec Éléazar, à Jérusalem, et je comprends maintenant de quoi il s'agit.

— Raconte-moi tout.

Nous nous sommes dirigés vers l'arrière de l'église et nous nous sommes assis sur des chaises. Je lui ai parlé de ma rencontre avec le rabbin et de ce qu'il m'avait dit. Je lui ai ensuite expliqué ce que j'avais compris sur Israël et le destin de Jérusalem. Mes propos semblaient lui plaire, car il hochait la tête pendant que je parlais.

— Que penses-tu de tout cela ? ai-je demandé après avoir terminé.

— C'est ce que je soupçonnais depuis le début. Tout nous ramenait à la Mère. Et pourquoi pas ? C'est à l'image de notre époque. Et, évidemment, tout nous ramène à Jérusalem, une ville que tu as adoptée depuis longtemps. Une ville qui te rappelle sans cesse à elle.

— C'est ça, la réponse au code, ai-je remarqué. C'est la Divinité féminine. C'est elle qui nous a lancés dans cette aventure depuis le début.

— Ce périple ne pouvait nous mener qu'à un seul endroit, a dit Phil comme s'il comprenait ce que je pensais et ressentais au plus profond de moi. Ça devait nous ramener au cœur. Ceci étant dit, as-tu remarqué où nous sommes assis ?

J'ai regardé autour de moi sans rien remarquer de particulier.

— Baisse les yeux.

J'ai baissé les yeux et j'ai vu que les chaises sur lesquelles nous étions assis se trouvaient au beau milieu du labyrinthe de Chartres, dans son cœur, le cœur de cette grande cathédrale dédiée à Marie, la Mère de l'Univers. Tous les rebondissements que nous avions connus au cours de notre aventure nous avaient menés jusqu'ici, au centre de tout ce qui est sacré. Cela terminait parfaitement ces deux journées qui avaient été les plus riches de ma vie.

— Et maintenant, que faisons-nous avec tout cela ?

Phil a souri.

— À présent, il nous faut le vivre. Nous savions depuis le premier nom que le but de l'aventure était l'ouverture de notre cœur à une plus grande vérité et, par le fait même, à un amour plus élevé. Maintenant que nous avons atteint cet objectif, il nous faut partager nos découvertes. C'est ce qui permettra au destin de Jérusalem et à la recréation du monde de s'accomplir. *Ce sera possible grâce à chacun d'entre nous qui embrassera les Noms sacrés dans la vie de tous les jours.* Au fait, savais-tu qu'on appelait ce labyrinthe le «Chemin de Jérusalem» ?

J'ai pris le bras de Phil et je me suis relevé.

— C'est tout ce que j'avais besoin d'entendre. Je crois que je comprends enfin de quoi tout ceci était question.

Fin

✧✧✧✧✧

Postface

par Phil Gruber

« J'ai eu le bonheur de prendre part à un singulier voyage. »
— tiré du *Voyage en Orient* de Herman Hesse

Quand James Twyman m'a proposé de le rejoindre en Suisse, en avril 2008, je ne me doutais pas que, juste de l'autre côté du voile, nous attendait une aventure qui allait servir d'inspiration à ce livre. J'étais alors chez ma sœur à me remettre d'une dépression, et je n'étais pas sûr que ce voyage soit une si bonne idée. Mais James semblait vraiment tenir à m'avoir à ses côtés, en tant qu'ami et soutien, et j'ai été ravi de répondre à sa requête. Comme il l'explique au début du livre, après avoir vécu une confrontation avec une spectatrice, suite à la présentation du *Code de Moïse*, il voulait en savoir davantage au sujet du Yod. Je ne pouvais refuser son invitation.

James était destiné à jouer le rôle de Troubadour de la paix. C'est un de mes plus grands amis depuis de nombreuses années. J'ai toujours pensé que l'idée de mettre en musique 12 prières pour la paix, issues des principales religions, était en quelque sorte à sa recherche. C'est en 1986, à Assise en Italie, que s'est déroulé l'événement «Les semences de la paix», au cours duquel des chefs de chaque religion ont récité ces prières. Jimmy avait déjà la musique en lui et, à travers lui, les prières ont trouvé leur voix. Grâce à ses enseignements et à sa musique, des milliers de gens partout sur la planète ont trouvé leur chanson, ont vu leur chemin mieux éclairé, et ont plus clairement découvert leur destin. On le doit à l'amour et au travail constant de James en tant qu'artisan de la paix.

Pour des questions d'espace, nous n'avons pas pu raconter dans tous les détails les miracles qui ont eu lieu pendant notre séjour à Paris. De mon point de vue, cette aventure est une lettre d'amour écrite dans la langue des oiseaux, des branches et de la pierre. Ça a été une aventure inoubliable... Ah! le printemps à Paris! Il est peut-être temps que le Yod étende une *branche aleph* afin que *celui qui est caché* puisse enfin sortir de sa cachette, et que le début et la fin puissent de nouveau s'unir. Qui donc a dit que «plus on approche de la source, plus l'eau est pure»?

Derrière les voiles de l'existence négative, dans la maison aux trésors, existe une Torah qui n'a pas encore été révélée. J'espère que nous sommes tous prêts pour le dévoilement! Merci, Jimmy.

✧✧✧

« *Malheur à celui qui dit que la Torah est venue nous raconter de simples histoires et traiter de sujets profanes. Car s'il en était ainsi, nous pourrions aujourd'hui même faire une Torah traitant de ces mêmes sujets en bien plus beau... Les histoires que raconte la Torah sont donc son vêtement. Quiconque pense que ce vêtement est la Torah elle-même et qu'elle n'est rien d'autre, qu'il expire ! Et il n'aura point de part dans le monde à venir. Malheurs aux insensés qui ne considèrent que la magnificence de son vêtement ! Ce qui a plus de valeur encore, c'est l'âme qui anime le corps. Les insensés ne regardent que le vêtement de la Torah ; ceux qui ont plus de discernement considèrent le corps qui est en dessous ; les sages ne regardent que l'âme, son principe même. Quand viendront les temps messianiques, 'l'âme de l'âme' qu'il y a dans la Torah sera révélée.* »

— *Zohar*, iii. 152

✧✧✧✧✧

Bibliographie

BARDON, Franz. *The Key to the True Kabbalah*, Salt Lake City : Merkur Publishing, Inc., 2002.

BAR-LEV, Rabbi Yechiel. *Song of the Soul : Introduction to Kaballa*. Israël, Petach Tikva, 1994.

BERG, Dr. Philip S. *Kabbalah for the Layman : A Guide to Cosmic Consciousness, Volume I,* Jerusalem : Research Center of Kabbalah, 1988.

BERG, Yehuda. *The Power of Kabbalah,* San Diégo : Jodere Group, Inc., 2001.

BLUMENTHAL, David R. *Understanding Jewish Mysticism*, New York : Ktav, 1978.

CARROLL, Lewis. *Ce qu'Alice trouva de l'autre côté du miroir,* Gallimard, 2009.

CROWLEY, Aleister. *Magick : Liber Aba : Book 4,* York Beach, MA : Weiser Books, 1980.

DUQUETTE, Lon Milo. *Enochian Vision Magick : An Introduction and Practical Guide to the Magick of*

Dr. John Dee and Edward Kelley, San Francisco : Weiser, 2008.

ECO, Umberto. *Le pendule de Foucault,* Livre de Poche, Paris, 1992.

EISEN, William. *The Universal Language of Cabalah,* Camarillo, CA : De Vorss & Co., 1989.

FULCANELLI. *Le Mystère des Cathédrales,* Paris : J. J. Pauvert, 1977.

GIKATILLA, Joseph. *Sha'are Orah : Gates of Light,* San Francisco : HarperCollins, 1994.

GINZBERG, Louis. *On Jewish Law and Lore,* Philadelphia : Jewish Publications Society of America, 1962.

GRANT, Kenneth. *Outside the Circles of Time,* London : Starfire Ltd., 2007.

HIERONIMUS, J. Zohara Meyerhoff. *Kabbalistic Teachings of the Female Prophets : The Seven Holy Women of Ancient Israel,* Rochester, VT : Inner Traditions, 2008.

HESSE, Herman. *Le voyage en Orient,* Calmann-Lévy, Paris, 1991.

HURTAK, Dr. J. J. *The Book of Knowledge : The Keys of Enoch,* Los Gatos, CA : The Academy For Future Science, 1977.

HURTAK, Dr. J. J. *The Seventy-two Sacred Names of the Myriad Expressions of the Living God,* Los Gatos, CA : The Academy For Future Science, 1997.

KAPLAN, Aryeh. *Handbook of Jewish Thought,* New York : Moznaim, 1979.

KAPLAN, Aryeh. *Meditation and Kabbalah,* New York : Samuel Weiser, 1978.

Le Bahir, le livre de la clarté, traduit de l'hébreu par Joseph Gottfarstein, Lagrasse, Verdier, 1997.

LEET, Leonora. *Renewing the Covenant : A Kabbalistic Guide to Jewish Spirituality,* Rochester, VT : Inner Traditions, 1999.

LEET, Leonora. *The Secret Doctrine of Kabbalah,* Rochester, VT : Inner Traditions, 1999.

Le Zohar. Traduit par Charles Mopsik, Verdier, Aix-en-Provence, 1987.

MAIMONIDE, Moïse. *Le livre de la connaissance,* Presses universitaires de France, Paris, 2004.

MARKALE, Jean. *Cathedral of the Black Madonna : The Druids and the Mysteries of Chartres,* Rochester, VT : Inner Traditions, 2004.

MUNK, Michael L. *The Wisdom in the Hebrew Alphabet,* Brooklyn : Mesorah Publications Ltd., 1983.

PATAI, Raphael. *The Hebrew Goddess,* Detroit : Wayne State University Press, 1990.

PATAI, Raphael. *The Jewish Alchemists,* Princeton, NJ : Princeton University Press, 1994.

QUERIDO, René M. *L'âge d'or de Chartres : l'enseignement d'une école des mystères et l'éternel féminin,* Éditions de Mortagne, Boucherville, cop. 2000.

RAHN, Otto. *Crusade Against the Grail : The Struggle Between the Cathars, the Templars and the Church of Rome,* VT : Inner Traditions, 2006.

SCHOLEM, Gershom. *Kabbalah,* New York : New American Library, 1978.

SCHOLEM, Gershom. *Major Trends in Jewish Mysticism,* New York : Schocken Books, 1961.

SCHOLEM, Gershom. *On the Kabbalah and Its Symbolism,* New York : Schocken Books, 1969.

SCHWARTZ, Howard. *Reimagining the Bible,* New York : Oxford University Press, 1998.

SMITH, Edward Reaugh. *The Burning Bush,* Fair Oaks, CA : Rudolph Steiner College Press, 1997.

SUARÈS, Carlo. *The Cipher of Genesis : Using the Qabalistic Code to Interpret the First Book of the Bible and the Teachings of Jesus,* Boston, MA : Weiser Books, 2005.

SUARÈS, Carlo. *The Sepher Yetsira,* Boulder : Shambhala, 1976.

SZEKELY, Edmond Bordeaux. *L'évangile essénien : vivre en harmonie avec l'univers,* Genève : Soleil, 1998.

TYSON, Donald. *Tetragrammaton : The Secret to Evoking Angelic Powers and the Key to the Apocalypse,* St. Paul, MN : Llewellyn Publications, 1995.

WAITE, A. E. *The Holy Kabbalah,* New Hyde Park, NY : University Books, 1969.

WASSERMAN, James. *The Templars and the Assassins : The Militia of Heaven.* Rochester, VT : Destiny Books, 2001.

✧✧✧✧✧

Remerciements

De la part de James :

Je voudrais tout d'abord remercier Phil Gruber pour ses connaissances, sa sagesse et son empressement à participer à cette grande aventure. Ça a été un immense plaisir. Merci également à Aurora Pagonis, ma chère amie, qui m'a offert son aide et son soutien. Elle était en fait avec nous pendant une bonne partie de ce périple, mais elle ne fait pas partie du récit. Merci de demeurer toujours présente d'une manière aussi désintéressée. Je tiens aussi à remercier Swami Swaroopananda pour son aide et son soutien, ainsi que tous les gens de l'Ashram Sivananda de Paradise Island. Continuez à m'inviter, je vous en prie. Finalement, j'aimerais remercier Reid Tracy et Jill Kramer : votre soutien m'est très précieux.

✧✧✧

De la part de Phil :

J'aimerais remercier tous les grands enseignants, sages, kabbalistes et mekoubalim de mémoire bénie : rabbi Isaac Louria, le « Ari », ainsi que tout le cercle de Safed, Abba, Aharon Bérékia ben Moshe, Chaim et Samuel Vital, Moïse de León, Schlomo Alkabetz, Abulafia, Shalom Sharabi, Siméon Bar Yohaï, Moïse Cordovero, Akiva, Ben Azzai, Israël Baal-Shem Tov, Nahmanide, Moïse Maïmonide, Nahman, Abraham ben Mordechai Azulai, Ashlag, Yossef Karo, Moïse Luzzato et bien d'autres encore.

Je veux remercier tout spécialement Laurie Rosenfield du *Spiritual Center* de Toronto pour son amour, son soutien, sa sagesse et ses encouragements. Je remercie également Howard Schwartz, Jean Markale, mon ancien professeur Fulcanelli, J.J. et Desiree Hurtak, les amis d'AFFS de partout dans le monde, Lon Milo Duquette, James Wasserman, Linda Russell, Roland Trandafir où que tu sois, Wikipédia, Donald Tyson, Hélène de Montmartre, Bergs Karen, Philip S., Yehuda et Michael. Merci aussi à tous les gens des *Kabbalah Centers*, à la *Beloved Community* ; aux ministres du *Spiritual Peacemaking* ; à Lenore ; à A.D. ; à ma chère épouse, Sharmiila ; à ma mère, Estelle, qui ne comprend toujours pas un mot de ce que je dis ; à ma sœur, Paula ; à mes professeurs passés, présents et futurs ; à Madonna, qui est entrée dans le nouveau millénaire sur un *rayon de lumière**.

---

* N.d.T. : Référence à l'album *Ray of Light* de la chanteuse.

À propos des auteurs

James F. Twyman est l'auteur de plusieurs livres à succès, dont *Le Code de Moïse* et *Émissaire de l'Amour*. C'est aussi un Troubadour de la paix de renommée internationale qui a la réputation de pouvoir amener des millions de gens à prier ensemble afin d'influencer le déroulement de crises un peu partout dans le monde. Il a été invité par les leaders de pays comme l'Irak, l'Irlande du Nord, l'Afrique du Sud, la Bosnie, la Croatie et la Serbie pour y présenter son Concert de la Paix — souvent, au moment où des conflits faisaient rage dans ces pays. Il a également joué pour les Nations Unies, le Pentagone et plusieurs autres organismes. James est producteur délégué et coauteur du film *Indigo* et réalisateur d'*Indigo Evolution* et du documentaire *Le Code de Moïse*. Il est également membre de l'Ordre de saint François et codirecteur de la World Community of Saint Francis.

Sites Web : **www.themosescode.com**
ou **www.jamestwyman.com**

✡✡✡

La passion de **Phil Gruber**, cet homme à l'esprit aussi bon que pétillant, a fait de lui un orateur aimé et respecté sur la scène internationale. Il présente des conférences dans le monde entier sur des sujets très variés et a déjà été invité par les Nations Unies. Phil habite à Melbourne, en Australie, avec sa femme Sharmiila.

Site Web : **www.philgruber.com**

✡✡✡